所得税改革

― 日本とドイツ ―

中村 良広 著

税務経理協会

は し が き

　低成長，高齢化，グローバル化という条件の下で成熟期の福祉国家の持続可能性が問われている。その中で福祉国家を支える財源の柱であった所得税は大きな岐路に立っている。所得税はその財源調達力の低下に加えて構造変化を迫られている。今やかつて目指すべき目標とみなされた包括的所得税のモデルそのものの現実性が問われるに至っている。

　序章では，わが国の現状を念頭に福祉国家の財政基盤の確保のための税制改革が不可避であり，増税を進めるにあたって消費税（付加価値税）が問題の焦点の1つとなるが，実態としてなお第1の基幹税の地位にある所得税との一体的改革が必要であるとの問題提起を行った。

　第1章では，所得課税の論理的前提となる課税単位について原理的検討を行った。個人単位課税か世帯単位課税かの選択において，それを決定する基本的要因は所得の帰属と消費であるという観点から問題を整理した。そこでの結論は，市場経済の発展に伴い個人への所得の帰属が明確化してくること，女性の社会進出・自立化に伴い所得の消費への配慮の必要性が低下すること，これらの結果として個人単位課税が優勢になるというものである。

　第2章では，所得税の課税ベースに大きく影響する基礎的な人的控除の意義とそれをめぐる問題について検討した。これに加えて，給与所得の算出の基礎となる給与所得控除についても検討した。基礎的な人的控除のうち扶養控除，配偶者控除については，近年その圧縮ないし廃止が検討されている。また，給与所得控除についてもその適用の仕方について申告納税の途を拡大する一方で，控除それ自体の削減を目指す動きもある。新たな財源の獲得手段として所得控除の圧縮が図られているが，その実情を確認するとともに理論的な検討を行った。

　第3章では，共通番号制の現状と問題を取り扱った。かつては「納税者番号

i

制」として，もっぱら所得の正確な把握と総合課税化の手段と位置づけられた制度について，それが今日では「共通番号」としてその機能が拡大されるとともに機能転換も生じていることを明らかにした。

　第4章では，所得課税の地方版である個人住民税をめぐる諸問題を整理・検討した。地方の基幹税であり，三位一体改革による「国から地方への税源移譲」の結果，一層厚みを増した個人住民税であるが，子ども手当の導入や高校授業料実質無償化に伴う扶養控除の廃止や圧縮の影響がここにも及んでいる。一方，「負担分任の原則」を体現する均等割や国を下回る課税最低限は個人住民税に固有の制度であるが，地方財源が追求される中でその位置づけが改めて問題となっている。それにしても，地方分権の基礎としての地方税といいながら，日本の個人住民税においては「地方自治」の表現としての税率決定権の行使は極めて限定的である。

　第5章からはドイツにおける税制改革を特に所得税改革に重点を置く形で紹介した。まず第5章では，世紀末の税制改革論として90年代中葉における所得税改革の動きにおいて大きな影響力をもった，キリスト教民主同盟（CDU）の国会議員グンナー・ウルダルの税制改革提案をやや詳細に紹介した。ドイツ人の目から見た当時のドイツ税制の実情と問題点をいきいきと伝えていると考えたからである。本章は筆者が1999年～2000年の期間，ドイツのゲッティンゲン大学における在外研究中に執筆した研究ノートであり，懐かしい思いがこもっている。

　第6章は，上記の在外研究から帰国した2000年に執筆した論文であり，まさに21世紀の開始に臨んでようやくドイツで実現された「大」税制改革である「税制改革2000」の成立過程をリアルタイムで追跡し整理した。インターネットでドイツの財務省や議会そして日刊紙の報道を入手することが可能になったからこそできた仕事であった。ドイツのその後の10年に及ぶ今日までの経緯を辿り，「税制改革2000」の決算を行うべきであるが，筆者の怠惰のため果たし得ていない。忸怩たる思いであり，今後の課題としたい。

　本書は，所得税をめぐるそのときどきの問題状況を念頭に置きながら折に触

はしがき

れて書き継いできた論考を中心にまとめたものである。各論考の初出は後に掲げる通りであるが，いずれも大小の加筆訂正を施した。

　筆者が所得税中心の研究を継続するにあたり，熊本学園大学大学院修了の税理士たちによって組織される熊本経営・経済研究所（会長・大間知啓輔北九州市立大学名誉教授）の所得税部会において継続的に発表の機会を与えていただいた。また，長年委員として参加している地方自治総合研究所の地方財政研究会（主査・澤井勝奈良女子大学名誉教授）で発表し，刺激的な議論をいただいたことも大きな励みとなった。本書の企画と出版にあたっては（株）税務経理協会の峯村英治氏に大変お世話になった。同氏の粘り強い督励なしには怠惰な筆者はこの程度の論文集さえまとめることができなかったであろう。有難うございました。なお，本書の出版に対しては熊本学園大学の出版助成（２号助成）を受けた。関係各位にお礼申し上げる次第である。

平成25年6月25日

中村　良広

《初 出 一 覧》

序　章　「いま何故所得税改革か」——書き下ろし
第１章　「課税単位の再検討」——「個人所得課税の課題と改革方向」，生活経済政策研究所編（2007）『税制改革に向けて』生活経済政策研究所，所収
第２章　「課税ベースと各種控除の再検討」——「個人所得課税の課題と改革方向」，生活経済政策研究所編（2007）『税制改革に向けて』生活経済政策研究所，所収，および書き下ろし
第３章　「所得税改革と共通番号制度」——「所得税改革と共通番号制度」，地方自治総合研究所編（2012）『検証　社会保障・税一体改革』地方自治総合研究所，所収
第４章　「個人住民税改革の課題と展望」——「個人住民税改革の課題と展望」，地方自治総合研究所編（2010）『政権交代をめぐる政治経済財政』地方自治総合研究所，所収
第５章　「世紀末ドイツの税制改革論—グンナー・ウルダルの改革提案の衝撃—」——「〈研究ノート〉ドイツにおける税制改革論の現段階—グンナー・ウルダルの改革提案を中心に—」『北九州大学商経論集』第35巻第３・４号，2000年
第６章　「新世紀ドイツの税制改革—「税制改革2000」をめぐって—」——「現代ドイツ税制改革論—『税制改革2000』を中心に—」『北九州大学商経論集』第36巻第２・３号，2001年
終　章　所得税改革の展望——書き下ろし

目　　次

はしがき

序章　いま何故所得税改革か……………………………………3

第1節　租税体系における個人所得課税の地位……………5
1　日本の現況……………………………………………5
2　主要国の国民負担と個人所得課税…………………7
第2節　個人所得課税改革論の現況……………………………9
第3節　福祉国家の「ゆらぎ」と所得税改革………………12

第1章　課税単位の再検討……………………………………15

第1節　世帯単位課税か個人単位課税か……………………15
1　課税単位の概念と意義………………………………15
2　課税単位の諸類型……………………………………17
3　課税単位の評価と選択………………………………20
第2節　市場経済の発展と課税単位…………………………22

第2章　課税ベースと各種控除の再検討……………………27

はじめに…………………………………………………………27
第1節　基礎的な人的控除……………………………………28
1　不十分な基礎控除……………………………………30
2　始まった扶養控除の見直し…………………………35
　(1)　「論点整理」の効率化視点……………………35
　(2)　政権交代と「子ども手当」……………………36

1

3　廃止論議高まる配偶者控除……………………………37
　　　　(1)　見直しの論拠………………………………………38
　　　　(2)　再確認すべき制度創設の根拠……………………39
　　　　(3)　配偶者控除の原理的弱点…………………………41
　　　　(4)　政権交代と配偶者控除……………………………45
　　第2節　給与所得控除……………………………………………46
　　　1　給与所得控除見直しの背景……………………………46
　　　2　見直しの具体像……………………………………………50
　　　3　見直しの影響………………………………………………52
　　おわりに……………………………………………………………54

第3章　所得税改革と共通番号制度……………………57

　　はじめに……………………………………………………………57
　　第1節　「納税者番号制度」から「共通番号制度」へ……………58
　　　1　納税者番号制度論議の発端……………………………58
　　　2　番号制度の機能転換とその背景………………………59
　　　3　番号制度と給付付き税額控除…………………………62
　　第2節　番号制度の基本構造……………………………………64
　　第3節　番号制度への批判………………………………………70
　　第4節　社会保障・税一体改革と番号制度……………………71
　　第5節　番号制度と所得税改革の可能性………………………74
　　　1　給付付き税額控除の具体化……………………………74
　　　2　税率構造の改革……………………………………………77
　　　3　金融所得課税の改革………………………………………81
　　おわりに……………………………………………………………83

第4章　個人住民税改革の課題と展望……………87

はじめに……………………………………………………87
第1節　民主党政権と所得控除をめぐる論点…………90
　　1　控除から手当へ………………………………………90
　　2　控除廃止と福祉政策との調整………………………91
　　3　子ども手当がもたらす実質的負担増への懸念……93
第2節　負担分任の論点と現状…………………………95
　　1　地方税固有の原則としての負担分任………………95
　　2　均等割と応能原則……………………………………95
　　3　「生計同一の妻」に対する非課税措置の廃止………97
　　4　所得税を下回る個人住民税の課税最低限…………98
第3節　超過課税の現段階 ……………………………100
第4節　個人住民税による再分配の可能性 …………103
第5節　個人住民税増税の選択肢 ……………………106
おわりに…………………………………………………108

第5章　世紀末ドイツの税制改革論
　　　　　―グンナー・ウルダルの改革提案の衝撃―……… 111

はじめに………………………………………………… 111
第1節　グンナー・ウルダルの現状分析と改革案……… 113
　　1　わが国の所得税制の由来とその現状……………… 114
　　2　租税カオス………………………………………… 120
　　3　抜本的税制改革…………………………………… 126
　　4　国家は失った裁量の余地を回復する……………… 133
　　5　税制改革はドイツの国際競争力を強化する……… 139
　　6　なぜ反対論には説得力がないのか………………… 140
　　7　なぜ改革構想はますます賛同者を見出しているのか……… 142

第2節　ウルダル提案に対する同時代の評価 …………… 145
　　1　ドイツ経済研究所による評価……………………… 145
　　2　ドゥツィアドコフスキーによる評価……………… 146
　　3　デーケによる評価…………………………………… 149
おわりに………………………………………………………… 151

第6章　新世紀ドイツの税制改革
　　　　―「税制改革2000」をめぐって― …………… 157

は じ め に……………………………………………………… 157
第1節　「税制改革2000」の概要 ……………………………… 158
第2節　税制改革案をめぐる評価 …………………………… 165
　　1　財務相による説明…………………………………… 165
　　　(1)　改革の目標と効果………………………………… 165
　　　(2)　批判に対する反批判……………………………… 167
　　　(3)　公平な税制改革…………………………………… 168
　　2　野党CDU／CSUによる批判 ……………………… 169
　　　(1)　政府案への基本的立場…………………………… 169
　　　(2)　連立政権の税制改革の欠陥……………………… 170
　　　(3)　より良い代案……………………………………… 170
　　　(4)　万人に対する純減税……………………………… 171
　　　(5)　すべての所得種類の平等な取扱い……………… 171
　　　(6)　包括的な収益課税改革…………………………… 171
　　3　ペフェコーフェンによる評価……………………… 173
第3節　政府案の修正と法案成立 …………………………… 178
　　1　連邦議会による政府案の修正……………………… 178
　　2　野党の対案…………………………………………… 179
　　3　連邦参議院における政府案の修正………………… 180

目　次

第4節　「税制改革2000」の前段階 …………………………… 185
　1　所得税減税……………………………………………… 185
　2　環境税改革の開始……………………………………… 187
第5節　「税制改革2000」に先行する改革構想 ……………… 189
　1　バライス委員会報告…………………………………… 189
　2　グンナー・ウルダルの改革提案……………………… 192
　3　ペータースベルク租税提案…………………………… 194
　　(1)　税率………………………………………………… 194
　　(2)　減税額……………………………………………… 195
　　(3)　財源………………………………………………… 195
　　(4)　成長と雇用への寄与……………………………… 195
　　(5)　大幅な純減税がもたらす経済活力……………… 195
　　(6)　租税簡素化………………………………………… 196
　　(7)　課税ベースの拡大………………………………… 196
おわりに……………………………………………………………… 198

終章　所得税改革の展望 ……………………………………… 205
　第1節　日本の所得税の現段階 ……………………………… 205
　第2節　所得税の国際動向とその含意 ……………………… 207
　第3節　これからの所得税 …………………………………… 212

索　引………………………………………………………………… 215

所得税改革
－日本とドイツ－

中村　良広

序章　いま何故所得税改革か

　いまわが国では税制改革の必要性について，それを否定する意見はほとんど聞かれない。なによりも深刻さを増しつつある巨額の財政赤字を眼前にして，歳出削減だけでそれが解決されると本気で信じるのは極度の楽観主義者だけであり，事実を冷静に直視する限り誰もが何らかの形での増税が避けられないことは認めざるを得ないからである[1]。政治家や官僚に対する信頼が大きくに低下している現状では，増税に対する合意を取り付けることは政治的にいかにも困難ではあるが，客観的には税制改革に基づく増税は焦眉の課題である。

　西欧および北欧における福祉国家体制は，「中福祉・中負担」，「高福祉・高負担」をその特徴としている。それに対してわが国の現状は，「中福祉・低負担」である。当然，歳出と歳入のギャップは財政赤字をもたらさざるを得ない。「中福祉」を「高福祉」にまで引き上げるべきであるかどうかについては議論の余地がある。しかし，現在の福祉水準を引き下げ，「低福祉」にすることへの合意はないといってよい。そこで，少なくとも現行の福祉水準を維持し，「中福祉・中負担」を実現する「中型政府」[2]を構築するためには，租税および社会保障負担の引き上げは不可避である。

　ところで，近年，増税が意識されるたびに話題になるのが消費税の増税であ

1）　石（2008b）は，「徹底した歳出削減」が必要なことは当然であるが，それがなお不十分であるという主張が「増税拒否の片棒を担いでいる嫌い」（「はじめに」vi頁）があると指摘している。「増税の前にまず無駄な歳出削減を」という口当たりのよい主張は，結果的に増税を無限の彼方に先送りする口実となりかねない。いまや現実的な選択は，「無駄な歳出削減と増税の同時進行」である。

2）　町田（2007）は，政府の規模が国民所得比で60％程度のドイツを「中型政府」の例として捉えている。その上で，わが国に関する「小さな政府」の主張を批判しつつも，スウェーデンのような「大きな政府」は民間非営利法人の役割が大きいわが国にはなじまないとして，「中型政府」を目指すべきことを提唱している。

る。納税者にとって痛税感が強い所得税増税の議論は後回しにされ、また、法人税については経済界からはむしろ国際競争の激化と産業空洞化への懸念を口実にその軽減が繰り返し要求されている。「平成23年度税制改正大綱」は、国税、地方税を合わせた法人実効税率の5％引下げを打ち出した。2011年3月11日の東日本大震災対策の財源捻出のため、その中止が取り沙汰される局面もあったが、最終的に実施に移され、その上で3年間に限って10％の付加税が追加されるにとどまった。

わが国の消費税に対しては、中曽根内閣の売上税をめぐる「公約違反」に端を発する導入時の経緯から長年拒否反応が強かったが、1997年度の税率引き上げを経て今や国税収入の2割を担い、わが国の税制の中に強固に定着した感がある。今後、増税を問題にするに際してはこの消費税が焦点の1つになることは避けられない。2012年8月10日、民主党野田内閣の下、ついに消費税増税を柱とする社会保障・税一体改革関連法が国会を通過し、消費税率は2014年4月に8％、2015年10月に10％へと2段階で引き上げられることとなった。

日本型付加価値税である消費税の欠陥としては、中小事業者特例措置がもたらす「益税」問題が指摘されて久しいが、この問題も近年の税制改革の結果よほど縮小した。とりわけ2003年度税制改正（2004年4月実施）によって益税は大幅に縮小し、消費税増税への準備が整えられた。しかし、その半面で、消費税の転嫁不足による中小事業者の「損税」問題は、見過ごされがちであるが重大である[3]。さらに、消費税には負担の逆進性という付加価値税に固有の欠陥も付きまとう。軽減税率の導入が取り沙汰されるが、それはそれで制度の複雑化

3）　消費税導入時と税率引き上げ時に政府によって転嫁の実態についての調査が実施された。その結果、製造業、卸売業など取引の「川上」では転嫁は順調であるが、「川下」の小売業では転嫁不足が発生していること、とりわけ中小事業者においてそうであること、そしてさらに、サービス業においては転嫁不足が特に顕著であることが確かめられている。この転嫁不足に中小事業者がどのように対応しているかについては、熊本経営・経済研究所による実態調査結果が興味深い。そこでは、「役員報酬賞与の削減」「留保利益の削減」をはじめ、「正規従業員の臨時・パートへの変更」「従業員数の削減」「従業員給与の削減」等による人件費削減によって「後方転嫁等」が生じたことが報告されている。大間知（2005a）、「第8章　中小零細企業の消費税負担―実態調査から」参照。

や高所得層にまで及ぶ負担軽減という非効率を免れない。一方，給付付き税額控除も有力な対策として論じられているが，その前提となる共通番号制度の内容とともに，給付付き税額控除の具体的設計についても未解決な問題が残されている。

それ自体としての欠陥を有する消費税であるだけに，租税体系としては他の複数の税と組み合わせ，各税の長短を補い合うタックス・ミックスを選択せざるを得ない。その場合，なによりも所得税がいま1つの重要な柱となることは間違いない。消費税の増税と同時並行的に所得税の増税が検討されざるを得ない。所得税と一体的に運用することで，消費税の欠陥を補う道を探る可能性も広がる。給付付き税額控除の導入もこの脈絡の中で検討されたところである。そのような意味で，いまこそ「ゆらぎ」の中にある福祉国家を支えるべき基幹税として，消費税とともに所得税の改革が論じられなくてはならないのである。

第1節　租税体系における個人所得課税の地位

1　日本の現況

この10年間の税収の動向をみると，国税については2000年度の小さな山を経て，米国景気後退の影響で低下していた税収は2000年代後半に回復の方向にあったところ，2008年のリーマンショック後の世界金融危機によって再度大きく下降したが，2010年度以降緩やかな回復基調にある。地方税についても基本的傾向は同じであるが，2007年度に個人住民税が大きく伸びている。これは三位一体の改革による国から地方への3兆円の税源移譲によるもので，それでもなお国税所得税が増収となっているのはこの年度の好況ぶりを反映したものである。

租税体系に占める構成からみれば，国税においては所得税，法人税といった所得課税が過半を占めているが，景気後退期には中でも法人税の比重が低下し，反面，税収が比較的安定的な消費税がその比重を高めている。とりわけ，国税において消費税は今や総税収のほぼ4分の1を占めるようになった。地方税に

おいては固定資産税という資産課税の比重の高さがその特徴といえる半面，地方消費税はなお国税体系における消費税には及ばない。ここで注目すべきは，地方税においては個人住民税が税源移譲の影響もあって，国税における所得税を上回る地位を占めるようになったことである。

図表序－1　国税における所得税の地位（一般会計分，決算）

（単位：億円，％）

年　度	2000	2005	2006	2007	2008	2009	2010	2011
所得税	178,889	155,859	140,541	160,800	149,851	129,139	129,844	134,762
	37.3	31.8	28.6	31.5	33.9	33.3	31.0	31.5
法人税	117,472	132,736	149,179	147,444	100,106	63,564	89,677	93,514
	24.5	27.1	30.4	28.9	22.6	16.4	21.4	21.8
消費税	98,221	105,834	104,633	102,719	99,689	98,075	100,333	101,946
	20.5	21.6	21.3	20.1	22.5	25.3	24.0	23.8
その他	84,899	96,225	96,338	99,219	93,027	96,553	99,014	98,104
	17.7	19.6	19.6	19.4	21.0	24.9	23.6	22.9
合　計	479,481	490,654	490,691	510,182	442,673	387,331	418,868	428,326
	100.0	100.0	100.0	100.0	100.0	100.0	100.0	100.0

（注）　各税目の上段が実額，下段が構成比。以下同じ。
（出所）　財務省ホームページより作成。

このように国税に比べて地方税においては資産課税の比重が高いこと，一般消費税の比重が相対的に低いことなどが指摘されるが，共通して確認されるのは所得税，個人住民税といった個人所得課税の比重が高く，三位一体改革による国から地方への税源移譲後はいずれにおいても3割を超え，租税体系全体における基幹税としての地位を維持していることである。

図表序-2　地方税における個人住民税の地位（決算）

(単位：億円，％)

年　度	2000	2005	2006	2007	2008	2009	2010
個人住民税	84,308	81,405	89,510	121,163	124,224	122,632	113,636
	23.7	23.4	24.5	30.1	31.4	34.9	33.1
法人二税	69,187	81,215	93,159	98,059	90,179	51,631	49,644
	19.5	23.3	25.5	24.4	22.8	14.7	14.5
固定資産税	90,520	88,785	85,820	87,432	88,939	88,930	89,664
	25.5	25.5	23.5	21.7	22.5	25.3	26.1
地方消費税	25,282	25,512	26,289	25,692	24,741	24,131	26,419
	7.1	7.3	7.2	6.4	6.3	6.9	7.7
その他	86,167	71,127	70,287	70,322	67,502	64,505	63,799
	24.2	20.4	19.3	17.5	17.1	18.3	18.6
合　計	355,464	348,044	365,062	402,668	395,585	351,829	343,163
	100.0	100.0	100.0	100.0	100.0	100.0	100.0

(注)　法人二税とは法人住民税および法人事業税である。
(出所)　総務省編（各年）

2　主要国の国民負担と個人所得課税

　主要国の中でもデンマーク，スウェーデンといった北欧諸国の国民負担が最も高く，フランスがそれに続き，ドイツ，イギリスがほぼOECD平均並みに推移している。それに対して，日本，アメリカの国民負担はほぼ同水準で，一貫してOECD平均を下回っている（図表序-3）。

　負担の内訳を見ると，スウェーデンでは社会保険料，個人所得税および消費税等の3本柱がほぼ拮抗しているが，同じ北欧でも医療・年金等で税方式をとるデンマークでは社会保険料はほとんどなく，個人所得税がそれに代替している。ここで確認すべきは，この北欧2国の付加価値税率はいずれも25％と最高水準にあるが，個人所得税がそれに勝るとも劣らぬ地位を占めていることである。フランス，ドイツにおける社会保険料の地位はほぼ等しいが，ドイツでは

図表序－3　主要国国民負担率の推移

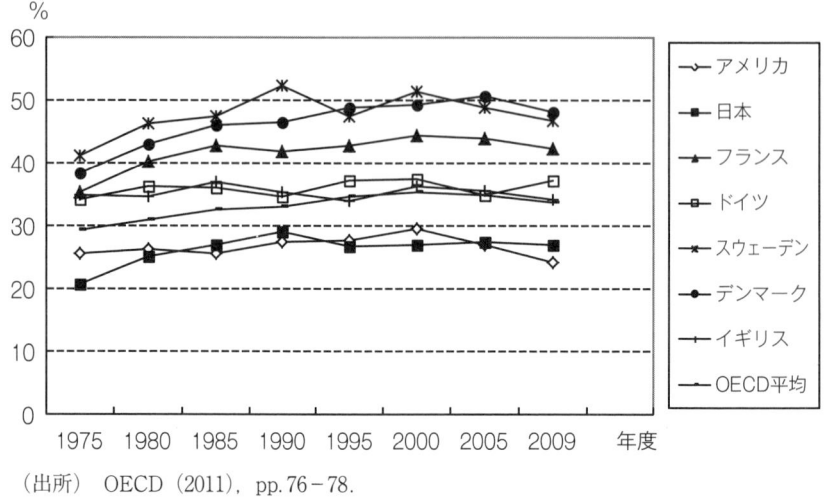

（出所）OECD（2011），pp.76－78.

図表序－4　主要国の国民負担の内訳（2009年度）

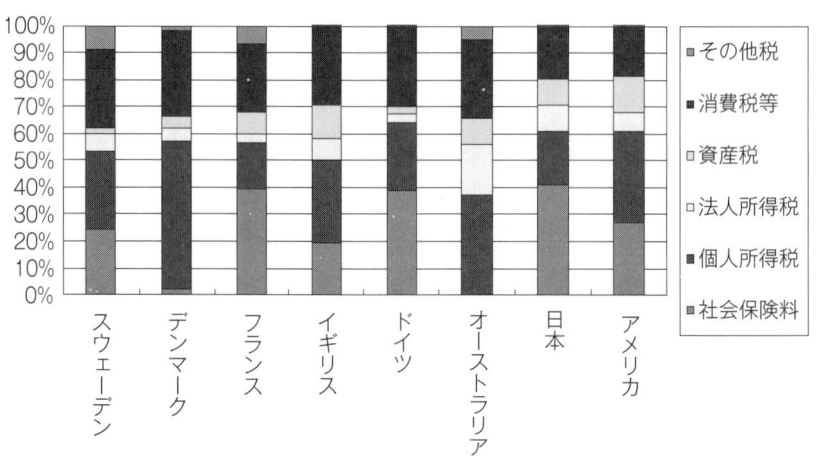

（出所）OECD（2011），pp.86－92.

個人所得税の比重が高く，フランスでは相対的に資産税の比重が高くなっている。イギリスでは両国に比べ社会保険料の比重が低い分，所得税の比重が高い。日本とアメリカは似通っているが，日本においては社会保険料の比重が高く，アメリカでは個人所得税の比重が高い点が異なっている。この違いは，主としてアメリカにおいては公的医療保険が未整備であることによっている。

ところで，図表序－4において社会保険料，個人所得税，法人所得税を合わせて個人・法人の所得に係る負担として一括すれば，そのシェアは日米が最も高く，欧州ではドイツがそれに続き，さらにデンマーク，フランス，スウェーデン，イギリスの順となっている。いずれにせよ，社会保険料も含む広義の所得課税のシェアは主要国ではほぼ60～70％の水準にあり，欧州における付加価値税の普及と役割の高まりにもかかわらず，所得課税が依然として中心的役割を担っていることが分かる。

なお，日本の個人所得税の比重（20.0％）はフランス（17.2％）に次いで低い。図表序－3が示すように全体としての国民負担では日本が最低水準にあるので，日本の個人所得税負担は主要国の中で最低であることになる。

第2節　個人所得課税改革論の現況

およそ租税なるもの，その本質的な目的が財源調達にあることは言うまでもない。日本の高度経済成長期には年率15％を超える経済成長の中，税収の所得弾性値が1.0を大きく上回ったことを反映して，連年20％超の大規模な税の自然増収が発生した[4]。「租税の自然増収の歳出化」[5]と呼ばれた年々の財政規模の拡大にもかかわらず，豊富な余裕財源の存在を背景に租税政策の基調は「減税政策」であった。名目賃金上昇下における累進所得税のブラケット・ク

4）　石（2008a）によれば，累進税率をとる所得税の租税弾性値は一貫して高く，1953－74年度平均で2.14と，法人税（1.17）や比例税率の間接税を大きく上回った。当時の政府の方針は，租税負担率を20％程度に維持するというものであり，自然増収の大部分は減税に充てられ，しかもその基本は「所得税減税政策」として展開された（176－178頁）。
5）　吉田（1964），64頁。

リープによる実質増税を回避する必要があったからである。

　第1次石油危機を契機にした経済基調の転換によって幸福な「減税政策」の時代は終焉した。財政再建に向けた一般消費税構想の挫折（1979年），行政改革による「増税なき財政再建」の時代（1981年以降），プラザ合意（1985年）を経て一時のバブル経済からバブル崩壊後の90年代，2003年以降の景気回復から2008年の世界金融危機の中での「100年に一度の」大恐慌へと振幅の大きい時代の変遷が引き続いた。90年代に繰り返された「減税政策」はもはやかつてのそれとは様変わりし，景気対策の必要に迫られた財政赤字覚悟の「減税政策」であった。

　財政収支の長期的不均衡基調がもたらす巨額の政府債務の累積は，財政の持続可能性を危うくする。租税政策は早晩その本来の目的たる財源調達を指向せざるを得ない。消費税増税論議の浮上とともに，所得税の財源調達機能の回復が課題として提起されたのは当然の成り行きであった。

　税制調査会が2005年6月に取りまとめた「個人所得課税に関する論点整理」（以下「論点整理」と略称）は，低下した所得税の財源調達機能の回復を主眼に，従来断片的に論じられてきた所得税をめぐる議論を整理し，改革への検討課題を示したものであった。

　「論点整理」において特に注目されるのは，それが各種控除—給与所得控除，扶養控除，配偶者控除—の縮減もしくは廃止を視野に入れた見直しの必要性を提起したことである。加えて税率構造に関しても最高税率の現状維持を前提にしつつも，「最低税率のブラケットの幅を狭めていくこと」を提案し，全体としての増税を目指している。

　一方，「論点整理」は，利子，配当，株式譲渡所得といったいわゆる金融所得については，「金融所得課税の一体化についての基本的考え方」（2004年6月金融小委員会報告）において提案された，金融所得間の損益通算の拡大と比例税率による分離課税の方針を踏襲することを確認している。かつて金融所得に関しては税制調査会では総合課税の考え方も有力であった。「金融課税小委員会中間報告」（1997年12月3日）は，分離課税と総合課税の双方の可能性について

併記し，総合課税に関して「今後，納税者番号制度の検討状況をも見ながら，金融関係税制の在り方にかかわる基本問題として議論を続けていくことが適当である」としていた。その後，「金融所得の一元化，二元的所得税についても，総合課税とあわせて検討すべきである」とした「平成15年度における税制改革についての答申」(2002年11月)を経て，2004年の上記金融小委員会報告になると分離課税論へと意見が集約され，2005年の「論点整理」でこれが再確認され，既成事実化されたのである[6]。

　各種控除をめぐる論点は，給与所得控除はともかくすべてが勤労所得のみに関連するわけではないが，現行の課税ベースのうち申告納税分の4割，源泉徴収分の7割が給与所得である現状から見て，その改正の影響の大部分を給与所得者がこうむることは間違いない。それに対して資産所得である金融所得が総合課税の対象外とされたことについては，所得間の水平的公平を二の次にして税務行政上の便宜や資本移動への影響といった経済効率への配慮が優先されたことの意味が問われなければならない。

　さらに高齢化と所得税の関係も重要である。今後一層の高齢化が進む中で，人口構成が勤労世代から退職世代へと重点移動する。年金所得への課税において現役世代とのバランスをとりつつ，しかも高齢世代の生活条件を斟酌した仕組みをどのように再構築するかも重要な課題となる。すでに2004年度税制改正において老年者控除が廃止されるとともに，公的年金等控除の引き下げが実施され，年金課税の強化が開始された。今後，この公的年金等控除の再吟味とともに有職の高齢者における給与所得控除との重複適用の取り扱いなど検討すべき課題は残されている。

---

6) 金融所得課税の一体化は，多様な金融商品を一括して損益通算の対象にして分離課税するもので，「貯蓄から投資」への資金の誘導を目標に掲げている。金融所得課税の一体化をさらに推し進めて資本所得と勤労所得を二分して資本所得に比例税率，勤労所得に累進税率を適用するという北欧で導入されている二元的所得税も専門家の間では議論されているが，わが国でこれが現実のテーマとなるかどうかはなお不透明である。

第3節　福祉国家の「ゆらぎ」と所得税改革

　ヨーロッパ，特に敗戦国ドイツで第一次大戦後に「早生的」に誕生し[7]，第二次大戦後に先進諸国に普及し，わが国では1970年代に形成されたとみなされる福祉国家体制は，今日，大きな転機を迎えている。その基底にあるのは先進諸国における高度成長の終焉であり，グローバル化であり，そして高齢化である。福祉国家の困難は，経費面では医療・介護費用の増嵩，そして何よりも年金給付費の増大となって現れている。

　資本主義の本質が労働力の商品化にあるとすれば，雇用保険や生活扶助さら

図表序-5　主要国（OECD）における租税構造の変遷（構成比）

(単位：%)

区　　分	1965	1975	1985	1995	2005	2009
個 人 所 得 税	26	30	30	26	24	25
法 人 所 得 税	9	8	8	8	10	8
社 会 保 障 負 担	18	22	22	25	25	27
（被　用　者）	(6)	(7)	(7)	(9)	(9)	(9)
（雇　用　主）	(10)	(14)	(13)	(14)	(14)	(15)
賃　金　税	1	1	1	1	1	1
資　産　税	8	6	5	5	6	5
一 般 消 費 税	12	13	16	19	20	20
個 別 消 費 税	24	18	16	13	11	11
そ　の　他	2	2	2	3	3	3
合　　　計	100	100	100	100	100	100

（出所）　OECD (2011), p.22.

---

7) 加藤榮一 (1973), 55頁-83頁。第一次世界大戦後のドイツ，ワイマル期に体制危機への対応過程で「早生的」に誕生した「国家独占資本主義」（後に加藤は「福祉国家」と再定義している）の本質は，労働者の社会的・政治的同権化であるという。これは後述のエスピン・アンデルセンのいう労働力の脱商品化に通じるものである。

には年金によってその必然性が緩和されることは資本主義の変質をもたらす。エスピン・アンデルセンのいわゆる労働力の脱商品化[8]にこそ福祉国家体制の本質的な意義がある。これは，財政面では移転支出の飛躍的増大をもたらすが，とりわけ経済停滞や高齢化はこの支出の「転位」をもたらす。問題はこの経費を賄う財源をいかにして調達するかである。

　高齢化に伴い保険方式の年金制度は重大な財源難に直面し，ドイツでは年金水準の切り下げと私的年金による代替（リースター年金）が実施され，さらに年金支給開始年齢の引き上げ（67歳）が予定されている。アメリカやイギリスでも同様の動きがある。わが国でもすでに厚生年金の支給年齢の段階的引き上げが2013年に開始され，2025年には65歳に達することが決まっている。介護保険財政の困難に起因する介護報酬の低位抑制がもたらす介護従事者の人材難，医療費抑制の結果としての「医療崩壊」など，福祉国家体制のほころびが目立ち始めた。

　福祉国家の「ゆらぎ」の意味をめぐってその評価は分かれている。福祉国家は国民経済に対する政府の歳出規模の大きさから見てなお健在であるという「継続説」がある半面で，福祉国家は解体し，個人の自助努力と市場やボランティアの活動が中心になり，国家はそれを円滑に進行させる役割に徹する方向に転換しつつあるという「条件整備国家説」がある[9]。この両極端の間には様々なヴァリエーションが存在するが，福祉国家の運命をめぐる議論が沸騰するだけの現実が眼前に進行しつつあることは否定しがたい。

　福祉国家の「ゆらぎ」の中で，所得税はどのような地位を占めるのか。かつて「諸税の女王」と呼ばれたこの税は，その主役の座を付加価値税に譲り渡すのか。それとも安定的租税への再編を経て，福祉国家再生の基盤を提供し得る

---

[8]　Esping-Andersen（1990）によれば，「脱商品化」（de-commodification）とは「労働力商品の根絶」を意味するのもではなく，「個人あるいは家族が市場参加の有無にかかわらず社会的に受容可能な一定水準の生活をどの程度維持し得るか，というその程度に関するものである」（p.37）。アンデルセンは代表的な脱商品化度指標について1980年における主要国の水準をスコア化しているが，それによれば日本のスコアは27.1ではとんど平均値（27.2）に等しい（p.52）。

[9]　わが国における継続説を代表するのは林（2009）であり，Gilbert（2004）を援用しつつ崩壊説を主張するのが加藤（2007）である。

のか。主要国についてみる限り確かに一般消費税の地位は次第に高まりながらも，それに並行して個別消費税の地位の低下が進んでおり，個人所得税の地位はなお優勢で，その動向も底堅い（図表序－5）。わが国における所得税改革の歴史と理論を踏まえ，国際比較的視点（特にドイツとの比較）をも交えながら，現代における所得税改革の可能性を論じることが本書の課題である。

【参考文献】

大間知啓輔（2005a）『消費税の経済学　誰が税を負担するか』法律文化社
大間知啓輔（2005b）「消費税転嫁のアンケート調査報告」『自治総研』2005年12月号
石　弘光（2008a）『現代税制改革史—終戦からバブル崩壊まで』東洋経済新報社
石　弘光（2008b）『税制改革の渦中にあって』岩波書店
岡本英男（2007）『福祉国家の可能性』東京大学出版会
加藤榮一（1973）『ワイマル体制の経済構造』東京大学出版会
加藤榮一（2006）『現代資本主義と福祉国家』ミネルヴァ書房
加藤榮一（2007）『福祉国家システム』ミネルヴァ書房
税制調査会（2005）「個人所得課税に関する論点整理」
総務省編（各年）『地方財政白書（各年版）』日経印刷株式会社
林　健久(1992)『福祉国家の財政学』有斐閣
林　健久（2009）「福祉国家財政論」，日本財政学会編（2009）『少子高齢化社会の財政システム』有斐閣，所収
中村良広（2005）「個人所得課税の『グランドデザイン』—政府税調『個人所得課税に関する論点整理』によせて—」『自治総研』2005年12月号
中村良広（2007）「個人所得課税の課題と改革方向」，『税制改革に向けて—公平で税収調達力が高い税制をめざして—』生活経済政策研究所，所収
町田俊彦（2007）「税制改革の課題と方向性」，『税制改革に向けて—公平で税収調達力が高い税制をめざして—』生活経済政策研究所，所収
持田信樹（2009）『財政学』東京大学出版会
吉田震太郎（1964）「戦後の日本財政」，島　恭彦・林　栄夫編『財政学講座』第3巻，有斐閣，所収
Esping-Andersen, Gøsta (1990), *The Three Worlds of Welfare Capitalism*, Basil Blackwell. 岡沢憲芙・宮本太郎訳（2001）『福祉資本主義の三つの世界』ミネルヴァ書房
Gilbert, N. (2004), *Transformation of the Welfare State : The Silent Surrender of Public Responsibility*, NewYork.
OECD（2011）, *Revenue Statistics 1965-2010*.

第1章　課税単位の再検討

第1節　世帯単位課税か個人単位課税か

1　課税単位の概念と意義

　個人所得課税において論理的な出発点となるのは，税額計算の単位としての課税単位である。ここでは法人所得課税は除外するので，個人所得課税における課税単位が問題になる。税額計算を個人ごとに行うのが個人単位課税であり，世帯ごとに行うのが世帯単位課税である。世帯単位課税はさらに夫婦を単位とする夫婦単位課税，家族を単位とする家族単位課税に分かれる。また，世帯単位で集計された所得の税額計算に際して，世帯所得合計を基準にすれば合算非分割課税となり，一定の方式で夫婦や家族構成員に分割した所得を基準にすれば合算分割課税となる。

　稼得された所得は，給与所得のように個人への帰属が明瞭な場合と，自営業や農業などのように家族単位で就労するためその構成員への帰属が不明瞭な場合とがある。しかも，給与所得の場合も，後述のように配偶者の「内助の功」の評価が問題になるとき，その帰属が個人とは限らないという見方も出てくる。

　給与所得にせよ事業所得にせよ，所得を各個人にその寄与度に応じて帰属させて課税すれば個人単位課税となり，世帯（夫婦もしくは家族）に帰属させて課税すれば世帯単位課税となる。

　個人単位課税における困難な問題の1つは，家族単位の活動について各家族構成員への寄与度に応じた所得の分配を把握して，個人単位課税を実行しうるかということである。この場合，家族構成員それぞれの寄与度に応じて「観念的に」所得を帰属させて課税するか，もしくは「実際に」給与支払いを認めて

課税するかという選択肢がある。しかしながら，寄与度の測定は極めて困難であるし，家族への給与支払いについても労働市場を介さない取引となり，給与水準の客観性が確保されないことから，しばしば租税回避のための「所得分割」[1]という批判が加えられる。

　このように個人所得課税における課税単位の選択は，本質的には所得の帰属を個人と見るか世帯と見るかによるが，個人所得課税の特色たる担税力の考慮という問題もこれに付け加わる。

　すなわち，通常，所得を稼得する個人の生活の場は家族（＝世帯）であって，稼得された所得は家族を単位として支出され，消費される。世帯単位課税であれば，この事実がそのまま課税単位に反映される。しかし，個人単位課税を選択する場合でも，この個人が生活する場が「家族」であり「世帯」であることに変わりはない。そこで，担税力の測定に当たっては個人が所得を稼得する場面にのみ限定されるべきではなく，所得の消費局面にまで視野を拡大し，所得を稼得する個人の背景にある「家族の状況」をも加味すべきだという考え方が出てくる。この点を踏まえて，個人単位課税を採りながらも各種の控除によって「家族の状況」への配慮が行われる。このように担税力の評価において所得の消費局面を重視する方向を突き詰めれば，所得の帰属状況にこだわらず世帯単位課税とすることが適当であるという考えも可能である。

　要するに，課税単位の選択については所得の帰属先をどう見るかという問題に加えて，担税力の判定に所得の消費局面[2]をどこまで反映させるかという問題も絡んでくるのである。

1）　わが国の個人事業における専従者給与について，これが事業所得の分割であるという批判が広く行われている。確かに勤務の実体のない給与支払いや過剰な給与支払いが所得分割に当たることはそのとおりであるが，そのすべてを所得分割と見るのは行き過ぎである。これは，家族従業者を調達できない場合，外部から従業者を雇用すれば当然それに対して応分の給与を支払うことになり，これについては所得分割とは無関係な必要経費として認定されることからも明らかである。
2）　これは支出税論とは全く別物である。支出税においては納税者の支出額（＝消費額）が大きいほど担税力が大きいとみなされるが，所得税においては逆に扶養家族が多く，支出額が大きいほど担税力は小さいとみなされる。

2 課税単位の諸類型

　個人単位課税は所得を稼得し，それが帰属する主体に限定して担税力を評価するため，課税方法としては簡素である反面，そのままでは生活状況を踏まえた担税力までは捉えきれない。そこで，実際には個人単位課税を基本としながらも扶養控除などの諸控除（所得控除もしくは税額控除）によって消費局面をも加味した担税力を把握しようとする。

　それに対して，世帯単位課税は，「単位」それ自体に婚姻状況，児童や高齢者等の扶養状況が含意されているため，実質的な担税力に適合した課税をなしうるという長所をもつ。しかし，世帯の状況によって税負担が異なるため，婚姻など世帯の在り様に対して租税が非中立的に作用するという問題や，所得を稼得する個人の独立や自由，そしてプライバシーが軽視されるという問題も指摘される。

　もっとも，個人単位課税であっても，担税力に配慮して家族のための各種控除を適用すれば，それが精密になるにつれて実質的には世帯単位課税に接近し，世帯単位課税に類似したメリット，デメリットが発生することになる。

　課税単位に関連する現代的な大問題は，給与所得者の配偶者（多くの場合，妻）の「内助の功」に対する評価と課税方式への影響である。すなわち，就業者の大部分が給与所得者である現代において「夫婦は一体」であるとして，パートナー（多くの場合，夫）による給与所得稼得に配偶者が等しく貢献しているとする理解から，世帯単位課税の一種である夫婦単位課税を選択する立場がある[3]。この夫婦単位課税には2人の所得を合算してそれを課税標準とする合算非分割課税と，合算した上で2分割してそれぞれに均等に課税する合算分割課税の一種である二分二乗方式とがある[4]。

　世帯単位課税にはほかにN分N乗方式がある。この方式は世帯の所得を合算

3）　この論理の背景と問題については次節で検討する。
4）　この場合，経済学的には夫婦それぞれの給与所得稼得における寄与度に応じて分割することが合理的であるが，現実的に寄与度の決定は困難であり，「夫婦は一体」の理念に従い均等な2分割とするほかはない。

した上で，夫婦及びその子の数をも除数に加えて所得を分割し，算出された分割所得を基に納税額を算出するものである。

　図表 1 - 1 は課税単位の諸類型を示している。日本やイギリスでは，今日，個人単位課税が採用されている。しかし，日本ではシャウプ税制実施（1950年）以前には伝統的な家長制度に従い，世帯単位課税が採られていたし，イギリスでも1990年 4 月に個人単位課税が採用されるまでは世帯単位課税であり，しかもいずれも合算非分割課税であった。

　それに対してアメリカやドイツでは世帯単位課税が採られ，夫婦の所得を合算した上で分割して課税する二分二乗方式が実施されている。もっとも，この 2 国では夫婦を別個に課税する個人単位課税も可能な選択制となっている。フランスでは夫婦のみならず子どもを含む家族の所得を合算した上で分割課税するN分N乗方式が採用されている。これら二分二乗方式とN分N乗方式は世帯単位課税のうちの合算分割課税であり，類似の方式であるように見える。しかし，その本質は大きく異なっている。

　二分二乗方式は，夫婦の所得は夫婦の共同によって稼得されるものであるとみなし，市場における所得の稼得状況の如何にかかわらず，夫婦の所得を合算した上で同等に分割して課税するものである。生活の場では夫婦は通常共同の消費行為を行い，かつまた配偶者は「内助の功」によりパートナーの所得稼得を助けることで相互扶助と相互依存の関係にある。その意味で，二分二乗方式は対等な夫婦関係という「理念」を同等な所得稼得に擬制した独特の課税単位の選択といえる。

　一方，N分N乗方式は，二分二乗方式に家族除数として配偶者に子どもの数を加えたものであるが，子どもは本来的に所得稼得者ではなく，扶養されるべき存在であるから，同じ除数でも「内助の功」を想定する配偶者の場合とは本質的にその意味が異なる。すなわち，子どもに着目した家族除数はもっぱら家族における消費に着目して担税力を評価するものである。子どもが所得を稼得することも皆無ではないが，それは例外的で，合算される子どもの所得はゼロで家族除数のみが増えるため，子どもの数が多いほど税負担は低下する。

第1章 課税単位の再検討

図表1－1 課税単位の類型

類　　　型		考　え　方
個　人　単　位		稼得者本人を課税単位とし，稼得者ごとに税率表を適用する。
夫婦単位又は世帯単位	合算分割課税　均等分割法（二分二乗方式）	夫婦を課税単位として，夫婦の所得を合算し均等分割（二分二乗）を行う。具体的な課税方式としては次のとおり。 ○独身者と夫婦に対して同一の税率表を適用する単一税率表制度（実施国：ドイツ） ○異なる税率表を適用する複数税率制度（実施国：アメリカ［夫婦共同申告について夫婦個別申告の所得のブラケットを2倍にしたブラケットの税率表を適用した実質的な二分二乗方式］）
	不均等分割法（N分N乗方式）	夫婦及び子ども（家族）を課税単位とし，世帯員の所得を合算し不均等分割（N分N乗）課税を行う。 （実施国：フランス［家族除数制度］）
	合算非分割課税	夫婦を課税単位とし，夫婦の所得を合算し，非分割課税を行う。

(注) 1．イギリスは1990年4月以降，合算非分割課税から個人単位課税に移行した。
　　 2．アメリカ，ドイツでは夫婦単位と個人単位との選択制となっている。
　　 3．諸外国における民法上の私有財産制については
　　　 (1) アメリカ：連邦としては統一的な財産制は存在せず，財産制は各州の定めるところに委ねており，一般的にアングロサクソン系の州は夫婦別産制，ラテン系の州は夫婦共有財産制。
　　　 (2) イギリス：夫婦別産制。1870年及び1882年の既婚女性財産法（Married Women's Property Act 1870, 1882）により夫婦別産制の原則が明らかとなり，1935年の法律改正（既婚女性及び不法行為者）法（Law Reform［Married Women and Tortfeasors］Act 1935）によって夫婦別産制が確立したとされる。
　　　 (3) ドイツ：原則夫婦別産制。財産管理は独立に行えるが，財産全体の処分には他方の同意が必要。
　　　 (4) フランス：財産に関する特段の契約なく婚姻するときは法定共通制（夫婦双方の共通財産と夫又は妻の特有財産が並存する）。
(出所) 財務省ホームページ

二分二乗方式が基本的に夫婦による「均等」な所得の稼得という擬制に基づく課税であるのに対して，N分N乗方式は所得の消費局面をも考慮し，子どもの存在による担税力の低下を加味するものである。言い換えれば，N分N乗方式とは夫婦による所得の共同稼得に対応する二分二乗方式と子どもによる所得の消費に配慮する仕組みとを組み合わせたハイブリッドな課税単位である。

3 課税単位の評価と選択

課税単位の選択は，一定の社会経済的背景に基づくそれぞれの課税単位に関する評価に依存する。藤田（1992）は「経済的公正」と「社会的公正」という「今日的な」評価基準に照らして各課税単位を評価する図表1－2を掲げている。

表中（A）は個人単位課税方式を，（B）は世帯単位課税方式を意味する。（B）の中でも（B－Ⅱ）とは二分二乗方式のことである[5]。表によれば経済的公正に関しては世帯単位課税がやや優勢であるが，社会的公正に関しては個人単位課税がすべての点で優勢である。

なお，経済的公正基準に照らして帰属所得が問題となるのは，いわゆる「内助の功」による帰属所得に対して本来課税すべきであるのに，現実にはこれが困難なため実施されていないからである。すなわち，片働きやそれに近い夫婦の場合に多額の帰属所得があるにもかかわらず非課税となり，それだけ有利になるので不公平である。「単身者対夫婦間の公平」の比較においては就業状態が同等とされているので帰属所得の差異はなく，したがってそれを考慮する必要はない。問題になるのは規模の経済のみである。ここにいう規模の経済とは，単身者に比べて夫婦の場合，住居費や食費など共同生活であるがゆえに1人当たりのコストが低くなることを意味している。

---

[5] 藤田のここでの考察では世帯単位の合算分割課税としてはもっぱら二分二乗方式が取り上げられており，N分N乗方式は対象外とされている。また，本文では触れていない（B－1）とは，世帯単位課税方式のうちもっぱら人的控除で調整する方式で，例えば配偶者控除を適用するケースを想定している。

図表1-2　公正基準に関する各基準から見た課税単位方式の評価

評　価　基　準	評　　価
E経済的公正　E-1就業形態が異なる夫婦間の公平	(イ) 帰属所得を無視した場合 　　(B)が(A)よりまさる (ロ) 帰属所得を考慮した場合 　　(A)が(B)よりまさる可能性が大
E-2単身者対夫婦間の公平	(イ) 規模の経済を無視した場合 　　(B-Ⅱ)がベスト (ロ) 規模の経済を考慮した場合 　　優劣不明
E-3所得分割による租税回避の抑制	(B)が(A)よりまさる
S社会的公正　S-1結婚中立性 S-2男女無差別の取扱い S-3プライバシーの保護	(A)が(B)よりまさる (A)が(B)よりまさる (A)が(B)よりまさる

(出所)　藤田（1992），55頁。

　帰属所得にせよ規模の経済にせよ，理論的には想定し得るが現実の算定や課税は極度に困難である。存在しながら課税への反映が不可能であるため，E-1においては「(ロ)(A)が(B)よりまさる可能性が大」となる。また，E-2については「規模の経済を考慮した場合優劣不明」となる。つまり，帰属所得についてはそれを考慮するかどうかで結論が正反対になるほど影響が大きいのに対して，規模の経済の影響はそれほどではないと見られている。結局，経済的公正基準に関しては，E-3の「所得分割による租税回避の抑制」についてのみ世帯単位課税の優勢を明確に確認し得るに過ぎない。

　一方，社会的公正基準に関しては，すべての点で個人単位課税が世帯単位課税に優っている。したがって，この比較表は個人単位課税がかなり優勢という印象を与える。しかし，経済的公正と社会的公正の重要度について一義的な解はなく，しかも，経済的公正における個人単位課税と世帯単位課税の優劣が不明ということであるから，この表だけではいずれの課税単位を選択すべきかについての明確な結論は出てこない。結局，それぞれの課税単位にメリット，デメリットがあるが，いずれの課税単位を選択するかはそれぞれの社会や時代の

評価にかかっている。しかし，いずれかの課税単位の選択は否定された課税単位のメリットの放棄を意味するものであり，政策上，それに対する一定の配慮が必要となるということである[6]。

第2節　市場経済の発展と課税単位

課税単位の選択については，時代や国に応じた差異が認められる。そこには単なる為政者の恣意や偶然には帰しがたい，客観的根拠がありそうである。林（2001）は，歴史的に世帯単位課税から個人単位課税に推移する傾向があるとして，その根拠を以下の3点に整理している[7]。

第1に，所得が家ごとではなく個人ごとに発生するようになった。すなわち，個人が企業に雇用され，給与・賃金を得るようになるに従って個人の所得が明確になってきた。

第2に，給与を得て働く女性の数が増えた。その結果，結婚に中立的な税制が求められるようになった。

第3に，社会や世帯における個人の尊重意識が高まり，世帯内でのプライバシーの問題なども重視されるようになった。

以上の指摘は，要するに市場経済の進展すなわち資本主義の発展・深化に伴い労働力商品化が徹底した結果，所得は給与所得の形を取るようになったため所得の個人への帰属が明確になった，それとともに世帯内に複数の所得稼得者が存在することが多くなった，そして女性の経済的自立化も進んできた，と言いかえることができる。個人単位課税の困難の1つは，上述のように家族単位の自営業の存在にあるが，労働力の商品化が徹底する過程で自営業における家族従業者に対しても賃金支払いが広く行われるようになり，しかもその賃金水

---

6) 近年のわが国において配偶者控除の廃止がかなりの現実性を持って検討されているが，その場合，低所得世帯に対する配慮が取り上げられるのはこの一例である。すなわち，個人単位課税へ徹底化することで帰属所得の問題や藤田の言う「社会的公正」の問題は解決されるが，その半面で，各種の事情を抱える片働きの低所得世帯の負担問題への配慮が必要になるということである。

7) 林（2001），97頁。

準も市場ベースに即して決定されるようになると，個人単位課税の条件がいっそう成熟してくる。

ただ，自営業に対する課税方式についてはこのように市場経済の発展に伴って個人単位課税の条件が整ってくるとは言えるが，先に指摘したような限界に基づく人為的な「所得分割」の可能性という問題は残る。しかし，個人単位課税への条件を成熟させるはずの給与所得への課税についても，実は理論上の大問題が残っている。

女性の労働参加が進むにつれて，図表1－2における評価基準について，社会的公正の意義が高まる。経済的自立性を高めた女性にとって結婚するかどうかは選択の問題となり，男女無差別な扱いや結婚後のプライバシー保護への要求も強まってくる。これらの動向によりよく即応するのは図表1－2が示すとおり個人単位課税である。

さらに，経済的公正に関しても共働きが一般化するにつれて，二分二乗方式の弱点である帰属所得の問題が顕在化してくる。共働き世帯の場合，家事，育児の少なからぬ部分を市場において商品の形で調達するため，片働き世帯（ないしそれに近い世帯）にくらべて外食費，保育費などの出費が不可避的に増大する。共働き世帯はこの支出を賄うための給与所得に対してすでに所得税を負担し，さらに支出に対しては消費税を負担する。一方，片働き世帯の場合，主婦の帰属所得が非課税であるのみならず，家族が消費する帰属サービスへの消費税も課税されない[8]。

こうして，市場経済の進展すなわち労働力商品化の深化に伴い共働き世帯が多数を占めるようになるに従い，片働き世帯を優遇する世帯単位課税への批判が強まり，個人単位課税への移行の動きが強まる。

しかしながら，そもそも配偶者（主として妻）の「内助の功」ゆえに給与所

---

8) 帰属所得が非課税であるために，共働き世帯が不利に扱われるという問題は，合算分割課税である二分二乗方式だけでなく，合算非分割課税の場合も同様である。勤労の成果が全面的に給与として貨幣評価され，累進課税されるため，この課税方式が結婚に対する刑罰であるという共働き世帯の不満は，二分二乗方式の場合よりさらに高まる可能性さえある。

得はパートナー（主として夫）1人に帰属するものではない，という論理から選択される合算分割課税としての二分二乗方式は，たとえ片働き世帯が少数派になろうとも論理的には生き続ける。あるいは，極論すれば，すべての世帯が共働きになったとしても，常に夫婦の所得はこれを合算し2分割すべきだということになる。したがって，共働き世帯が優勢になることを背景に，多数決によって個人単位課税への移行ないし純化が進むとしても，問題そのものは未解決のままである。問題の本質は，「内助の功」ゆえに給与所得は夫婦の共有財産であるという出発点を認めるかどうかにかかっている。この問題の経済学的解明については後述の配偶者控除に関する検討箇所に譲りたい。

一方，N分N乗方式は，配偶者に関しては二分二乗方式と同様の問題を孕みながらも，子育て支援という別次元の課題に応えることで，歴史的にこの問題への要請が特に強かったフランスにおいて採用された。世帯単位課税への批判の高まりにもかかわらず，世界的に少子化が深刻化する中で，子育て支援の機能が再評価された結果，その地位は健在である。前述のような意味で，ハイブリッドな世帯単位課税であるN分N乗方式は，消費局面に担税力評価の重点を移し，家族への分割によって担税力に応じた課税を追求するものである[9]。大家族優遇という意味で「非中立的」な税制ではあるが，まさにその誘導方向が少子化対策を求める社会の要請にかなうことによって，制度としての生命力を保ち続けているのである。

---

9) フランスでN分N乗方式が子育て支援として有効であるのは税率表の累進度が高く，しかもかなり低い所得段階からその累進が始まるからである。わが国のように給与所得者の大部分に5～10%の所得税率しか適用されない場合，家族への所得分割は累進度を引き下げる効果を持たず，負担軽減につながらない。したがって，これに負担軽減効果を持たせるためには単に所得を分割するだけでなく，すべての家族構成員に一定の基礎控除を割り当てて課税ベースを圧縮しなくてはならない。

【参考文献】

大田弘子（1994）「女性の変化と税制―課税単位をめぐって―」，野口悠紀雄編『税制改革の新設計』日本経済新聞社，所収

金子　宏（1996）『課税単位及び譲渡所得の研究』有斐閣

黒川　功（1996）「戦後家族における身分関係の変化と『合算課税制度』」『日本法学』60巻4号

植田　卓（1998）「家族労働の評価と課税単位」『税理』31巻4号

田中　治（1998）「課税単位の見直しの論点と課題」『税経通信』1998年8月号

林　宏昭（2001）「所得税の課税単位に関する論点と国際比較」『国際税制研究』No.6

藤田　晴（1992）『所得税の基礎理論』中央経済社

村井　正（1996）「課税単位論」，金子宏編『所得課税の理論と課題』税務経理協会，所収

第2章　課税ベースと各種控除の再検討

はじめに

　所得課税の税負担を決定するのは課税ベースと税率である。課税ベースの決定においては，まず第1に，課税すべき所得種類が決定され，第2に，収入から経費が控除されて所得が算出され，第3に，経費を控除して算出された所得からさらに各種の所得控除がなされたのちに課税所得が決定される。

　第1の課税すべき所得の決定に関しては，かつては有価証券譲渡所得や少額貯蓄利子の非課税という課税ベースの縮小をもたらす大問題があったが，80年代末の抜本的税制改革によってこの問題は基本的に解決された。とはいえ，これらの所得に対する低率の分離課税の適用という新たな問題が生まれ，現在まで続いている。これは今日では「金融所得課税の一体化」問題に関連している。

　第2の所得算出に際しての経費控除の問題に関しては，事業所得における「経済的に真の減価償却」や合理的な引当金・準備金の決定，交際費をめぐる問題，さらには家事費の混入問題など多々検討すべき課題がある。一方，給与所得に関しては給与所得控除の意味と位置づけとその合理的水準の決定という現下の大問題がある。

　第3の所得控除のうち一般性が高く，特に重要なものが基礎的人的控除であり，本章の検討対象である。さらに，この問題とも密接に関連している上記の給与所得控除についても簡潔に検討しその問題の所在を明らかにする。

第1節　基礎的な人的控除

　個人所得課税において納税者の担税力を斟酌する事情があるとき，所得から一定の控除を行う。その第1グループは納税者本人に係る基礎控除，配偶者に係る配偶者控除，扶養親族に係る扶養控除であり，これらを合わせて基礎的な人的控除という。第2グループは納税者に特別に担税力を減殺する事情がある場合に認められる障害者控除，寡婦（夫）控除，勤労学生控除であり，これらを合わせて特別な人的控除という。その概要は図表2－1のとおりである[1]。

　本節ではこの人的控除のうち，普遍的で財政上の意義が大きい基礎的な人的控除，すなわち，基礎控除，配偶者控除および扶養控除の3つの控除を取り上げて検討する。

1）　平成22年度税制改正により扶養控除について変更があった。すなわち，子ども手当の関係で年少扶養控除（0～15歳）が廃止されたことに加えて，高校授業料無償化の関係で特定扶養控除が19歳未満については通常の扶養控除（38万円）に減額された。子ども手当は2011年9月一杯で廃止され，年度末まで「つなぎ」の特別措置が講じられた後，2012年4月からは所得制限付きの新「児童手当」となった。子ども手当の廃止に伴い年少扶養控除の復活が検討課題となっている。

第2章　課税ベースと各種控除の再検討

図表2-1　人的控除の概要

		納税者 (所得税)	対 象 者	控　除　額【現　行】	【改正案】	本人の所得要件
基礎的な人的控除	基　礎　控　除	昭和22年 (1947年)	・本人	38万円		－
	配偶者控除	昭和36年 (1961年)	・生計を一にし，かつ，年間所得が38万円以下で配偶者（控除対象配偶者）を有する者			
	一般の控除対象配偶者	(昭和36年) (1961年)	・年齢が70歳未満の控除対象配偶者を有する者	38万円		－
	老人控除対象配偶者	昭和52年 (1977年)	・年齢が70歳未満の控除対象配偶者を有する者	48万円		－
	（同居特別障害者加算）	昭和57年 (1982年)	・特別障害者である控除対象配偶者と同居を常況としている者	＋35万円	【同居特別障害者控除に改組】	－
	配偶者特別控除	昭和62年	・生計を一にする年間所得が38万円を超え76万円未満である配偶者を有する者	最高38万円		年間所得1,000万円以下
	扶　養　控　除	昭和25年 (1950年)	・生計を一にし，かつ，年間所得が38万円以下である親族等（扶養親族）を有する者			－
	一般の扶養親族	昭和25年 (1950年)	・年齢が16歳未満又は23歳以上70歳未満の扶養親族を有する者 【改正案：年齢16歳未満を廃止・年齢16歳以上19歳未満を追加】	38万円		－
	特定扶養親族	平成元年 (1989年)	・年齢が16歳以上23歳未満の扶養親族を有する者 【改正案：年齢が19歳以上に縮減】	63万円		－
	老人扶養親族	昭和47年 (1972年)	・年齢が70歳以上の扶養親族を有する者	48万円		－
	（同居特別障害者加算）	昭和57年 (1982年)	・特別障害者である扶養親族と同居を常況としている者	＋35万円	【同居特別障害者控除に改組】	－
	（同居老親等加算）	昭和54年 (1979年)	・直系尊属である老人扶養親族と同居を常況としている者	＋10万円		－
特別な人的控除	障　害　者　控　除	昭和25年 (1950年)	・障害者である者 ・障害者である控除対象配偶者又は扶養親族を有する者	27万円		－
	（特別障害者控除）	昭和43年 (1968年)	・特別障害者である者 ・特別障害者である控除対象配偶者又は扶養親族を有する者	40万円		－
	（同居特別障害者控除）	昭和57年 (1982年)	・特別障害者である控除対象配偶者又は扶養親族と同居を常況としている者		75万円 【新設】	－
	寡　婦　控　除	昭和26年 (1951年)	・夫と死別した者 ・夫と死別又は夫と離婚した者で，かつ扶養親族を有する者	27万円		①の場合 年間所得500万円以下
	（特別寡婦加算）	平成元年 (1989年)	・寡婦で，扶養親族である子を有する者	＋8万円		年間所得500万円以下
	寡　夫　控　除	昭和56年 (1981年)	・妻と死別又は離婚をして扶養親族である子を有する者	27万円		年間所得500万円以下
	勤労学生控除	昭和26年 (1951年)	・本人が学校教育法に規定する学校の学生，生徒等である者	27万円		年間所得65万円以下かつ給与所得等以外が10万円以下

(注)　表中の改正案は平成23年分以後の所得税について適用。
(出所)　税制調査会（2010a），7頁。

1 不十分な基礎控除

　所得税の基礎控除はすべての納税者に無条件に適用される[2]。一方，課税最低限という概念がある。独身の給与所得者の場合，2000年度以降今日（2012年度現在）まで114万4,000円に据え置かれている。この金額の中には基礎控除とともに給与所得控除と社会保険料控除が含まれている。しかし，給与所得控除を狭く給与所得を得るための必要経費であると解すれば[3]，そもそもこの部分は所得ではなく，生計費には充当し得ない。これは事業者の収入のうち原材料費や人件費等が所得を構成せず，したがって生計費に充当し得ないのと同じことである。また，租税に準じる社会保険料を生計費に充当し得ないことも同様である。したがって，この場合の「課税最低限」とは「所得」の非課税部分ではなく，経費も含む「収入」の非課税の部分というだけであって，生計費非課税の原則を実現するものではない。

　課税最低限については「最低生活費」とする定義に対して，上記のような「単なる課税されない範囲」とする定義が比較的広く受け入れられている[4]。後者の定義は我が国の現実をそのまま追認するものであり，給与所得に限定すれば特段の問題もないように見えるが，しかし，これを事業所得にまで拡大するとその不合理性が明らかになる。すなわち，給与所得の給与所得控除に当たるものが事業所得においては原材料費や人件費等の諸経費ということになり，

---

2) 1940年の大規模な税制改正で分類所得税と総合所得税が2本建てとされた際，分類所得税を課される勤労所得および事業所得のうち少額所得者の負担軽減を目的として基礎控除が設けられた。創設当時には生計費非課税といった原理的な意味は付与されず，一般的に税負担の緩和をその目的としたという（田中［2005］，17頁）。
3) 給与所得控除の内容はこのほかに「他の所得との負担調整のための特別控除」という側面を持つとされている。この問題については後述する。
4) 代表的なものとして和田八束（1982）は「最低生活費」説であり，金子宏（2011）は「単なる非課税部分」説である。藤田（1992）は，「課税最低限は所得ベースで計算するのが国際的慣行であるから」（84頁）と，「最低生活費」説の合理性を認めながらも，「現行の給与所得控除には，所得捕捉率の差異を調整するための特別控除的要素も含まれていると推測されるから」（84頁）と，給与所得控除の一部に「所得」が含まれていること，したがって，課税最低限に給与所得控除を含めることにも部分的な合理性があることを認めている。しかし，この場合，給与所得以外の所得はその視野の外におかれている。

給与所得と事業所得とでは課税最低限が異なってくる。しかも，そもそも事業所得についてはそれを得るための経費の定型的なパターンはなく，各種の事業所得に共通の課税最低限は決めようがない。したがって，課税最低限を何らかの意味あるものとするためにはそれを「最低生活費」として再定義すべきである。

所得種類にかかわらず「最低生活費」を課税対象から除くこと，すなわち生計費非課税を実現することは，給与所得者ばかりでなく，事業所得者や資産所得者などを含むすべての納税者に無条件に適用される基礎控除の役割となる。

生計費非課税を実現すべき基礎控除の水準は，それぞれの社会における最低生活費によって決定される。その適切な水準如何は難しい問題であるが，これについて今日のわが国において一応の目安となるのが生活扶助基準である。生活保護法第3条によれば，「この法律により保障される最低限度の生活は，健康で文化的な生活水準を維持することができるものでなければならない」。生計費は物価水準の違いなどのため，地域によって異なっている。生活保護の中でも最も基本的な部分は食費，被服費，光熱水費等の日常生活に必要な費用を保障する生活扶助である。図表2－2によれば2012年度において東京都区部等と地方郡部等では単身世帯（高齢者）でそれぞれ月額80,820円と62,640円となっている。これを年額に直せば969,840円と751,680円である。東京都区部等はいうまでもなく，地方郡部等の扶助基準でさえ現行の基礎控除38万円の2倍に近くなっている。つまり，基礎控除は生計費非課税の実現から程遠い低水準にある。

図表2－2　生活扶助基準額の例（2012年4月1日現在）

	東京都区部等	地方郡部等
標準3人世帯（33歳，29歳，4歳）	172,170円	135,680円
高齢者単身世帯（68歳）	80,820円	62,640円
高齢者夫婦世帯（68歳，65歳）	121,940円	94,500円
母子世帯（30歳，4歳，2歳）	192,900円	157,300円

（出所）　厚生労働省ホームページ。

こうした基礎控除の低水準は今に始まったものではなく，すでにシャウプ勧告において意識的に容認されている。すなわち，勧告は，基礎控除について「控除額は，納税者の最低生活費，すなわち衣，食，住および医療費を十分にカヴァーできる程度のものであるべきである」という当時からあった主張に反対し，「基礎控除額および扶養控除額を定めるに当たって，目安となるような正確な標準というものは存在していないのである」という。そして，その目安として日本の生活費ではなく，当時の米国の基礎控除額600ドルを取り上げている。もしこれを当時の1ドル360円の為替レートで換算すれば21万6,000円となり，日本の基礎控除額1万5,000円は極端に低すぎるということになる。しかし，米国の基礎控除額600ドルは米国の半熟練工の月給の約2か月分に等しく，日本の基礎控除額1万5,000円（当時）は日本の半熟練工の月給1.5か月分に等しいとして，「日米両国の基礎控除額には大きな差異はない」と結論している。

　以上を踏まえて勧告は，①所得税を日本における政府収入の主たる財源として維持する，②税務行政の執行および国民の納税協力を促進し，かつ現在の納税者集団のうち底辺層の重い負担を除くために税率を引き下げて控除額を引き上げる，という観点から基礎控除額を2万4,000円とした[5]。武田隆夫（1950）によれば，1949年の東京都の勤労者標準世帯（家族4人）の実支出は月間14,000～15,000円[6]，したがって年間168,000～180,000円であるのに対して，基礎控除と扶養控除は合わせて61,000円であり，生計費の半分にも及ばなかった。要するに勧告は，基礎控除に「生計費非課税」の役割を認めず，その水準の決定に当たっては財源調達目的を優先したのである。

　もともと創設以来，基礎控除は生計費非課税を目的とするものではなかったが，シャウプ勧告においてもこのことが継承され，基礎控除および扶養控除の低水準は今日に至るまで引き継がれている。もっとも，給与所得控除（勧告当時は勤労所得控除）を加えてもなお生計費非課税を実現し得なかった勧告当時に

5）　福田幸弘監修（1985），80-81頁。
6）　武田（1950），5頁。

比べて今日ではその事情は変化しているが，そもそも給与所得控除によって生計費非課税を実現しようというのが筋違いであることは既に述べたとおりである。

　不合理なまでに低い人的控除をめぐって，わが国では過去2度にわたって訴訟が提起された。最初の事例であるいわゆる池畑訴訟に対して，最高裁1989年2月7日第3小法廷判決は，「憲法25条の規定の趣旨にこたえて具体的にどのような立法措置を講ずるかの選択決定は，立法府の広い裁量にゆだねられており」と述べ，広範な立法裁量権を認めた。しかも，この訴訟において基準として主張された総評理論生計費については，「日本労働組合総評議会（総評）にとって望ましい生活水準ないし将来の達成目標に過ぎず，これをもって『健康で文化的な最低限度の生活』ということはできない」とした。

　池畑訴訟では原告独自の生計費が訴訟の根拠とされたのに対して，いわゆる青木訴訟は，生活保護基準との関連で提起されたが，東京地裁1986年11月27日判決は，原告の所得が生活扶助基準を大幅に上回っていたために，争点となった基礎控除額をそのまま適用しても「原告の健康で文化的な最低限度の生活が侵害されるということのないことは明らかである」とした。この場合，東京地裁は生計費非課税と基礎控除との関係について一般的に判断することを避け，具体的に原告の生存権が侵害されているかどうかに限定した判決を下したのである[7]。

　ドイツにおいてもかつて基礎控除と生計費非課税の原則との関連が訴訟で争われたことがある。この場合も，所得税における基礎控除（Grundfreibetrag）が社会扶助基準を大幅に下回っていることが問題とされたのである。この訴訟について連邦憲法裁判所は1992年9月25日の判決において，現行法が違憲であることを明確に判示し，立法府に対して遅くとも1996年1月1日までに十分な基礎控除を保障する新規定を制定するよう求めた。その結果，ドイツの所得税における基礎控除は図表2－3のように2倍以上に引き上げられた。さらに

7）　以上の判例に関しては，判決の引用も含め，三木義一（1994）による。なお，この論文はドイツにおける基礎控除をめぐる違憲判決についてもかなり詳しく論じている。

図表2-3　ドイツ所得税における基礎控除の引上げ

(単位：ユーロ)

年　　度	改正前	1996~97	1998	1999	2000
独　身　者	2,871	6,184	6,322	6,681	6,902
夫　婦　者	5,742	12,368	12,644	13,362	13,804
年　　度	2001	2002~03	2004~08	2009	2010
独　身　者	7,206	7,203	7,664	7,834	8,004
夫　婦　者	14,412	14,470	14,852	15,328	16,008

(出所)　Bundesministerium der Finanzen (2012), S.26-27.

　2000年以降も徐々に引き上げられており，直近の2010年では日本円にして約92.1万円[8]と，わが国の基礎控除の2.4倍強の水準にある。これを図表2-2のわが国の生活扶助基準と比較すれば，東京都区部等の年間約97万円にほぼ匹敵する。なお，ドイツでは夫婦者については二分二乗方式を選択した場合，それぞれに基礎控除が適用されるため基礎控除は独身者の2倍になる。

　そもそも基礎控除とは，連邦憲法裁判所判決が示すように納税者本人の生計費非課税のための控除である。さもなければ生活扶助基準以下の所得に課税されるという不合理が発生する。わが国ではこのことについての認識が薄く，制度創設以来，単なる租税負担軽減のための手段と理解されている嫌いがある。そのため，例えば配偶者控除の廃止や給与所得控除の削減が話題になるとき，その代替措置として基礎控除の拡充が論じられることがある。しかし，もともと性格の異なる控除を基礎控除に集約するという発想が筋違いと言わねばならない。

　確かに，基礎控除が極めて不十分な現状では「過大な」給与所得控除がその一部を肩代わりしているというのが実態かもしれない。しかし，仮にそうであるとしても，給与所得者に固有の給与所得控除の削減の見返りに給与所得者に限らず一般的に適用される基礎控除を引上げることは論理的に説明し得ない。

---

[8]　2010年後半の円高の影響で年平均1ユーロ=115~116円となった。ここでは115円で換算した。

さらに，後述の扶養控除についても基礎控除と同様に過小であるため，いっそう給与所得控除の「水増し」に依存することになっている。

いずれにせよ基礎控除の不十分さはそれ自体大きな問題であるが，それにとどまらず他の諸控除にも歪曲的影響を及ぼしている。したがって，とりわけ給与所得控除の見直し（＝圧縮）が行われるとすれば，その際には基礎控除の引き上げによる生計費非課税の確保が不可避の課題として浮上する[9]。

2　始まった扶養控除の見直し

(1)　「論点整理」の効率化視点

扶養控除についてもその基本は基礎控除と同額の38万円とされているため，その水準については上述の通り基礎控除と同様の問題がある。ここではこの点について繰り返すことは避け，最近の新たな動きに関連してその論点を指摘しておこう。2005年6月に公表された税制調査会「個人所得課税に関する論点整理」（以下，「論点整理」と略称）は，子育て支援のために扶養控除について検討すべき問題として次のような事項を提起している[10]。

① 所得控除から，財政的支援という意味合いが強いとされる税額控除への転換。
② 対象者への年齢制限の導入。
③ 特定扶養控除（16歳以上23歳未満の扶養親族）の簡素化，集約化の観点からの見直し。

「論点整理」は所得税の財源調達機能回復を強く意識しているだけに，扶養控除見直しの視点も独特で，その特徴は一言にしていえば「効率化」ということに尽きる。すなわち，扶養控除の主要目的を子育て支援と捉え，その支援を金額としてわかりやすく支援効果が高い税額控除へ転換することを提起している。一般に，所得控除については累進税制の下では高所得層ほど負担軽減額が

---

[9] 給与所得控除の圧縮の代替措置として基礎控除が拡充されれば，その効果は給与所得者のみならず事業所得者を含む納税者全般に及ぶことになる。
[10] 税制調査会（2005），9－10頁。

大きくなるという再分配効果の観点からその問題性が指摘されてきたが,「論点整理」はむしろ所得控除の税額控除への転換が持つ意味について, 再分配効果ではなく, 政策効果という観点から再評価している。

②については, 年齢の如何にかかわらず所得が一定水準以下にとどまることを理由に一律の取り扱いとすることについて, 年齢制限の導入の必要性を提起している。現実に扶養されている成人は, 高齢者のほか, 学生であったり, 障がい者であったりするため就労が不可能なケース, 就労の意思はありながら失業状態にあるケース, 就労の意思なく, その努力もしていないケース(いわゆるニート)など様々な状況にあるが, 現実に扶養の負担を担う納税者の担税力の減殺があることに変わりはない。それにもかかわらず, 障がいの存在や就学などのケースを除いて, いわゆる成年扶養控除を廃止する方針は外国の事例もあるとはいえ, 租税論上は問題が多い。しかも, 扶養控除の対象外としたとしても, 雇用情勢の厳しさという事情が背景にある以上, 就労を促進する効果が顕著に表れるとは考え難く, 単なる増税の一手段となりかねない。

③については, 従来, 高校, 大学への就学期といった教育費が集中する時期の扶養に対する支援策として位置づけられてきたのに対して, 教育費の集中は必ずしもこの年代に限られたものではないという理由からその廃止が検討されているが, 代替的に他の年齢期に控除を増額することが検討されているわけでもなく, やはり, はじめに控除削減ありきの提案といえる。

(2) 政権交代と「子ども手当」

2009年秋の総選挙に向けて民主党は「民主党政策集INDEX 2009」を発表した。この中で「所得税改革の推進」に関して,「人的控除については,『控除から手当へ』転換を進めます。子育てを社会全体で支える観点から,『配偶者控除』『扶養控除(一般。高校生・大学生などを対象とする特定扶養控除, 老人扶養控除は含まない。)』は『子ども手当』へ転換します」[11]と提案している。

---

11) 民主党 (2009), 19頁。

「論点整理」に引き付けていえば①との関連では，政権交代後2010年度から「子ども手当」（月額13,000円）の導入と引き換えに15歳以下の扶養親族に対する年少扶養控除が廃止され，③との関連では高校授業料実質無償化と引き換えに16～18歳の扶養親族に対する特定扶養控除（63万円）の上乗せ分（25万円）が廃止された。

①については民主党政権の政策も「論点整理」と同方向といえるが，手当の方が低所得層にとって所得控除よりはるかに有利であるとして，再分配の観点からこれを推奨する点に「論点整理」との違いがある。③についてはむしろ「論点整理」とは逆の立場であり，当該年代における教育費の集中を承認し，高校授業料実質無償化という形で具体的にその負担を軽減した上で，特定扶養控除の上乗せ分を廃止したものである。

②については，「平成23年度税制改正大綱」では成年扶養親族（扶養親族のうち年齢23歳以上70歳未満の者）に関する扶養控除について，制限を設けつつも扶養控除対象から外し始めた。高齢者，障害者，学生等は扶養控除の対象でありつづけるほか，合計所得金額が400万円以下の者に対しても成年扶養控除は従来通りとされるなど，確かに慎重に影響を抑制してはいるが，約110万人が影響を受けると見られるこの措置は，扶養控除のセーフティ・ネット機能を弱体化させるものである[12]。

3　廃止論議高まる配偶者控除

わが国では創設以来50年の歴史を持つ配偶者控除であるが，人的控除の中ではその根拠そのものに異論が提出され始めて久しい[13]。配偶者にはかつて1人目の扶養親族として扶養控除が適用されていた（控除額7万円）。扶養控除に代えて配偶者控除が新設されたのは1961年であり，当時は基礎控除と同額の9万

---

[12] 2011年度税制改正において成年扶養控除（23歳以上，70歳未満が対象）を制限する法案が国会に提出されたが国会情勢により未成立に終わり，成年扶養控除の圧縮は行われなかった。
[13] 女性の立場から配偶者控除の廃止を主張した代表的な成果が全国婦人税理士連盟編（1994）である。租税論的には限界があるが，ジェンダーフリーな立場からの政策論として当時を代表するものである。

円で，扶養控除（一般3万円，15歳以上5万円，被扶養配偶者がない場合の1人目は7万円）より大きかった。近年になって税制調査会においてもこの配偶者控除の存廃に関わる見直しが提起されるに至り，制度そのものが大きな岐路にさしかかっている。

(1) 見直しの論拠

配偶者控除について，「論点整理」は次のような論拠で根本的な見直しを提起している[14]。

① 配偶者の家事労働の経済的価値という側面などを考慮すると，夫婦であることが担税力を一方的に低下させるとはいえない。
② 配偶者控除は配偶者の就労を抑制する非中立的な効果を持つ。
③ 配偶者の所得が一定額以下であれば基礎控除の適用を受けつつ課税関係が生じない。一方，パートナーが配偶者控除の適用を受けるため，夫婦で二重の控除を享受することになる。

配偶者控除についてはこれまで多くの論議が重ねられてきた。1987年税制改正では配偶者控除にさらに上乗せする形で配偶者特別控除が創設された。配偶者控除以上に批判が多かったこの制度の「2階部分」は，2004年1月に廃止されたが，女性の就業率の高まりに伴い働く女性の間から本体としての配偶者控除そのものの存在に対する批判が強まった。すでにこの10年余りの間，妻帯者のうち妻が専業主婦である者の割合は全体の半数を割る状態が続き，しかもその傾向が強まり，控除廃止論は多数派を形成しつつある（図表2-4）。この背景には女性の高学歴化による意識変化，労働力不足による女性労働力への依存の高まり，雇用の不安定化の中での女性労働力による世帯としての所得維持など，種々の要因がある。共働きの世帯から見れば，配偶者控除による減収分を就業者が負担する税収によって補填していることになり，このことが不公平感を醸成している。しかも，片働き世帯の就業者の所得水準が概して高いことも

---

14) 税制調査会（2005），8頁。

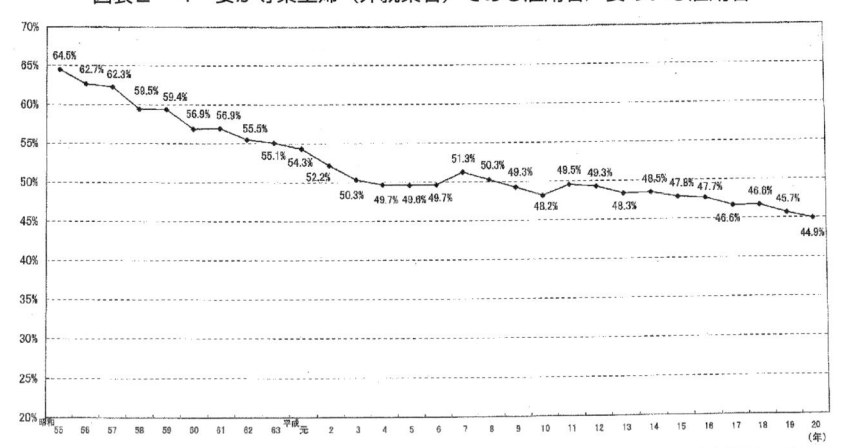

第2章　課税ベースと各種控除の再検討

図表2-4　妻が専業主婦（非就業者）である雇用者／妻のいる雇用者

[グラフ：縦軸20%～70%、横軸 昭和55年から平成20年。主な数値：64.5%、62.7%、62.3%、59.5%、59.4%、56.9%、56.9%、55.5%、55.1%、54.3%、52.2%、50.3%、49.7%、49.6%、49.7%、51.3%、50.3%、49.3%、48.2%、49.5%、49.3%、48.3%、48.5%、47.8%、47.7%、46.6%、46.6%、45.7%、44.9%]

(注) 1.「妻が専業主婦である雇用者」とは，夫が雇用者で，妻が非就業者（非労働力人口及び完全失業者）の世帯。
　　 2. 就業者から農林業，自営業及び家族従業者は除いた。
　　 3. 昭和34年の割合は69.4％（昭和34年10月「労働力調査臨時調査報告」）。（以降昭和55年まで該当データなし。）
　　 4.「労働力調査特別調査」『労働調査』（総務省）により作成。
(出所)　税制調査会（2009），42頁。

これに拍車をかけている。

(2) 再確認すべき制度創設の根拠

　しかし，そもそも1961年に扶養控除とは別に配偶者控除が設けられた論拠を点検してみると，「論点整理」や多くの論者が主張する配偶者控除批判論は必ずしも制度の趣旨を踏まえたものとはいえないことが判明する。配偶者に関する控除について詳細な検討を加えた1960年の税制調査会答申は，次のような論理で配偶者控除の創設を提案した。

　すなわち，パートナー（通常，夫）が就労し，配偶者（通常，妻）が主としてあるいはもっぱら家事を担当する場合，パートナーの所得の稼得は，配偶者の「内助の功」に支えられているとする。その場合，パートナーの所得に対する税制上の扱いは次のようになる。

　「①　夫婦の所得の合算制をとらぬにしても，夫婦の特殊な地位は，前に述べたとおりであり，税制上も何らかの形でこれを反映したものとしてしかる

39

べきである。

　この場合，現行法のように配偶者をその生計費の見地から扶養控除の対象としてのみみることは適当ではあるまい。夫婦の所得が一体としてみられるべきこと，夫のみが所得をか得している場合でも妻は家庭内の勤めを果たすことにより夫の所得のか得に大きく貢献していることを考えれば，妻は夫の得た所得の処分に対しても大きな発言権を持っているものというべく，したがってその控除も，現在のように単に夫に扶養されるものという立場で決めるのではなく―アメリカ流の二分二乗方式までゆかないにしても―所得者たる夫と同額のものを認めてよいと考えられる。

② 配偶者控除の創設は，現在の1人目の控除を2万円引き上げることにより，夫婦の一方のみが所得を得ている場合と，双方が共かせぎで所得を得ている場合との税負担のバランスを改善するうえに役立つ。

③ 当調査会は，後述のよう専従者控除の拡充を適当と考えている。しかし，その税制上の理由はともかくとして，それが事業所得者に対して特別の利益を与える減税であることはさけられない。

　そこで，実際問題として現在でも負担が重いといわれている給与所得者の負担とのバランスが一層問題となるが，配偶者控除の創設は，給与所得者を含む多くの納税者に広く減税の利益を及ぼし，専従者控除の拡充により，事業所得者が受ける減税の利益との差を薄める実際的効果を持っている」[15]。

重要なことは，当時の答申が「夫婦の所得が一体としてみられるべきこと」という立場を採っていたことである。にもかかわらず夫婦所得の合算制度を採用しなかったのは，主としてそのことが「むしろ税制を複雑にする」[16]という実務的な理由によっていた[17]。すなわち，この答申は，課税単位として世帯

---

[15] 税制調査会（1960），47-48頁。
[16] 税制調査会（1960），47頁。
[17] このほかにも答申は，①米・独と日本の国情の違い，②所得の半分が妻に帰属すると見ることが「擬制にすぎること」，③高所得者の利益が大きいこと，④夫婦者と独身者の税負担のアンバランス，などの問題点を指摘している（同上，48頁）。

（夫婦）単位課税を原理的に承認した[18]。個人単位課税の形式を維持したのは，あくまでも実務的な理由からであった。個人単位課税の形式を維持しながらも片働きないしそれに近い世帯に対して世帯単位課税（その中の二分二乗方式）に準じる負担軽減効果を及ぼすための次善の策として配偶者控除を創設した。扶養控除と区別して，金額的にもそれを上回る配偶者控除を創設した根拠はまさにこのようなものであった。

しかし，同時に注意すべきは，配偶者控除をめぐるこのような原理的検討がこの時期にあえて行われた背景である。1950年代後半から1960年代は日本経済の高度成長の時代であり，年々の所得上昇の結果として巨額の自然増収が発生した。そのような中で毎年の減税政策が可能になり，その一環として事業所得の負担軽減が進められた。1952年に創設された青色申告者の事業専従者控除は当初は配偶者を除くものであったが，1954年には配偶者も対象に加えられた。1961年には青色申告者の事業専従者控除が大幅に引き上げられるとともに，白色申告者の事業専従者控除も新設された。そのような中で，給与所得者は配偶者への支払いに当たる金額を控除し得ないという不満をかこつことになり，この事態への対応として配偶者控除の新設が検討された。今日の時点で配偶者控除を考察するに際しては，配偶者控除の根拠づけの理論的当否の吟味とともに，このような制度が実際に導入された当時の社会経済的背景についての認識が必要である。

(3) 配偶者控除の原理的弱点

配偶者控除についてはその創設時にはすでに見たように世帯単位課税を容認する立場がその基本にあった。これが変わらない限り種々の弊害が指摘されながらも，制度の大枠は維持されざるを得ない。ところが最近では配偶者控除についても個人単位課税を当然の前提としてその当否が論じられ，暗黙のうちに

---

18) 次の記述は夫婦単位課税の合理性を承認している。「夫婦という共同体にあっては，おのおのの消費ないし生活水準は，夫婦のうちいずれかが所得を得たということではなく，全体の所得水準と各人の必要によって決められるのが普通であり，税制上これを担税力を求める最小の単位とみることは，むしろ自然の考えと思われる」（税制調査会［1960］，45頁）。

1960年答申の「夫婦の所得が一体としてみられるべきこと」という見解は放棄されている。本来であれば，まずはこの世帯単位課税の当否が原理的に問われるべきである。

1960年の税制調査会答申が「夫婦の所得が一体としてみられるべきこと」という世帯単位課税の立場を採った最大の根拠は，「夫のみが所得をか得している場合でも妻は家庭内の務めを果たすことにより夫の所得のか得に大きく貢献していること」という点にあった。しかし，実はこの見解は，「大きく貢献している」という配偶者の労働の果実の意味についての誤解に基づいている。仮に配偶者の労働がパートナーの所得稼得の必要経費を構成するようなものであるとするなら，配偶者の労働の成果をパートナーの収入から控除することができる。事業所得者において配偶者がその事業に従事するとき，事業専従者控除が認められるのはこのためである。

給与所得者の場合もパートナーの所得稼得に配偶者の「内助の功」が直接的に寄与するとすれば，「夫婦の所得が一体としてみられるべきこと」という見解もあながち謬見ともいえない。もちろんこの場合も，両者の所有権を常に対等とし，二分二乗方式を適用する論理的な根拠はなく，本来は「寄与度に応じて」ということになるはずである。

しかし，問題は「内助の功」とされる労働の内容である。通常それは家事・育児労働（介護労働が加わることもある）であるが，これはパートナーの所得算定に際して必要経費として収入から控除される性格のものではない。このことは例えば，家事・育児労働を配偶者に任せず，家事使用人を雇用し，給与を支払うとしてもこの支払分をパートナーの給与収入から経費として控除することができないことからも明らかである。家事・育児労働は家事的消費であり，所得の稼得（＝生産）に寄与するものではなく，所得の消費に係るものなのである[19]。事業所得の算定において家事費の控除が否認されるのもこのためである。

---

19) 中里　実（2003）は，所得控除制度を原理的に考察した示唆に富む論文である。その結論は本稿とは必ずしも一致しないが，所得算出に際して控除可能な費用について，「費用とは将来キャッシュ・フローを増加させる（可能性のある）支出である（なければならない）」（128頁，注(23)）と明快に指摘している。なお，配偶者控除に関連して配偶者扶養のための支出は費用ではないが，

第2章　課税ベースと各種控除の再検討

　このように，配偶者控除創設の論拠となった配偶者の「内助の功」を根拠とする世帯単位課税論がそもそも誤りであったことが原理的な問題として確認されるべきである。

　一方，世帯単位課税論を離れて個人単位課税を前提にした場合，配偶者の「内助の功」は経済学的には次のような意味を持っている。

① 　「内助の功」の実態をなす配偶者の家事・育児労働は，配偶者に帰属所得をもたらす。パートナーは配偶者のこの家事・育児労働を無償で消費することで帰属消費が発生する。

② 　配偶者の帰属所得はキャッシュ・フローを伴わないので担税力に欠けるが，パートナーの帰属消費はそれがない場合に比べてパートナーの担税力を高める。

③ 　共働きの場合，夫婦が担当し得ない家事・育児労働を多かれ少なかれ商品形態で代替せざるを得ない。それは，外食，家事手伝い人の雇用，保育所利用などという形をとる。これに必要な経費を支払う財源は，所得税課税後の所得である。さらに，家事・育児サービスの購入に対しては消費課税が行われる。一方，「内助の功」によって家事・育児労働を行う場合は，帰属所得に対する所得課税もなければ，帰属消費に対する消費課税もない。

　配偶者控除の経済学的問題の本質はここにある。配偶者の「内助の功」の存在は税負担軽減ではなく，むしろ課税の根拠となるのである[20]。この場合，課税は第一次的には配偶者の帰属所得に対して行われるが，これがキャッシュ・

　　移転（一種の贈与）に当たり，「移転をなした側で控除して，移転を受けた側で課税すべきである」（116頁）としている。しかし，そもそも贈与について贈与者において控除されるのは公共団体などへの贈与に限る例外的ケースであり，配偶者扶養のための贈与を所得控除することの根拠が不明である。

20）　かつて経済企画庁は家事，育児，介護，買物などの「無償労働」の貨幣価値を試算した。推計方法としては，機会費用法（就業断念により失う所得で換算）と代替費用法（業務委託した場合の費用で換算）がとられている。また，代替費用法はコックや保育士など専門家の賃金で換算するスペシャリスト・アプローチと家事使用人の賃金で評価するジェネラリスト・アプローチに分かれる。最も安価なジェネラリスト・アプローチで評価した有配偶女性の社会活動を除く無償労働の貨幣価値は，全世代平均で年間約152万円となった（経済企画庁経済研究所国民経済計算部（1997））。

フロー問題で不可能であるとすれば，帰属消費によって担税力が高まったパートナーの所得に対して行われる。

しかし，論理的にはこの通りであるが，図表2－5に見るように諸外国においても配偶者控除はそれほど珍しい制度ともいえない。また，わが国でもすでに長期にわたって定着しているだけに，制度の変更は大きな影響をもたらす。さりとて，1960年までの扶養控除に戻ることはできない。配偶者は，「帰属所得」ではあれ一定の経済価値を生み出しているからには一方的に扶養される存在とは言えないからである。市場経済の徹底化が進むにつれて配偶者控除は中・長期的に廃止の方向に向かい，個人単位課税への純化が進むことになろう。

図表2－5　主要国における課税方式・課税単位・人的控除等

	アメリカ	イギリス	ドイツ	フランス
課税方式	申告納税	申告納税	賦課課税	賦課課税
課税単位	個人単位又は夫婦単位の選択制	個人単位	個人単位又は夫婦単位（二分二乗）の選択制	世帯単位（N分N乗方式（注5））
納税者に係る控除等	概算控除（注1）　11,400ドル　人的控除　3,650ドル	基礎控除　6,475ポンド	税率不適用所得　8,004ユーロ　被用者概算控除　920ユーロ　特別支出概算控除　36ユーロ　保険料控除	社会保険料控除　一般社会税控除　必要経費概算控除(10%)　税率不適用所得（注7）　5,875ユーロ
配偶者に係る控除等	人的控除　3,650ドル	－	（税率不適用所得　8,004ユーロ）（特別支出概算控除　36ユーロ）（注2）	税率不適用所得　5,875ユーロ
被扶養親族に係る控除等	人的控除　3,650ドル　児童税額控除　1,000ドル	－	児童手当・児童控除（注3）	税率不適用所得　5,875ユーロ

(注) 1．アメリカの概算控除の金額は，夫婦共同申告者に係るもの。
　　 2．ドイツの配偶者に係る控除等は，夫婦単位課税（二分二乗方式）を選択する夫婦の場合のみ適用可能。
　　 3．ドイツの配偶者においては，児童手当（給付）と児童控除（所得控除）のどちらか有利な方のみが適用される制度となっている。一般的に，中・低所得層には児童手当，高所得層には児童控除が適用される。
　　 4．ドイツにおいては，上記の所得税のほかに，所得税額に対して定率（5.5%）で課される付加税がある。
　　 5．フランスにおける子どもの家族除数は，第二子まで0.5，第三子以降1である。
　　 6．フランスの所得税の計算にあたっては，諸控除を記載した順番に収入から控除することとなっている。
　　 7．フランスの税率不適用所得は，家族除数（N）1人あたりの金額である。

(出所)　税制調査会（2010b），10頁。

(4) 政権交代と配偶者控除

「民主党政策集INDEX 2009」には「人的控除については，『控除から手当てへ』転換を進めます。子育てを社会全体で支える観点から，『配偶者控除』『扶養控除（一般。高校生・大学生などを対象とする特定扶養控除，老人扶養控除は含まない。）』は『子ども手当』へ転換します」[21]という記述がある。配偶者控除そのものの当否についての言及はないが，その廃止を前提としたうえでこれから生まれる財源を「子ども手当」に充当することを予定している。「扶養控除」のうち年少扶養控除を廃止して子ども手当に転換することは，同じ子育て支援という目的の追求方法の変更であって相互に密接に関連している。しかし，配偶者控除の目的は子育て支援ではなく，その廃止から生み出される財源を子ども手当に充当することに論理的関連はなく，たまたま子ども手当の財源に使用されたに過ぎず，場合によっては他の目的への転用もあり得ることになる。

「平成22年度税制改正大綱」においては「配偶者控除については，その考え方等について広く意見を聴取しつつ整理を行った上で，今後，その見直しに取り組むこととします」[22]と簡単な取扱いにとどめられている。これが「平成23年度税制改正大綱」になると，特にこのための項目を起こし，この制度の是非をめぐる両論があることを紹介したうえで，「平成24年度税制改正以降，抜本的に見直す方向で検討します」[23]と，その廃止が間近い印象を与える叙述となっている。ところが，「平成24年度税制改正大綱」になると，この間，東日本大震災という大事件があり，税制上もこれへの対応に忙殺される時期があったのは事実であるが，給与所得控除の見直しについてはかなり立ち入った問題提起がなされたのに対して配偶者控除への言及は全くなく，「棚上げ」という

---

21) 民主党（2009），19頁。
22) 内閣（2009），15頁。
23) 内閣（2010），13頁。原案では「その存廃を含む抜本的な見直しについて」検討，となっていたのに対して，小宮山厚生労働副大臣（当時）から，「これはどう譲っても存廃はあり得ないと思います。廃止を含む抜本的な見直しでなければ，これは民主党が結党して以来，ずっとこれは言ってきてマニフェストにも書いたことなのに，『存』というのはあり得ません」という強い意見が出され，「存廃」を削除して「抜本的に見直す方向」という表現で収められたものである（平成22年度第21回税制調査会議事録参照）。

より「無視」という扱いを受けている。しかし，配偶者控除は上述の通り租税論的には根拠に乏しく，しかも，有職の既婚女性の比率が高まる流れの中で，その政治的基盤は弱体化しつつあり，今後とも繰り返し見直しの検討対象とされることになろう。

第2節　給与所得控除

1　給与所得控除見直しの背景

　給与収入から給与所得控除を差し引いた金額が給与所得である。マクロ的に見て所得控除総額は給与収入総額の約3割を占めている（図表2−6）。給与所得控除の淵源はすでに大正期に見られるが，当初は勤労所得控除と称し，シャウプ税制においてもこれが踏襲された後，1953年に給与所得に対する控除であることを明確化する趣旨から給与所得控除と改称されて今日に至っている。制度の導入以来，徐々に拡充されたが，特に1974年に大幅に拡充され，それ以来この基本構造が維持されている。1989年には最低保障額が従来の57万円から65万円に引き上げられた後，今日まで据え置かれている。控除率については40％に始まり収入部分が高くなるにつれて徐々に低下し，1,000万円超の部分に対しては5％が適用され，2012年分所得税まで上限はなく「青天井」となっていた。近年，税制調査会ではこの控除規模が過大であるとの論調が強まっている。

　そもそも給与所得控除の根拠について，1956年の「臨時税制調査会答申」は当時行われていた説明を，①勤務に必要な経費の概算控除，②資産所得，事業所得に比べ弱い担税力に配慮した負担調整，③所得が正確に捕捉されやすいことに対する捕捉率調整，④源泉徴収による早期納税に対応する金利調整，の4点に整理している[24]。これらの説明について「答申」は，「それぞれ相当の根拠をもち，これらを総合して現行給与所得控除の趣旨とすることが妥当と思われる」と評価している。しかし，やがてこれらのうち③④は除かれ，①「勤務

---

24) 臨時税制調査会（1956），49頁。

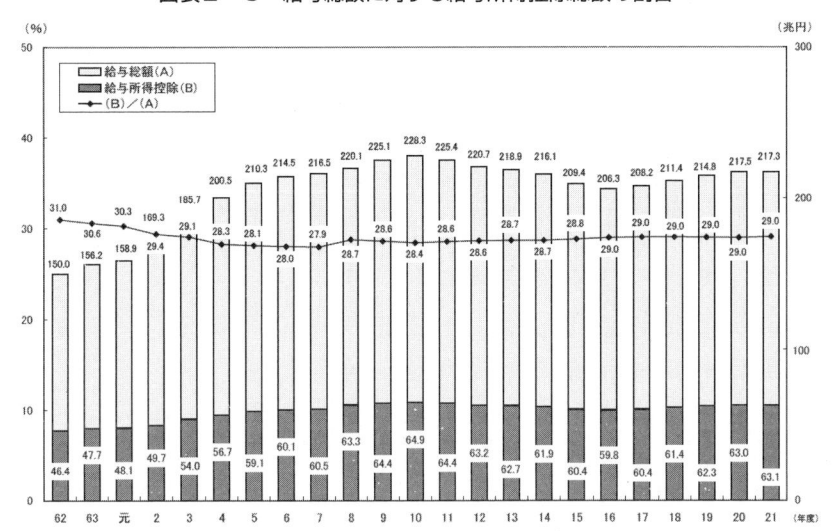

第2章 課税ベースと各種控除の再検討

図表2-6 給与総額に対する給与所得控除総額の割合

(注) 1. 個人住民税の課税実績に基づく，前年分の所得に係る金額である。
    2. 総務省自治税務局「市町村税課税状況等」を基に作成。
(出所) 税制調査会（2010a），11頁。

費用の概算控除」，②「他の所得との負担調整」が公式に認められてきた。

この絞り込みに関して実はすでにシャウプ勧告が③の説明を批判している。その言わんとするところは，他の所得における脱税を前提とした給与所得への負担軽減措置は，脱税そのものを容認することにつながり，「租税の全機構が崩壊する」結果となるというものである。したがって，「このような不公平を是正するには，税率を恣意的に調整するという方法よりも，税務行政を改善する方法が採用されなければならない」[25]。確かにこれは正当な「筋論」であり，税制調査会等の公式文書において③の根拠が説明から外されて行くのもこの理由によるものであろう。しかし，シャウプ勧告の重要な指摘である「税務行政を改善」することがそれに伴わない限り，給与所得に不利な課税の不均衡が残ることになる。公式文書が無視したにもかかわらず③の説明が長く残った理由

---

25) Shoup Mission (1949), Vol.I, p.69. 福田幸弘監修 (1985), 94-95頁。

図表2-7 給与所得控除制度の変遷

1913年	勤労所得（俸給，給料，手当，歳費）について，主として給与所得の担税力に配慮するため，その10％を控除する制度が創設された。
1920年	第3種所得金額12,000円以下のときは，俸給，給料，歳費，年金，恩給，退職金，賞与及びこれらの性質をもつ給与についてその10％，6,000円以下のときは20％の控除が認められた。
1940年	分類所得税と総合所得税の2本建方式を採用した際に，総合所得税では10％の勤労控除を存置するとともに，分類所得税では他の所得との負担調整を図る主旨で基礎控除と税額に差を設けた
1947年	総合所得税方式に統一された際に，勤労所得控除は給与収入の25％，最高6,000円とされた。
1950年	控除率15％に引き下げ；最高限度3万円
1953年	給与所得控除と改称；控除率15％，最高限度4.5万円
1957年	控除率2段階方式を採用（給与収入40万円まで20％，80万円まで10％），最高限度額12万円
1961年	固定的な経費部分に配慮するという主旨で定額控除1万円を導入，その残額について40万円まで20％，70万円まで10％，最高限12万円
1969年	控除率を4段階に変更（80万円まで20％，100万円まで15％，200万円まで5％，300万円まで2.5％）；定額控除10万円，最高限度36.5万円
1970年	控除率を3段階に変更（100万円まで20％，200万円まで10％，400万円まで5％）；定額控除10万円，最高限度50万円
1974年	最低保障額の定額控除方式に転換するとともに，頭打ちを廃止。最低保障額50万円，控除率は150万円まで40％，300万円まで30％，600万円まで20％，600万円超10％
1980年	600万円以上の部分を1,000万円まで10％，1,000万円超5％に変更
1984年	600万円までの部分を最低保障57万円，165万円まで40％，165-330万円30％，330-600万円20％に変更
1987年	特定支出の実額控除選択制度を導入
1989年	最低保障額を65万円に引き上げ
1995年	180万円まで40％，360万円まで30％，660万円まで20％，1,000万円まで10％，1,000万円超5％
2013年	1,500万円超に対して245万円の頭打ちを再導入 実額控除の比較対象を給与所得控除の2分の1に

（出所）　藤田（1992），105頁。1995年以降は『財政金融統計月報』，国税庁ホームページにより補足。

は，わが国の「税務行政を改善」することにおいて，シャウプ勧告の期待が果たされなかったからである[26]。

ところで，すでにこの10年余り②についても，いくつかの理由からその根拠が薄らいだとされ[27]，次第に①「勤務費用の概算控除」にその根拠が一元化される傾向が明らかになっている。例えば，税制調査会（2000）「我が国税制の現状と課題—21世紀に向けた国民の参加と選択—」は，中期答申としては異例の体裁をとり，書籍としても公刊され，そのサブタイトルのとおりわが国税制全般にわたる解説と問題提起によって国民に今後の税制あり方について選択を求めたものであるが，その中でも給与所得控除における「他の所得との負担調整」の意義の低下が主張されている。その論拠として，給与所得者が社会の典型的な就業形態（被用者は就業者の8割）となってきたこと，日本的雇用形態の変容，手厚い給与所得控除の職業選択に対する非中立性，相対的に低い主要国の概算控除などが指摘されている[28]。この説明が説得的であるとは必ずしも言えないが，この時期から給与所得控除のいっそうの圧縮への動きが明瞭になったことは注目されるべきである。

さらに，財務省サイドは，かなり以前から折に触れて勤労者世帯の年間収入に占める「給与所得者の勤務に関連する経費」と指摘されている経費の割合を示してきた。上記の税制調査会の文書においても，1998年度における勤労者世

---

26) 課税所得捕捉率格差（クロヨン問題）に関する実証研究としては，石 弘光（1981）を嚆矢として70年代から80年代を対象にいくつかの業績がある。それらはいずれも石論文とほぼ同様に，クロヨンの存在を立証するものであった。ところが，大田・坪内・辻（2003）は，90年代にまで分析期間を拡大し，捕捉率格差の大幅な是正の結果，給与所得，事業所得（うち営業所得），農業所得の捕捉率について「97年の時点では10：9：8に近い比率」になったと報告している。これが正しいとすれば，クロヨン問題はほぼ解決されたことになり，給与所得控除圧縮の有力な論拠となるはずであった。しかし，日本総合研究所（2005）は，石推計を基本的に踏襲した大田等推計では，もともと石推計に含まれていた方法上の欠陥が90年代に大きく影響してきたため，営業所得や農業所得の捕捉率が外見上高く表れることになったのであり，クロヨンが解消に向かっているとは即断し得ないと主張している。
27) 税制調査会（2005）は，今日，給与所得者は就業者の約8割を占めるに至ったが，正規雇用者の割合の低下，終身雇用を核心とする日本的雇用慣行の揺らぎ，会社を通じた雇用・生活保障機能の低下の中で，自らの市場価値を高める様々な自己努力を行っている給与所得者もいることを指摘し，その意味では給与所得者と事業所得者との違いはなくなりつつあると論じている（2頁）。
28) 税制調査会（2000），100-101頁。なお，この答申は，加藤 寛監修（2000）として公刊された。

帯の年間収入額に占める当該支出の割合を算出している。その割合は収入階級によって若干の差はみられるが、全体平均の7.4％を占めている[29]。その比率は近年では6％程度である[30]。

以上から導きだされる結論として、①給与所得控除が「勤務費用の概算控除」に一元化されるべきであるとすれば、現行の給与所得控除の総額と「給与所得者の勤務に関連する経費」が比較される。②「給与所得者の勤務に関連する経費」が年間収入額の6～7％程度であるとすれば、給与総額の約30％に達する現行の給与所得控除は過大であり、大幅な（現行水準の1/4～1/5への）引き下げが可能だということになる。

2　見直しの具体像

給与所得控除の大幅圧縮という事態になれば、給与所得者の確定申告権の保障問題が浮上する。かつてサラリーマン税金訴訟（大島訴訟）において、原告の主張の1つは1964年の実際の経費が給与所得控除を上回っているにもかかわらず、実額による申告を認めないのは不合理だという点にあった。この訴訟は結局原告の敗訴に終わったが、給与所得者のこうした不満に応える形で1987年度税制改正によって、特定支出による実額控除選択の途が開かれることになった。しかし、特定支出控除がきわめて使いにくい制度であったこと、給与所得控除の大幅な拡充が実施されたことなどから、実際にこの制度が利用されることはほとんどなかった[31]。それだけに、今後給与所得控除が圧縮されることになれば、実額による申告納税の途を広く開放すべきであるという要求が高まる可能性がある。

---

[29]　税制調査会（2000），100頁。
[30]　収入に占める「勤務関連経費」の割合（全所得階層平均）は1973年の11.3％をピークに低下傾向をたどり、2008年には5.7％となっている（税制調査会［2010d］，11頁）。
[31]　特定支出控除は通勤費、転任に伴う転居のための引越し費用、資格取得費、単身赴任者の帰宅旅費の5項目に限定される「ポジ・リスト方式」である上、この5経費の合計が給与所得控除の総額を上回る場合のみ、その超過部分を給与所得控除に上乗せして給与収入から控除しうるというものであるため、その利用件数は、最多の1988年で16件、最少の1995年・97年には実に1件とほとんど形骸化している（税制調査会［2010c］，11頁参照）。

「平成23年度税制改正大綱」は，給与所得控除の見直しをめぐって以下のような注目すべき方針を打ち出した[32]。

① 給与所得控除の現行制度では所得階級に応じて控除率が適用される。その控除率は40％に始まり所得が上がるにつれて５％まで低下するが，５％は最高所得層に対しても上限なく「青天井」で適用される。今後はこの「青天井」を無くし，給与収入1,500万円超に対しては245万円を上限とする。

② 4,000万円超の役員給与等について給与所得控除はその金額の２分の１を上限とする。なお，2,000万円を超え4,000万円までの間では負担調整を行う。

③ 特定支出控除の範囲に，現在除外されている弁護士，公認会計士，税理士などの資格取得費を追加する。さらに図書費，衣服費，交際費及び職業上の団体の経費（これらを「勤務必要経費」という）も追加する。

④ 現行制度では特定支出控除適用の判定基準は給与所得控除の全額であるが，今後は給与所得控除の２分の１の額として実額控除の機会を拡大する。

重要なのはこれらの改正の前提として，給与所得控除の性格が「勤務費用の概算控除」と「他の所得との負担調整」の２つの性格をもっているという従来の解釈を踏まえた上で，「各々２分の１であることを明確化」したことである。その結果，法人役員などは一般従業員とは異なり，その勤務態様が必ずしも従属的ではないとして役員給与等については「他の費用との負担調整」が認められないことになり，給与所得控除の金額の２分の１を上限とすることとされた。

さらに，給与所得控除の２分の１が「勤務費用の概算控除」と明確化されたことから，給与所得控除の２分の１と特定支出控除とが比較されることになり，特定支出控除が給与所得控除の２分の１を上回る場合には特定支出控除の適用が可能になる。現行制度では給与所得控除の全額が比較されているため，特定支出控除の適用は極めて困難である。特定支出控除の範囲の拡大とともに比較

---

32) 内閣 (2010), 12-13頁。

図表2-8 給与所得控除と特定支出控除

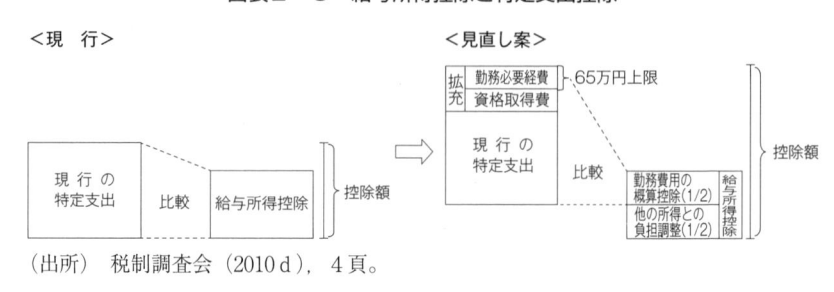

＜現行＞　　　　　　　　　　　＜見直し案＞

（出所）税制調査会（2010d），4頁。

すべき給与所得控除の2分の1への制限は，特定支出控除適用の機会を拡大するものである。

実は，1987年度税制改正で特定支出控除を導入する際に，税制調査会は給与所得控除の2分の1と比較すべきことを提案していた。税制調査会の答申は，「給与所得控除を『勤務費用の概算控除』と『他の所得との負担調整のための特別控除』に分ける場合，具体的にどのように分けるかについては，必ずしも客観的な基準があるわけではなく，給与所得控除の各々2分の1相当額をもって概算控除部分と特別控除部分とすることが適当であろう」[33]としている。ところが，当時これは自民党税制調査会で拒否され，給与所得控除の全額と比較することとされた[34]。「平成23年度税制改正大綱」の提案において，かつて葬られた税制調査会の提案が甦ったともいえる。

3　見直しの影響

「平成23年度税制改正大綱」の影響は，さしあたっては高額所得層に対する増税となる。しかし，この影響はそれだけにとどまらない。給与所得控除のうち「勤務費用の概算控除」部分が2分の1と明確化されたことで，実際の勤務費用との比較が一層現実味を帯びるからである。かつてのように給与所得控除の根拠が2つの側面をもつと解釈されただけでは，その中での「勤務費用の概

---

[33] 税制調査会（1986），31頁。
[34] 藤田　晴（1992），106頁。

算控除」の寄与度は定量的には曖昧で，実際の勤務費用との比較基準も曖昧化せざるを得なかった。

　ところが，実は根拠は不明でありながら，「各々2分の1であることを明確化」したことによって，給与収入の3割の2分の1，すなわち15％と実際の勤務費用（6％程度）とが比較されることになる。このように考えれば，当面の高額所得層に限定された見直しは，将来は給与所得控除の「勤務費用の概算控除」部分の大幅な（2分の1以下への）削減につながる可能性がある。

　しかも，これまでの税制調査会の検討の流れからいえば，そもそも給与所得控除の根拠が「勤務費用の概算控除」に一元化される方向にあるわけで，こうなればそれが「各々2分の1」の一端を担うにすぎない以上，給与所得控除は半減されることになる。こうして，給与所得控除の性格についての原理的見直しによって給与所得控除は半減され，しかもこの「勤務費用の概算経費」としての給与所得控除が実際の勤務費用とされる支出と比較すればなお過大であるということで，2分の1以下へと圧縮されることになる。「平成23年度税制改正大綱」が提案する給与所得控除の見直しは，当面は高額所得層に対する増税措置であるが，早晩，一般サラリーマンにとっても給与所得控除圧縮による増税として影響を及ぼす可能性が高い。

　「平成23年度税制改正大綱」が打ち出した改正は国会情勢のため立法化が遅れたが，翌年度の2012年度税制改正で実現され，2013年分所得税から適用されることになった[35]。特定支出控除の拡充は控えめなものとなったが，比較基準とされる給与所得控除が「総額」から「2分の1」になった意味は大きく，特定支出控除を適用した確定申告の件数が増大する可能性がある。しかし，その先には給与所得控除そのものの圧縮が控えている可能性が高く，そうであるとすれば給与所得者にとって確定申告の機会の拡大と単純に歓迎するわけにはいかなくなる。

---

[35] 「平成23年度税制改正大綱」にあった特定支出の拡充項目のうち，「職業上の団体の経費」は削除された。これについては「労働組合費」を経費として認めることになるとして自由民主党が反対したと伝えられる。また，「役員給与等」に関する改正も実現されなかった。

おわりに

　以上で見たように今や各種控除は「見直し」という名の下に「圧縮」される方向にある。その中でも最も影響が大きいのが給与所得控除である。仮に給与所得控除が現行水準の4分の1以下にまで圧縮されるとすれば，給与所得者の課税最低限が生活保護基準以下になることは必定である。しかし，給与所得控除の本質が「勤務費用の概算控除」であるとするなら，これは所得ではなく経費なのであるから，これが生計費に充当されるはずはない。本来生計費非課税とは無縁のはずの給与所得控除がこの機能を担わざるを得なかったのは，生計費非課税を実現する土台であるべき基礎控除が過少だからである。にもかかわらず各種控除の「見直し」が盛んな中で，基礎控除の周辺だけは奇妙にも無風状態である。

　各種控除の圧縮が進み，生計費非課税の原則との矛盾が顕在化するとき，基礎控除の役割が改めて注目を集め，その大幅な増額が日程に上らざるを得ない。基礎控除の増額が影響を及ぼすのは給与所得者のみに限定されない。今日就業者のほぼ90%が給与所得者であるが，その他の10%にも当然，基礎控除は平等に適用される。この給与所得者以外の10%に対しては基礎控除の増額は明らかに課税ベースの縮小（減税）を意味している。

　現行の給与所得控除をも含む「課税最低限」が生活扶助基準等に照らしてようやく適正な水準を満たしているとすれば，「過大な」給与所得控除の圧縮はそれに等しい基礎控除の拡大によって補償されなければならない。そのため，給与所得控除の圧縮による課税ベースの拡大は基礎控除の拡大による課税ベースの縮小によって相殺され，増収効果をもたらさない。それどころか，上述の「給与所得者以外の10%」に対する減税によって，全体としては減収効果を発揮する。したがって，本格的な所得税の再建のためには基礎的な人的控除や給与所得控除の見直ではなく，所得税の総合課税化や税率の全般的引き上げに踏み込むほかはないはずである。

【参考文献】

石　弘光（1981）「課税所得捕捉率の業種間格差―クロヨンの１つの推計」『季刊現代経済』SPRING 1981
大蔵省財政金融研究所編（1996）『財政金融統計月報』1996年４月号
大田弘子・坪内　浩・辻　健彦（2003）「所得税における水平的公平性について」（景気判断・政策分析ディスカッション・ペーパー），内閣政策統括官http://www5.cao.go.jp/keizai3/discussion-paper/menu.html
加藤　寛監修（2000）『我が国の税制の現状と課題―21世紀に向けた国民の参加と選択』大蔵財務協会
金子　宏（2011）『租税法［第16版］』弘文堂
鎌倉治子（2009）「諸外国の課税単位と基礎的な人的控除―給付付き税額控除を視野に入れて―」『レファレンス』2009年11月号
経済企画庁経済研究所国民経済計算部（1997）『あなたの家事の値段はおいくらですか？　無償労働の貨幣的評価についての報告』大蔵省印刷局
佐藤英明（2003）「配偶者控除および配偶者特別控除の検討」，日本税務研究センター（編）『所得控除の研究（日税研論集第52号）』日本税務研究センター，所収
神野直彦・星野泉他（2012）『よくわかる社会保障と税制改革』イマジン出版
税制調査会（1960）『当面実施すべき税制改正に関する答申（税制調査会第一次答申）及びその審議の内容と経過』
税制調査会（1986）「税制の抜本的見直しについての答申」
税制調査会（2000）「我が国税制の現状と課題―21世紀に向けた国民の参加と選択―」
税制調査会（2005）「個人所得課税に関する論点整理」
税制調査会（2006）「資料（個人所得課税）」（平18.5.12，総44－１，基礎小53－１）
税制調査会（2009）「資料（個人所得課税）」（平成21年度第19回税制調査会）
税制調査会（2010a）「資料（個人所得課税）」（平成22年度第２回専門家委員会）
税制調査会（2010b）「資料（個人所得課税の国際比較）」（平成22年度第２回専門家委員会）
税制調査会（2010c）「参考資料」（平成22年度第13回税制調査会）
税制調査会（2010d）「個人所得課税（所得税）」（平成22年度第17回税制調査会）
全国婦人税理士連盟編（1994）『配偶者控除なんかいらない！？』日本評論社
武田隆夫（1950）「国民生活と租税負担―『基礎控除』の問題―」『経済評論』1950年９月号
内閣（2009）「平成22年度税制改正大綱」
内閣（2010）「平成23年度税制改正大綱」
内閣（2011）「平成24年度税制改正大綱」
田中康男（2005）「所得控除の今日的意義―人的控除のあり方を中心として―」『税務大学校論叢』第48号
中里　実（2003）「所得控除制度の経済学的意義」，日本税務研究センター（編）『所得控除の研究（日税研論集第52号）』日本税務研究センター，所収

日本総合研究所（2005）「所得捕捉率推計の問題と今後の課題—90年代以降格差大幅縮小との判断は早計—」（ビジネス環境レポート，No. 10）http://www.jri.co.jp/press/2005/jri_051007.pdf

樋口美雄・西崎文平・川崎　暁・辻　健彦「配偶者控除・配偶者特別控除制度に関する一考察」（景気判断・政策分析ディスカッション・ペーパー　DP/01-4），内閣府政策統括官（経済財政—景気判断・政策分析担当）

藤田　晴（1992）『所得税の基礎理論』中央経済社

三木義一（1994）「課税最低限—法的側面からの問題提起—」，日本租税理論学会編『課税最低限』谷沢書房，所収

民主党（2009）「民主党政策集INDEX 2009」

臨時税制調査会（1956）「臨時税制調査会答申」

和田八束（1982）「課税最低限の意義と適正水準」『税経通信』第37巻2号

Bundesministerium der Finanzen (2012), *Datensammlung zur Steuerpolitik. Ausgabe 2012.*

Claudia Scott (ed.) (1993), *Women and Taxation,* Institute of Policy Studies, Victoria University of Wellington, Wellington 1993.　古郡鞆子編訳（1999）『女性と税制』東洋経済新報社

Shoup Mission (1949), *Report on Japanese Taxation.*　福田幸弘監修（1985）『シャウプの税制勧告』霞出版社

第3章　所得税改革と共通番号制度

はじめに

　消費税増税への動きが急を告げる中,「社会保障・税番号大綱」(2011年6月30日,政府・与党社会保障改革検討本部)が決定された。「大綱」は,社会保障と税に関わる番号制度(以下,「番号制度」と略称)に関する制度設計の内容,制度の円滑な導入,実施,定着,利便性の向上に向けた実施計画等について,政府・与党としての方向性を示すものである。番号制度導入の背景としては少子高齢化の進展,格差拡大への不安の高まりの中で,より正確な所得等の情報に基づいて所得再分配を実施し,国民が社会保障給付を適切に受ける権利を守ることが必要になったと説明されている[1]。

　民主党野田政権は2012年2月14日,税と社会保障の個人情報を1つにまとめる「行政手続における特定の個人を識別するための番号の利用等に関する法律案(マイナンバー法案)」を閣議決定し,第180回国会(常会)に提出した[2]。問題の番号制度は「社会保障と税の一体改革」の中で練り上げられたものであり,社会保障の体系的整備を踏まえて増税への合意を取り付けることに大きな意義

---

1)　政府・与党社会保障改革検討本部(2011a),2頁。
2)　民主,自民,公明3党は,7月25日,政府が第180回国会に提出したマイナンバー法案の修正で大筋合意し,法案は成立する公算が大きいとみられた。3党修正の要点は,共通番号の個人への通知をハガキではなく当初から利用可能なカードを配布すること,情報提供ネットワークシステムにおける個人情報の取り扱いで安全性を確保することなどである(日本経済新聞,2012年7月26日)。ところがその後,政局がらみで自民党が反対姿勢に転じたため,第180回国会(会期:2012年1月24日〜9月8日)での成立は見送られ継続審査となり,続く臨時国会で国会が解散されたため,マイナンバー法案は廃案となった。2012年12月の選挙後発足した自公新政権は2013年3月1日,改めてマイナンバー法案を国会に提出した。同法は5月24日参院本会議で可決,成立し,2016年1月から個人番号カードの配布が開始されることになった。

がある[3]。

「番号制度」は個人および法人の双方に付番するものであるが,「マイナンバー」と命名されており,また,税務に限らず社会保障を含む広範な利用を目的としていることから「共通番号制度」とも呼ばれている。

「番号制度」はもともと「納税者番号制度」として長く論議の対象となってきたものであり,その主たる目的はより公平で合理的な課税の実現にあった。しかし,税制調査会における議論を追跡すると納税者番号制度の目的も実は時代的に変化しており,年代順に,①金融所得をはじめとする各種所得の名寄せによる総合課税,②金融所得課税の一体化,③給付付き税額控除をはじめとする給付面も含む包括的制度の実現,へと推移している。

税務分野における「番号制度」の主要目的は,当初の①から今日では②③に移行していると判断される。本章の課題は,第1に,「番号制度」における上記の機能転換の経緯を明らかにし,第2に,民主党政権下で構想された番号制度の概略と特徴を明らかにし,そして第3に,所得税改革において「番号制度」が本来的に果たすべき役割について論じることである。

第1節 「納税者番号制度」から「共通番号制度」へ

1 納税者番号制度論議の発端

納税者番号制度に関する議論はかなり以前からあったが,その制度化を検討する契機となったのは1978年12月の税制調査会の答申において利子・配当所得の総合課税との関連から納税者番号制度に言及されたことではないかといわれている[4]。その背景にあったのは同年9月における一般消費税試案の公表であり,これをきっかけに新税導入のためには「不公平税制の是正と歳出の節減合理化」が必要だという議論が沸騰し,その流れで国税庁が利子・配当総合課税

---

3) 現実の政治情勢の中で,民主,自民,公明の「3党合意」の結果,自民党が主張する社会保障制度改革推進法案の成立を前提に消費税増税が先行して決定されることとなった。
4) 水野忠恒(2011),289頁。

化のためのインフラとして納税者番号制度導入試案を発表した[5]。

　その後，1980年には少額貯蓄非課税制度（マル優）の不正利用を防止する目的でグリーン・カード制度（少額貯蓄等利用者カード）が立法化されたところ，これによる貯蓄状況の把握を恐れた資金の移動が起こり，この事態に反応した与党自民党の動きにより制度は実施延期となり，1985年にはついに一度も実施されることなく廃止に至った。この経験は，非課税貯蓄に限定された部分的制度とはいえ，金融資産の名寄せに対する反発がきわめて強いことを思い知らせ，ましてや所得全般を番号によって管理する納税者番号制度への抵抗がいっそう大きなものとならざるを得ないことを痛感させるものでもあった。

　その後，1986年10月の「税制の抜本的見直しについての答申」において，「支払調書の提出方法及び処理システムの開発等について，電算機の利用をも含めて検討を進めるとともに，貯蓄取扱機関と税務当局間の相互協力の一層の推進を図る必要があると考えられる[6]」と，納税者番号制度の採用の前提として電算機利用の推進を図る必要性が指摘されている。そして，1988年２月に税制調査会に納税者番号等検討小委員会が設置されたのである。

　このように，納税者番号制度は元来，利子，配当等の金融所得の総合課税化のインフラとしてその導入が検討された。

2　番号制度の機能転換とその背景

　もともと金融所得総合課税との関連で検討されてきた納税者番号制度であったが，その後，この金融所得課税について総合課税のみが唯一の道ではないという議論が税制調査会で出始める。まず，1992年の税制調査会利子・株式譲渡益課税小委員会において，総合課税を原則とするとしながらも，徴税技術や資金シフトなどの問題から分離課税に評価を与え，それを肯定する見解が出された[7]。そして，その５年後，「金融課税小委員会中間報告」（1997年12月3日）は，

---

5) 榎並利博（2010），140-141頁。なお，この当時株式譲渡所得は非課税であった。
6) 税制調査会（1986）。
7) 榎並（2010），149頁。

総合課税を是とする立場以外にも水平的公平（金融商品間の平等な負担）を重視する視点や最適課税論の視点からは分離課税を是とする立場もあることを指摘した後，納税者番号制度について次のように述べている。

「いずれにしても，利子，配当，株式等譲渡益に対して<u>総合課税を行うには，納税者番号制度の導入等の執行体制の格段の整備が前提となるので，今後，納税者番号制度の検討状況をも見ながら</u>，金融関係税制の在り方にかかわる基本的問題として議論を続けていくことが適当である」[8]（下線は引用者。以下同じ）。

金融所得課税について，総合課税か分離課税かあいまいなままに納税者番号制度の行方を注視するという，税制調査会の方針が転換したのは2002年11月の答申であった。そこでは，「今後，利子・配当・株式譲渡益に対する課税について，金融商品間の中立性を確保するとともに，できる限り一体化する方向を目指すべきである。この場合，将来の改革の方向として，<u>金融所得の一元化，二元的所得税についても，総合課税とあわせて検討すべきである</u>」[9]と論じられ，金融所得の総合課税を離れて分離課税，さらには進んでは北欧諸国で実施されている二元的所得税をも指向する所得税体系そのものの見直しが展望されている。その後，二元的所得税論[10]は取り下げられたが，金融所得に限定した「金融所得課税の一体化」の方針はいっそう明確なものとなっていく。

2004年6月15日の税制調査会・金融小委員会の「金融所得課税の一体化についての基本的考え方」（以下，「考え方」と略称）」は，「貯蓄から投資へ」という政策的要請の下で，「一般投資家が投資しやすい簡素で中立的な税制を構築する観点から，<u>現行の分離課税制度を再構築するものである</u>」[11]と金融所得に関する分離課税の方針を確認している。この「考え方」において，金融所得課税の一体化における番号制度の役割について以下のように論じられている。

---

8) 税制調査会（1997）
9) 税制調査会（2002），13頁。
10) 二元的所得税についてわが国への導入を肯定する立場からの研究として,証券税制研究会（編）（2004）がある。一方,比較的早い時期に批判的見地から検討を加えたのが町田（2002）であり，また，川勝（2009）も，スウェーデンにおける実態を踏まえて日本への導入論を批判している。
11) 税制調査会（2004），2頁。

「損益通算を行うための申告が行われると，税務当局において納税者の申告する損益をチェックせねばならない。まず，取引時の本人確認の徹底により，取引が真正な名義で行われることを担保する必要がある。また，支払者が税務当局に提出した支払調書の内容と，納税者が提出した申告書の内容とを，税務当局は限られた人員と時間でマッチングしなければならない。その場合，官民双方にとってより簡便な方法による正確なマッチングを通じて適正な納税を実現するためには，何らかの番号制度を利用することが必要である。

損益通算の範囲の拡大は投資家の利便性を向上させるものであるが，番号制度に対して未だ国民の理解が必ずしも十分でない。そこで番号制度を一律に導入することについては慎重な対応が望まれる。番号制度を導入する場合には，損益通算の適用を受けようとする者は番号を利用し，そうでない者は番号を利用しなくてよいという選択制とすることが考えられる」[12]。

このように，各種の金融所得間の損益通算のために申告された納税者の損益のマッチング（突合）の手段として番号制度が必要となってくる。ここで重要なのは，総合課税ではなく分離課税であれば比例税率による源泉徴収が可能で，本来なら番号制度は不要であるにもかかわらず，金融所得課税の一体化において「損益通算」という新たな要因を入れたため「名寄せ」と「突合」のための番号制度が必要になったことである。しかし，税制調査会は，こうした限定的ないわば「金融所得番号制度」の導入についてすら極めて慎重で，その利用は納税者の選択に委ねるとしており，番号制度に対する納税者の強い反発を意識したものとなっている。しかしながら，実は，番号制度を「貯蓄から投資へ」を目指す有価証券取引に対する優遇税制の基本インフラとして位置づけたこの「考え方」こそが，証券・金融業界の番号制度に対する態度を肯定的なものに転換させる決定的なターニングポイントとなったと評価される[13]。

しかし，金融所得課税の一体化は今日ではすでに部分的に開始されている。すなわち，2009年以降，株式譲渡損益通算後になお残る上場株式等の譲渡損失

---

12) 税制調査会（2004）

は，上場株式等に係る配当所得の金額（申告分離課税を選択したものに限る）から控除することが可能になった。ところが，2004年6月15日の税制調査会・金融小委員会の「考え方」が提案したような「金融所得番号制度」はなお導入されておらず，その意味では「正確なマッチング」が実現される保障はない。

3 番号制度と給付付き税額控除

　番号制度は民主党政権への移行後は給付付き税額控除との関連でしばしば話題となっているが，実は民主党の前の政権党であった自由民主党も番号制度の導入促進についての決定を行っていた。自由民主党の「平成21年度税制改正大綱」はこの問題について次のように述べている。

　「納税者番号制度は，的確な所得把握を通じて適正・公平な課税の実現に資するものであるが，今後，税制を国民の利便性に配慮して柔軟に設計していく上でも必要不可欠であり，行政効率化に資する意義も大きい。したがって，納税者番号制度については，今後の税制や社会保障のあり方の議論と併せて，現行の住民票コードの活用や，いわゆる社会保障番号との関係の整理等を含め，具体的かつ深度ある議論を関係団体・関係省庁が連携して実施し，国民の理解を得て，早急かつ円滑な導入を目指すべきである。このため，今後，与党内に納税者番号制度に関する検討会を立ち上げ，制度の導入に向けて精力的に議論を行うこととする」[14]。

　このように自由民主党も税務行政の観点から納税者番号制度の必要性を認めるに至っていたが，これに加えて給付との関連でも納税者番号制度の必要性が浮上した。その直接の契機となったのは，リーマンショック後の景気対策とし

---

13) 増井喜一郎氏（日本証券業協会副会長）の次の発言は，証券業界の立場を端的に表現している。「もともと証券界では，この番号制度に類した議論について，そういったものを入れると資金がマーケットから流出するのではないかというような意見もありました。様々な議論があったわけですが，この数年前から，私どもでは金融所得課税の一体化という議論を始めています。基本的なスタンスとして，証券界では金融所得課税の一体化というのをお願いしています。…これを実現するために，いろいろな実務を考えた場合，やはり番号制度というのは必要だと思う訳です」（大蔵財務協会編［2012］，13-14頁）。
14) 自由民主党（2008），61-62頁。

て麻生政権下で2008年度第2次補正予算によって実施された定額給付金であった。もともとバラマキとの批判の強い定額給付金については所得制限を設けることが検討されたが，その前提となる番号制度がなかったため，すべての所得階層に対して一律に実施せざるを得なくなった。すなわち，税務面のみならず社会保障給付面でもきめ細かい施策のためには正確な所得の把握が必要であり，その前提として番号制度の導入が不可欠であることが明らかになったのである。

その後，2009年8月30日の総選挙によって民主党政権が成立した。民主党は当初から番号制度を推進する立場をとっていた。民主党（2009）「民主党政策集INDEX 2009」は次のように述べている。

「厳しい財政状況の中で国民生活の安定，社会の活力維持を実現するためには，真に支援の必要な人を政府が的確に把握し，その人に合った必要な支援を適時・適切に提供すると同時に，不要あるいは過度な社会保障の給付を回避することが求められます。このために不可欠となる，納税と社会保障給付に共通の番号を導入します」[15]。

さらに，民主党はその政策の目玉として給付付き税額控除の導入を掲げ，そのための前提条件として「共通の番号制度」を位置づけている。

「相対的に高所得者に有利な所得控除を整理し，必要な人に確実に支援ができる給付付き税額控除制度を導入します。

生活保護などの社会保障制度の見直しと合わせて，(a)基礎控除に替わり『低所得者に対する生活支援を行う給付付き税額控除』，(b)消費税の逆進性緩和対策として，基礎的な消費支出にかかる消費税相当額を一律に税額控除し，控除しきれない部分については給付をする『給付付き消費税額控除』，(c)就労への動機付けのため，就労時間の伸びに合わせて『給付付き税額控除』の額を増額させ，就労による収入以上に実収入が大きく伸びる形で『就労を促進する給付付き税額控除』——のいずれかの目的若しくはその組み合わせの形で導入することを検討します。ただし，不正還付・不正受給を防ぐためにも所得の正確な

---

15) 民主党（2009），19頁。

把握が必要であり，納税と社会保障給付に共通の番号制度の導入が前提となります」[16]。

ここでは，給付付き税額控除に①基礎控除の代替②消費税逆進性緩和策③就労促進策という3つのタイプがあることを想定している。一口に給付付き税額控除と言っても，その目的に応じて固有の仕組みや規模を有することに注意が必要である。

こうして番号制度は当初の総合課税のための納税者番号制度から金融所得課税の一体化のための番号制度に，さらには課税のみならず給付をも見据えた共通番号制度へとその役割が変化していくのである。

第2節　番号制度の基本構造

番号制度においてはすべての個人に唯一の番号が付与され，番号によって確実に個人の確認が実行される。取引に際しては納税者本人（民）が取引相手方（民）に自分の番号を告知し，取引相手方がその番号を記入した法定調書を税務当局（官）に提出するという，「民－民－官」の関係で番号が利用される（図表3－1）。例えば，給与所得者A（民）は，取引相手方である企業B（民）に雇用契約締結に際して自分の番号を告知し，Bはその番号を記入した法定調書を税務当局に提出する。給与所得者Aが複数の支払者から給与を受け取る場合や雑所得を得た場合など確定申告が必要であるが，税務当局は支払者の法定調書により名寄せし，納税申告書との突合を行い，申告が適正であるかどうかを判定する。

この仕組みは個人住民税の場合も基本的に同じである。国税の場合は納税申告書を税務署に提出するところで終わっていたのであるが，住民税の課税主体は地方公共団体（この場合直接の担当者は市町村）であるから，税務署に提出された納税申告書（写し）がさらに市町村役場にまわり，ここで企業等の取引相

---

16) 民主党 (2009), 19-20頁。

手方から提出された法定調書による名寄せと納税申告書の内容との突合が行われる。

図表3－1　「番号制度」を税務面で利用する場合のイメージ

> 　税務面における「番号制度」とは，納税者に悉皆的に番号を付与し，
> (1) 各種の取引に際して，納税者が取引の相手方に番号を「告知」すること
> (2) 取引の相手方が税務当局に提出する資料情報（法定調書）及び納税者が税務当局に提出する納税申告書に番号を「記載」することを義務付ける仕組みである。
> 　これにより，税務当局が，納税申告書の情報と，取引の相手方から提出された資料情報を，その番号をキーとして集中的に名寄せ・突合できるようになり，納税者の所得情報をより的確に把握することが可能となる。

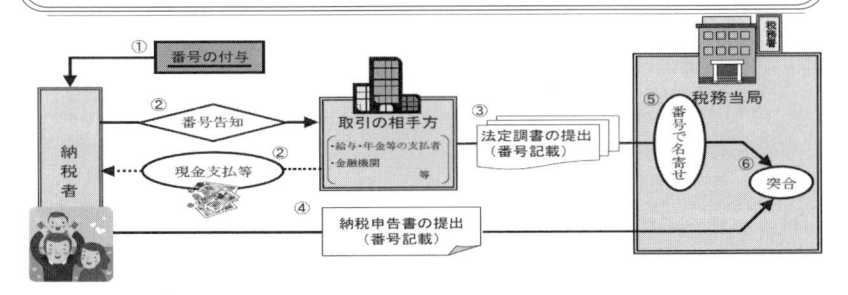

（出所）　税制調査会（2010a），2頁。

　番号制度実施の基礎資料となる法定調書の提出枚数は現状において合計で年間2億枚に近く（図表3－2），手作業による名寄せ・突合は不可能である。番号制度の導入が現実的意味を持つ前提となったのは情報技術の進展に他ならない。なお，利子についてはその支払額が3万円以下の場合，あるいは普通預・貯金利子の場合には法定調書の提出は不要である。金融所得課税の一体化の中で利子が損益通算の対象に組み入れられることとなる場合，この範囲をどうするかが一つの検討事項となろう。

　番号制度はすでに多くの主要国で導入されている（図表3－4）。アメリカ，イギリス，カナダでは社会保障番号が使用されているが，この場合，無年金者は対象外となる欠陥がある。その意味でより一般的なカヴァレジを有する住民

図表3-2 法定調書の実情

<現行の法定調書の提出枚数(上位10種)>

順位	区分	主な提出義務者	提出枚数(枚)
1	オープン型証券投資収益の分配の支払調書	証券会社	5,793万
2	公的年金等の源泉徴収票	社会保険庁	3,389万
3	給与所得の源泉徴収票	給与等の支払者	1,954万
4	配当,剰余金の分配及び基金利息の支払調書	株式会社	1,504万
5	先物取引に関する支払調書	証券会社	1,150万
6	報酬,料金,契約金及び賞金の支払調書	報酬,料金等の支払者	1,078万
7	生命保険契約等の一時金の支払調書	生命保険会社	973万
8	生命保険契約等の年金の支払調書	生命保険会社	822万
9	不動産の使用料等の支払調書	不動産を賃借する法人等	505万
10	株式等の譲渡の対価の支払調書	証券会社	461万
	52種類の法定調書の合計		1億9,439万

(注) 国税庁調べ(平成20年7月から21年6月までの計)。なお,現行の法定調書は54種類。
(出所) 税制調査会(2010a),5頁。

登録番号の方が有効性が高い。適用業務に関して,ほとんどの国が社会保障,税務,教育,兵役と幅広く利用しているのに対して,ドイツは税務のみにその利用を限定していることが注目される。一方における番号制度の利便性,他方における国家による管理強化や個人情報流失に対する懸念のいずれを重くみるかによってその利用範囲は異なってくる。

番号制度の利用範囲(適用業務)を民間利用について整理したイメージ図が図表3-3である。制度導入に際して政府サイドは言うまでもないが,企業サイドでも一定のコストが発生するため,経済界はこのコストに見合う便益を求めている。これに関して森信・河本(2012)は次のように主張している。

「番号制度の導入は,民間企業に多大なコスト負担を負わせるものであることを考えれば,民間からの支持を得るためにも,コストだけでなくベネフィットを実現するという意味で,一定の範囲内での共通番号の民間利用についてあわせて検討を進めることが望ましい。しかしながら,番号の導入により固有の

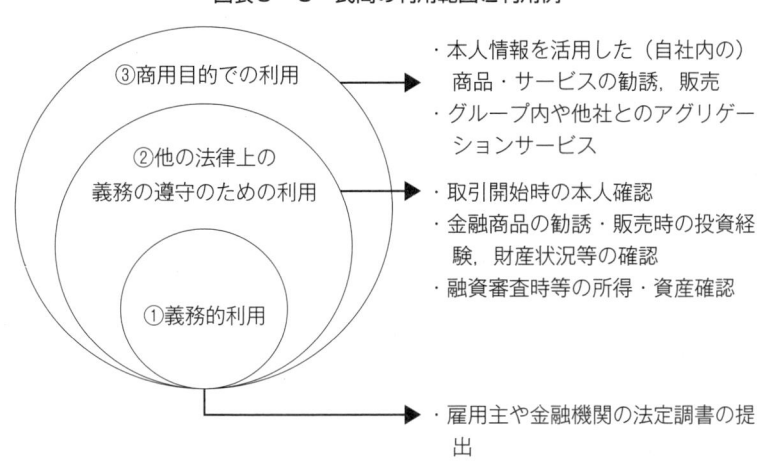

第3章　所得税改革と共通番号制度

図表3-3　民間の利用範囲と利用例

- ③商用目的での利用 → ・本人情報を活用した（自社内の）商品・サービスの勧誘，販売
　・グループ内や他社とのアグリゲーションサービス
- ②他の法律上の義務の遵守のための利用 → ・取引開始時の本人確認
　・金融商品の勧誘・販売時の投資経験，財産状況等の確認
　・融資審査時等の所得・資産確認
- ①義務的利用 → ・雇用主や金融機関の法定調書の提出

（出所）　森信・河本（2012），97頁。

プライバシー問題が発生し得ることを踏まえれば，その利用範囲を当初から広く認めることには問題が多い」[17]。問題発生の可能性を認めながらも，民間企業の協力を得るためには限定的であれ，民間利用を認めるという立場である。

なお，「ここで『民間利用』とは，民間企業が特定の利用目的で顧客等に番号の告知を求めて番号を利用することと定義する。雇用主や金融機関の法定調書の提出，取引開始時の本人確認，金融商品の勧誘・販売時の投資経験・財産状況等の確認，融資審査時の所得・資産確認，本人情報などのサービス提供，複数事業者間のサービス提供といった例が考えられる」[18]。一方，「わが国では，番号の導入や民間利用に慎重な意見があることを踏まえると，③商用目的での利用は当面認めるべきではないといえよう」[19]。しかし，③についてはいうまでもないが，②についても個人情報の流出や不正利用につながる可能性が極めて高く，番号制度の利用はあくまでも①に限定すべきである。森信・河本

17）　森信・河本（2012），95頁。
18）　森信・河本（2012），96頁。
19）　森信・河本（2012），99頁。

図表３－４　主要国における税務面で

		番号の種類	適　用　業　務
社会保障番号を活用	イギリス	国民保険番号 （9桁）	税務（一部）(注1)，社会保険，年金等
	アメリカ	社会保障番号 （9桁）	税務，社会保険，年金，選挙等
	カナダ	社会保険番号 （9桁）	税務，失業保険，年金等
住民登録番号を活用	スウェーデン	住民登録番号 （10桁）	税務，社会保険，住民登録，選挙，兵役，諸統計，教育等
	デンマーク	住民登録番号 （10桁）	税務，年金，住民登録，選挙，兵役，諸統計，教育等
	韓国	住民登録番号 （13桁）	税務，社会保障，住民登録，選挙，兵役，諸統計，教育等
	フィンランド	住民登録番号 （9桁）	税務，社会保障，住民登録等
	ノルウェー	住民登録番号 （11桁）	税務，社会保障，住民登録，選挙，兵役，諸統計，教育等
	シンガポール	住民登録番号 （1文字＋8桁）	税務，年金，住民登録，選挙，兵役，車両登録等
	オランダ	市民サービス番号 （9桁）	税務，社会保障，住民登録等
税務番号	イタリア	納税者番号 （6文字＋10桁）	税務，住民登録，選挙，兵役，許認可等
	オーストラリア	納税者番号 （9桁）	税務，所得保障等
	ドイツ	税務識別番号 （11桁）	税務

（注）1．イギリスでは，給与源泉徴収や個人非課税貯蓄など一部の税務で国民保険番号
　　　2．オーストラリアでは，個人及び法人に同一体系の納税者番号が適用されている。
　　　3．人口は"Monthly Bulletin of Statistics"（国際連合）による。
　　　4．オランダでは，もともと1986年に税務番号が導入され，1988年以後は，税務・
　　　5．フランスには，納税者番号制度はない。
（出所）　税制調査会（2010a），6頁。

利用されている番号制度の概要（未定稿）

付番者（数）	人口（注3）（2008年現在）	付番維持管理機関	現行の付番根拠法	税務目的利用開始年
非公表	6,038万人	雇用年金省歳入関税庁	社会保障法	1961年
約4億6,323万人（累計額）	3億406万人	社会保険庁	社会保障法	1962年
約4,188万人（累計額）	3,331万人	人的資源・技能開発者	雇用保険法	1967年
全住民	922万人	国税庁	個人登録に関する法律	1967年
全住民	549万人	内務省中央個人登録局	個人登録に関する法律	1968年
全住民	4,861万人	行政安全部	住民登録法	1968年
全住民	531万人	財務省住民登録局	住民情報法	1960年代
全住民	477万人	国税庁登録局	人口登録制度に関する法律	1971年
全住民	484万人	内務省国家登録局	国家登録法	1995年
全住民	1,643万人	内務省	市民サービス番号法	2007年[注4]
約6,323万人	5,983万人	経済財政省	納税者登録及び納税義務者の納税番号に関する大統領令	1977年
約3,099万人（累計数）[注2]	2,143万人	国税庁	1988年度税制改正法	1989年
約6,100万人	8,213万人	連邦中央税務庁	租税通則法	2009年

が利用されている。

社会保障番号として、税務・社会保障目的で利用されていた（総務省所管）。

（2012）が主張する民間企業のコストの見返りとして共通番号の民間利用を認めるという立場は，制度の根幹を脅かし，結局，制度導入の大きな障害になる。コストが真に問題であるとするなら，関係企業に対する公的支援措置を講じるべきで，このための経費を節約するために民間利用を認め制度そのものの存立を脅かすことは本末転倒である。

第3節　番号制度への批判

　一時期待が高まった番号制度であるが，従来この制度が導入されなかった背景にはこの制度に対する強い懸念があった。望月（2005）は次のように述べている。

　「納税者番号制度については，1978年の政府税調の一般消費税特別部会での検討以来，四半世紀にわたり導入に向けての議論が続いてきた。近年も，2000年7月の中期答申や2002年6月の『あるべき税制の構築に向けた基本方針』，2003年6月の『少子・高齢社会における税制のあり方』などでも，導入に向けての検討の必要性が方針として繰り返し強調されてきた。しかし，結局<u>導入のコストや納税者のプライバシー保護と情報セキュリティの問題</u>などから，今日まで導入に至っていない」[20]。

　福祉国家において公正な負担と給付を実現するためには，公権力に対して一定の範囲でプライバシーを公開することは避け難い面がある。しかし，それが第三者に漏れ，悪用される懸念が大きいことも確かである。特にインターネットを通じた情報流出や「なりすまし」による被害などへの不安はぬぐい難いものがある[21]。

　さらに，番号制度に全面批判をくりひろげる黒田（2011）は，番号制度に伴う個人情報の流出といった問題もさることながら，政府による国民の管理強化

---

20) 望月（2005），41-42頁。
21) 米国では，社会保障番号（SSN）が行政だけでなく民間でも共通番号として幅広く使用されているが，SSNが漏洩したり，売買されることなどにより他人のSSNを不法に使用する「なりすまし」が横行しているという（黒田［2011］，156頁）。

にその本質的問題があると捉えている。この立場から黒田は、「共通番号制度によって実現される可能性のある『個人情報を際限なく集約できるシステム』は、国民等を様々な指標にもとづき、"公正な人"と社会に過度な負担を掛ける"厄介者"とを効率的に仕分けする、すなわち効率的に類別化する仕組みとして活用されるのです。そして、"厄介者"と見なされた者は、生活保護、医療、健保、年金等の社会保障制度からの排除や、社会保障サービスの利用制限・給付制限が課せられることになるでしょう」[22]。「やがてやってくる未来において、共通番号制は、社会に役立ち負担をかけない"公正な人たち"と、社会に役立たず負担ばかりかける"厄介者"を、"公正"や"正義"の名のもとに、国民の支持も得ながら類別化することに使われるのは間違いないでしょう」[23]と結論づけている。

この立場を国家一般に対する不信と捉えればそもそも福祉国家そのものを否定せざるを得なくなる。しかし、黒田の立場はそうではなく、「現行の」国家の性格に対する不信の表明ということであろう。例えば、スウェーデンの事例からは、政府に対する国民の信頼が高く、番号制度に対する抵抗感が薄いことが報告されている。したがって、番号制度に対する理解を得るためにも納税の前提となる社会保障の安定・充実を約束する必要があり、そのような意味でトータルな「社会保障・税一体改革」の実現が番号制度受け入れの前提となる。

第4節　社会保障・税一体改革と番号制度

社会保障・税一体改革については、2010年10月に政府・与党社会保障改革検討本部が設置され、以来、同年11月から12月にかけて社会保障改革に関する有識者検討会が開催され、2011年2月から6月にかけては社会保障改革に関する集中検討会議が設置されるなど、一連の議論を踏まえて2011年6月30日に政府・与党社会保障改革検討本部によって「社会保障・税一体改革成案」(以下、

---

22) 黒田 (2011), 172頁。
23) 黒田 (2011), 177頁。

「成案」と略称)が決定された。

「成案」では懸案の消費税率の引き上げについて,「2010年代半ばまでに段階的に消費税率(国・地方)を10％まで引き上げ」[24]と,引き上げ幅とそのおよそその時期が明記された。そして,これに関連して,

「いわゆる逆進性の問題については,消費税率(国・地方)が一定の水準に達し,税・社会保障全体の再分配を見てもなお対策が必要となった場合には,制度の簡素化や効率性などの観点から,複数税率よりも給付などによる対応を優先することを基本に総合的に検討する」[25]

としている。すなわち,消費税逆進性対策として給付付き税額控除を活用することが基本方針として掲げられている。

また,個人所得課税に言及した個所では,

「雇用形態や就業構造の変化も踏まえながら,格差の是正や所得再分配機能等の回復のため,各種の所得控除の見直しや税率構造の改革を行う。給付付き税額控除については,所得把握のための番号制度等を前提に,関連する社会保障制度の見直しと併せて検討を進める。金融証券税制について,金融所得課税の一体化に取り組む」[26]

と,番号制度の実施を前提とすることが確認されている。

さらに,これらの施策を前提に「上記の改革のほか,社会保障・税に関わる共通番号制度の導入を含む納税環境の整備を進めるとともに」[27]と,「共通番号制度」としての「番号制度」の整備の方向が再確認されている。

以上のような「成案」を踏まえて,さらにその内容を具体化したものとして,政府・与党社会保障改革本部によって2012年1月6日に「社会保障・税一体改革素案」(以下,「素案」と略称)が決定された。その後,2012年2月17日にこの「素案」をほぼ踏襲した形で「社会保障・税一体改革大綱」が閣議決定され,法案化された。ここでは,消費税率引き上げについて2014年4月に8％,

---

24) 政府・与党社会保障改革検討本部 (2011b), 11頁。
25) 同上, 12頁。
26) 同上, 12頁。
27) 同上, 13頁。

2015年10月に10％とそのタイム・スケジュールが具体化された。これに関連して、「所得の少ない家計ほど、食料品向けを含めた消費支出の割合が高いために、消費税負担率も高くなるという、いわゆる逆進性の問題も踏まえ、2015年度以降の番号制度の本格稼動・定着後の実施を念頭に、関連する社会保障制度の見直しや所得控除の抜本的な整理とあわせ、総合合算制度や給付付き税額控除等、再分配に関する総合的な施策を導入する。

上記の再分配に関する総合的な施策の実現までの間の暫定的、臨時的措置として、社会保障の機能強化との関係も踏まえつつ、給付の開始時期、対象範囲、基準となる所得の考え方、財源の問題、執行面での対応可能性等について検討を行い、簡素な給付措置を実施する」[28]と、2015年以降の番号制度の本格稼働・定着に言及している。なお、それ以前には個人の所得の正確な捕捉に期待できないため、2014年4月からの消費税の8％への引き上げに際しては「簡素な給付措置」を講じることとしている。さらに、下記の通り消費税引き上げに関連して、給付付き税額控除による逆進性対策のみならず、特別な高所得層に限定した税率引き上げと一歩踏み込んだ形で税率構造の見直しに言及していることは「素案」の新たな提起として重要である。

「今後、消費税率の引上げにより、税制全体としての累進性がさらに低下することも踏まえれば、所得税については、高い所得階層に負担を求めるなど所得再分配機能の回復を図る改革を進める必要がある」[29]。

「一方で、今回の消費税率の引上げや、復興特別所得税による負担増等をも併せ考えれば、幅広い所得層に対して負担増を求めることは慎重に考えるべきである。したがって、今回、特に高い所得階層に絞って、格差の是正及び所得再分配機能の回復を図る観点から、一定の負担増を求めることとする」[30]。ここでいう「特に高い所得階層」として課税所得5,000万円超に対して2015年以降、現行の最高税率40％に5％を上乗せした45％を提案している。

---

28) 政府・与党社会保障改革本部（2012）、32頁。
29) 同上、35頁。
30) 同上、35頁。

なお,「成案」「素案」(「大綱」)に共通する問題であるが,給付付き税額控除について,「格差是正や所得再分配機能の是正」という一般的な所得税の所得再分配機能強化の機能とともに,より限定的に消費税の逆進性対策としての機能が期待されており,給付付き税額控除の具体的仕組みがなお曖昧である。これは前述の『民主党政策集INDEX 2009』以来引き継がれてきた問題であるが,給付付き税額控除が一般論の次元から具体的政策設計に移るに従い,そのために必要な財源措置を踏まえた具体化が求められることになるのである。

第5節　番号制度と所得税改革の可能性

1　給付付き税額控除の具体化

　諸外国の給付付き税額控除についてその目的を整理すると,子育て支援,就労促進,付加価値税の負担軽減の3つに分類される(図表3-5)。このタイプ分類は民主党(2009)に採り入れられている。この中で3つの目的にまたがり最も多目的なのはカナダの制度で,付加価値税逆進性対策にも及んでいる。

　民主党税制調査会は2012年8月21日,総会を開催し,2013年度税制改正にあたって,「『公平・透明・納得』の税制,『支え合い』のために必要な費用を分かち合う税制を築くことなどを目指し,所得税・資産課税の見直し,租税特別措置の見直し,税制抜本改革法第7条の検討課題等に取り組む」[31]などとする考え方を盛り込んだ「平成25年度税制改正にかかる基本方針」をまとめた。これに関連して,民主党の「簡素な給付措置及び給付付き税額控除検討WT」が取りまとめた「消費税の逆進性対策にかかる論点整理」が,8月21日の党税制調査会総会,23日の党政策調査会役員会に報告され,了承された。

　この中で給付付き税額控除についての検討方向が示されている。前述のように民主党や税制調査会の給付付き税額控除に関する具体像はなおあいまいであったが,「消費税の逆進性対策にかかる論点整理」においては「『給付付き税

---

31)　民主党税制調査会(2012a), 3頁。

第3章　所得税改革と共通番号制度

図表3-5　諸外国の給付付き税額控除について

目　的
- 子育て支援（アメリカ・イギリス・ドイツ・カナダ）
- 就労促進（アメリカ・イギリス・フランス・カナダ・オランダ・スウェーデン）
- 付加価値税の負担軽減（カナダ）

仕組み
- 給付額について，まずは税額から控除し，税額から控除しきれない額を実際に給付するという仕組み（アメリカ・フランス・カナダ（就労促進））
- 低所得者に対しては給付を行い，中高所得者に対しては税負担軽減を行うという，給付又は税負担軽減のいずれか一方が適用される仕組み（ドイツ）
- 基本的には全額給付であるが，所得が一定額を超えると減額されることになる仕組み（イギリス・カナダ（子育て支援・付加価値税の負担軽減））
- 税額及び社会保険料から控除し，原則，残額について給付を行わない仕組み（オランダ・スウェーデン）

（出所）　税制調査会（2012）

額控除』には，就労への動機付けのため，就労時間の伸びに合わせて『給付付き税額控除』の額を増額させ，就労による収入以上に実収入が大きく伸びる形で就労を促進する『勤労税額控除』，世帯人数に応じ子育て支援を行う『児童税額控除』も存在する。今後，これらについても，各種控除整理の議論，生活保護等の社会保障制度の改革とあわせ，具体的検討を進めるべきである」[32]と，

---

32)　民主党税制調査会（2012b），3頁。

やや婉曲な表現ながら，子育て支援，就労支援を目的とし，結果的に消費税の逆進性対策にもなる給付付き税額控除を検討する方向にある。

　給付付き税額控除については一般的な低所得者対策とした場合，その給付対象の大部分が高齢者によって占められることが指摘されている。「勤労税額控除」「児童税額控除」と具体化することにより現役世代が主たるターゲットになり，高齢者の多くはその対象範囲から除外される。その結果，高齢者に対する逆進性対策は別途考慮せざるを得なくなるが，この点への言及はない。

　ところで，税額控除導入と関連して現行の所得税制が改正される。民主党の政策が「所得控除から税額控除へ」であるため，現行の所得税制に上記の「勤労税額控除」「児童税額控除」に関連する所得控除があれば，それらを廃止することになる。まず，児童税額控除が扶養控除（特に年少扶養控除）に対応することは自明である。実はこの控除は2010年4月の「子ども手当」導入に伴い廃止されたが，2012年3月31日の同手当廃止にもかかわらず年少扶養控除は復活していない。児童税額控除を導入する場合，2012年度から復活した児童手当の廃止にその代替財源を求めることになるが，もともと児童手当[33]が所得制限を伴う再分配政策であるため，これだけで再分配効果を高めることは期待し得ず，他の財源も加えて規模そのものを拡大する必要がある。

　それに対して勤労税額控除に対応する所得控除は存在しない。基礎控除が部分的に対応するようにもみえるが，そもそも基礎控除は生計費非課税の原則を実現するものであるから，勤労の事実の有無がその適用要件となるわけではない。したがって，勤労税額控除の導入は純粋な減収要因となる。

　なお，給付付き税額控除を「勤労税額控除」と「児童税額控除」に限定する場合，消費税逆進性対策としてはこぼれる部分が発生する。高齢者の多くがその対象外となることはすでに指摘したが，現役世代であっても，障害や疾病等何らかの理由によって勤労の事実がない場合，消費税逆進性対策を必要とするにもかかわらず対象外となる。同様に，扶養すべき児童がない場合，すでに成

---

[33]　2012年度の児童手当予算額は1兆2,840億円で，前年度の子ども手当1兆9,577億円から大幅な減額となった。

長して扶養を終えた場合も含めて，低所得であるにもかかわらず対象外とされる。

その対策としては，年金や生活保護給付を増額することもあり得るが，それでもなお年齢や所得水準に関しこうした給付の対象外となる境界領域の者に対する逆進性対策が欠如することになる。したがって，高所得者を除くすべての社会層に対する消費税逆進性緩和策としては，民主党（2009）が掲げた「給付付き消費税額控除」の導入が必要である。

要するに，就労促進や子育て支援が重要であることは言うまでもないが，消費税逆進性緩和策として「勤労税額控除」や「児童税額控除」を取り上げることは混乱のもとであり，それぞれ別個の課題として整理した上で，各種控除の組み合わせを検討すべきである。

消費税増税による負担増は，第一生命経済研究所の試算によれば，2015年時点に関して給与収入400万円で90,894円，600万円で121,972円，800万円で154,439円，1,000万円で160,419円とされている[34]。消費税逆進性緩和策として自民，公明両党は軽減税率の導入を主張しているが，税率10％時点で食料品全般に5％の軽減税率を適用するとすれば2.5兆〜3兆円の減収になるとの試算がある[35]。軽減税率の代替措置として給付付き税額控除の規模が検討される場合にはこの金額が一つの目安となろう。

2 税率構造の改革

消費税増税に関連して所得税の所得再分配機能の強化が課題となった。給付付き税額控除がその主要な対策であるが，これに加えて税率構造の見直しも取り上げられた。特に問題となったのは最高税率の引き上げである。

図表3－6から税率区分ごとの税率引き上げによる増収額が窺われる。5％の最低税率最もベーッシクな所得部分で納税者の累積割合は100％となるが，この税率のみが適用される納税者数は2,800万人（4,590万人－1,790万人）で納

---

[34] 日本経済新聞，2012年8月11日
[35] 日本経済新聞，2012年8月12日

図表3-6 税率区分ごとの税収

税収	税率区分	課税所得（給与収入）	総課税所得	税率1％引上げ当たりの増収力	対象納税者数
約1.4兆円	40%	1,800万円～ (2,340万円～)	約3.5兆円	約350億円	約20万人 (0.4%)
約1.3兆円	33%	900万円～1,800万円 (1,387万円～2,340万円)	約4.0兆円	約400億円	約80万人 (1.7%)
約0.6兆円	23%	605万円～900万円 (1,162万円～1,387万円)	約2.7兆円	約270億円	約210万人 (4.6%)
約3.1兆円	20%	330万円～695万円 (734万円～1,162万円)	約15.3兆円	約1,500億円	約810万人 (17.7%)
約1.7兆円	10%	195万円～330万円 (554万円～736万円)	約16.8兆円	約1,700億円	約1,790万人 (39.0%)
約3.1兆円	5%	0円～195万円 (267万円～554万円)	約61.9兆円	約6,200億円	約4,590万人 (100.0%)

(注) 1. 平成22年度予算ベースの推計値である。ただし，年少扶養控除廃止，特定扶養控除縮減を加味。
    2. 課税所得に対応する給与収入は，夫婦子2人（子のうち1人が特定扶養親族，1人が16歳未満）の場合である。
    3. 対象納税者数の括弧内の割合は，その税率が適用される人数の全納税者数に占める割合である。
(出所) 税制調査会（2011a），5頁。

税者全体の6割強，課税所得も総課税所得のほぼ6割であるため，当然1％増税がもたらす増収額はこの所得階層で最も大きい。一方，40％の最高税率が適用される所得階層に属する納税者は納税者総数の僅か0.4％である。それに対して課税所得の全体に占めるシェアは3.4％と相対的に高いが，それでも5％税率が適用される所得ブラケットの5.7％に過ぎない。

2011年12月21日の税制調査会では社会保障・税一体改革作業チームの論点整理に基づく検討を行った。作業チームは最高税率を現行の40％から45％に引き上げるとして，最高税率を適用する課税所得について4つの選択肢を示した（図表3-7）。税制調査会の審議では5％引き上げについて特段の反論はなかったが，4つの選択肢のうちいずれに絞るかまでの議論の詰めはなく，以後の取り扱いは安住財務大臣（当時）に一任された。結局，最高税率45％は，前述のように「社会保障・税一体改革素案」において「特に高い所得階層」とされる課税所得5,000万円超に限定して適用されることとなった。したがって，

第３章　所得税改革と共通番号制度

図表３－７　最高税率引き上げの具体案

	税率	課税所得（給与収入）	考え方	増収見込額	影響人員数（納税者比）
案①	45%	1,800万円超（2,336万円超）	現行の最高税率ブラケットについて、5％引上げ。（40％ブラケットはなくなる。）	1,900億円程度	29万人程度（0.6％）
案②		2,500万円超（3,036万円超）	給与収入3,000万円程度から5％引上げ。	1,200億円程度	17万人程度（0.3％）
案③		2,700万円超（3,236万円超）	税率33％のブラケット幅（900～1,800万円）と40％の幅（1,800～2,700万円）が等しくなるように設定。	1,100億円程度	14万人程度（0.3％）
案④		3,000万円超（3,536万円超）	課税所得3,000万円超は、平成11年に引き下げる前の最高税率ブラケット。	900億円程度	11万人程度（0.2％）

（注）1．給与収入は夫婦子２人（子のうち１人が一般扶養、１人が特定扶養と仮定）を前提。
　　　2．増税収見込額、影響人員数については、平成23年度予算ベース（給与所得控除の上限設定を加味）。なお、増収見込額については所得税のみの数値。
　　　3．平成11年に引き下げる前の最高税率は、課税所得3,000万円超で50％（住民税15％を合わせると65％）。
（出所）税制調査会（2011ｂ）

　増収見込額も図表３－７における「案④課税所得3,000万円超」の900億円程度よりさらに少額にならざるを得ない。

　もっとも、図表３－６は給与所得課税の源泉徴収分に関するものであり、申告所得税（給与所得、営業所得、農業所得、配当所得、株式等譲渡所得、分離長・短期譲渡所得、その他）に関する所得がこれにつけ加わる[36]。2009年の納税者数は源泉給与所得税では約4,506万人であるのに対して申告所得税では約2,362万人、合計所得金額はそれぞれ182兆8,745億円に対して４兆3,513億円となっている。１人当たりの所得金額は源泉給与所得が406万円、申告所得が18万円である。もっとも、申告納税者2,362万人のうち976万人は給与所得者であり、源泉課税分と重複していることに注意が必要である。

36）以下の数値は国税庁編（2011）による。

ところで，申告納税分についても課税所得5,000万円超に45％の最高税率を適用するとすればその対象者は47,942人に上り，申告納税者合計の0.2％を占める。源泉課税の給与所得者の場合，2,500万円超の納税者が10万3,568人で全体の0.2％であることからすれば，申告納税者においては高所得層の比重がかなり高く，それだけ最高税率引き上げの効果が大きいことが分かる。しかし，申告所得の上位部分は株式譲渡所得や長期分離譲渡所得などで占められ，それらには低率の分離課税が行われているため，最高税率引き上げはこの部分には無効である。したがって，現行の分離課税制度を前提とする限り最高税率の引き上げは税収効果としては消費税増税に比べてはるかに見劣りするものとなる。

　ここで想起されるのは2007年のドイツにおける付加価値税増税（16％→19％）と同時に実施された所得税最高税率の引き上げ（42％→45％）である。この改正によって付加価値税は229.5億ユーロの増収となったのに対して所得税の増収は13.0億ユーロと限られたものであった。これに関して，ドイツの財務省関係者のコメントとして「所得税の最高税率の引上げは，必ずしも税収確保のためではなく，むしろ高所得者に対する増税により，課税の平等感を高める意味があった」という趣旨の発言が紹介されている[37]。わが国の場合，5％の消費税率引き上げの増収額は1％当たり2.7兆円程度として，13兆円強と見積もられているが，それに対して所得税最高税率引き上げがもたらす増収額がせいぜい1,000億円程度というのでは，ドイツのケースに比べても相当小規模で，「平等感を高める」効果はほとんど期待すべくもない[38]。

　ところで，近年の所得税の問題としては所得再分配機能の低下もさることながら，財源調達機能の低下がいっそう重要である。90年代初めのバブル経済崩

---

[37] 伊田賢司（2009），14頁。
[38] 最高税率45％への引き上げ案は，「社会保障の安定財源の確保等を図る税制の抜本的な改革を行うための消費税法等の一部を改正する等の法律案」（第4条）に盛り込まれたが，社会保障と税の一体改革関連法案をめぐる民主，自民，公明3党の合意（2012年6月15日）に基づく「社会保障の安定財源の確保等を図る税制の抜本的な改革を行うための消費税法等の一部を改正する法律案に対する修正案」によってこの規定は削除された。この取り扱いは平成25年度税制改正に委ねられ，その際，公明党の提案（課税所得3,000万円超について45％，課税所得5,000万円超について50％）を踏まえて検討が行われることとなった。

壊以来，所得低迷に加えて累次の減税政策によって所得税の税収額はピーク時の26兆円から13兆円へと半減している。消費税の増税に踏み切らざるを得なかった大きな原因の一つがこの所得税の財源調達機能の低下にあることは間違いない。タイミングはともかく，いずれにせよ財政再建のための増税が不可避であるとすれば，消費税に偏した増税は担税力に即した公平な課税という点で問題であり，所得税，消費税を「車の両輪」とした増税が必要である。その意味では，最高所得層に限定した税率引き上げだけでは不十分で，すべての所得層にわたる税率引き上げを考えざるを得ない。十分な規模の給付付き税額控除の実施もそれによって初めて可能となり，所得税の再分配効果も高められるはずである。

　そこで，ごくラフな推計であるが，図表3-6を基礎にすべての所得ブラケットにおいて基本的に5％の税率引き上げを実施し，最高所得層においてのみ10％の税率引き上げを実施するとして，その増収効果を推計してみよう。そうすると，最低所得層において3兆1,000億円（6,200億×5），最高所得層においては3,500億円（350億円×10）の増収，その他の所得階層も同様に積算し，総計で5兆3,850億円の増収となる。消費税にすればほぼ2％の増収に匹敵する。申告分に対しても総合課税分には同様に適用されるので，増収規模はさらに拡大する。最低所得層の税率は個人住民税も合わせれば20％といささか高いものとなるが，給付付き税額控除の設計次第（例えば，勤労税額控除の活用）で，「貧困の罠」を回避することは可能であろう。

3　金融所得課税の改革

　現在の税制では不動産譲渡所得や株式譲渡所得等は分離課税であり，低い比例税率によって課税されている。図表3-8から明らかなように申告所得税においては所得階層が高くなるにつれてこれらの所得種類が占める割合が高くなり，最高所得層では所得の大部分，あるいはほとんどが株式譲渡所得であることが分かる。金融所得課税の一体化は金融所得に対する低率（本則で20％）の分離課税を固定化し，さらには株式や債券の譲渡損と配当・利子所得との通算

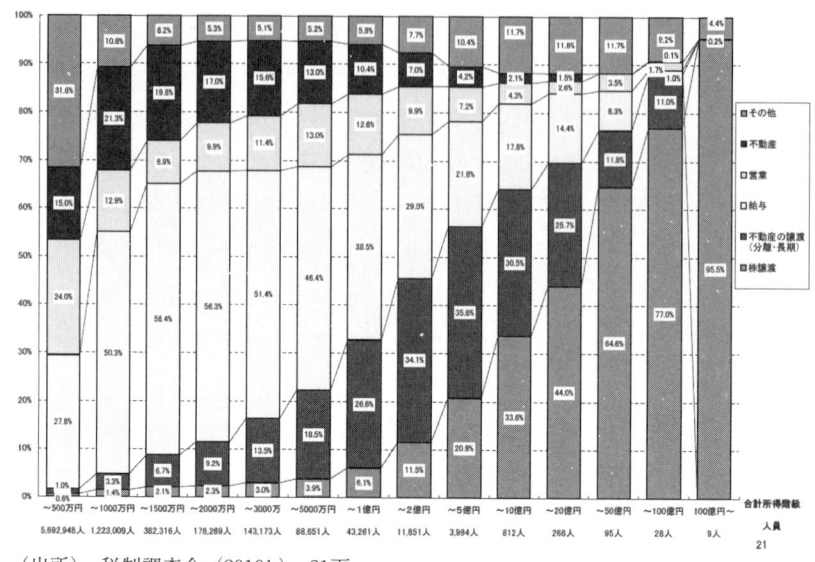

図表3-8　合計所得階級別の所得種類の内訳（2007年度分）

（出所）　税制調査会（2010b），21頁。

を認めるものであるが，仮に，総合課税に戻せばどの程度の増収効果が得られるのか。

　榎並（2010）はこれについて興味深い試算を行っている。その要点は次の通りである。金融資産について各所得階層ごとの保有構造を推計し，それを基に金融所得のみではあるが合算し累進課税する。金融資産の保有構造について，小池（2005）によれば，貯蓄全体の6割を2割の富裕層が保有し，残る2割を2割の中間層が保有し，残る最後の2割を6割の一般層が保有している。これに従って利子所得を推計し，限界税率は富裕層に40％，中間層に30％，一般層には20％を適用する（超過累進制で計算）。配当所得，株式譲渡所得は相対的に上位の所得階層に帰属するとみなす。そこで，配当所得は5割の富裕層に7割が帰属し，残る5割の中間層に3割が帰属するとみなす。株式譲渡所得についてはすべてが富裕層に帰属するとみなす。適用する限界税率の構造は利子所得の場合に準じる。

このように大胆な推計を行った結果，2007年分の金融所得（源泉分のみ）からの税収については，現行の約3.3兆円から約7.3兆円へと4兆円の増収効果が見込まれる[39]。榎並（2010）はこれ以外にも富裕層の金融資産への保有税や固定資産への超過課税を提案しているが，ここでは取り上げない。

申告所得税の資料から所得税の負担率は課税所得1億円をピークに低下に転じることが確かめられているが，その大きな原因が金融所得に対する低率の分離課税にある。この所得を総合課税の枠内に取り込めば，一定の増収効果をもたらすだけでなく，現在の逆進的所得税負担の構造もよほど改善されることになる。しかし，近年の政策の流れは金融所得課税の一体化であり，金融所得における包括的所得税化への復帰の動きは見られない。

金融所得の国際的移動性の観点からその低率の分離課税が当然の流れとされているが，それについては金融所得総合課税を理念モデルとしつつも，政策的観点から申告分離課税の選択肢を検討せざるを得ないかもしれない。しかし，その場合の税率水準（20％とするか，30％とするかなど）とその正当性については，総合課税の税率を基準とした上で分離課税に伴う減収効果を明確にしつつ，不断の点検を行うべきである。

おわりに

本章では所得税改革に果たす番号制度の役割について検討した。そこで明らかになったのは以下の4点である。

第1に，わが国において番号制度をめぐる論議はすでに30年を超える歴史を有するが，政策当局におけるその位置づけには一定の変化が認められる。すなわち，まずは一般消費税導入論議の中で所得税の公平性確保の観点から，所得把握の正確化や金融所得の総合課税化の推進といった効果が期待された。しかし，その後，番号制度には金融所得課税の一体化という政策税制の手段として

---

39) 榎並（2010），196-201頁。

新たな位置づけが与えられた。さらに近年では，所得税制の再編を意味する給付付き税額控除に加え，各種の社会保障給付をも統合する「共通番号制度」へとその役割が拡大している。

　第2に，番号制度には根強い批判や抵抗があり，それはそれなりの根拠を持っている。福祉国家体制の維持・安定化を前提にする限り，それを全否定するのは不合理であるが，民間利用の安易な拡大は制度そのものの存立を脅かすものであり，厳に慎むべきである。

　第3に，番号制度を前提とする給付付き税額控除であるが，わが国の現状ではその目的および内容が未整理である。未熟で部分的な制度の性急な導入は現状の改悪につながりかねないので，十分な事前の検討が必要である。

　第4に，番号制度といえども一定の限界を持つことはいうまでもないが，所得捕捉率の向上に寄与し，課税の公平を高めることは確かである。しかし，番号制度導入の意義はそれにとどまるものではなく，これを契機に金融所得の分離課税については総合課税を理念モデルにそこからの逸脱による税収ロスを確認し，常に見直しの対象とすべきである。

【参考文献】
石村耕治（1990）『納税者番号制とプライバシー』中央経済社
石村耕治（1994）『納税者番号制度とは何か（岩波ブックレットNo.331）』岩波書店
伊田賢司（2009）「ドイツ税制改正―海外調査報告―」『立法と調査』2009年6月号
榎並利博（2010）『共通番号―国民ＩＤ―のすべて』東洋経済新報社
大蔵財務協会編（2012）『「マイナンバー」で税制はこうなる』大蔵財務協会
川勝健志（2009）「日本の金融所得一体課税論と二元的所得税」，諸富　徹（編著）『グローバル時代の税制改革』ミネルヴァ書房，所収
黒田　充（2011）『共通番号　ここが問題』自治体研究社
小池拓自（2005）「家計金融資産1,400兆円の分析」『調査と情報』第491号
国税庁編（2011）『国税庁統計年報書（平成21年版）』大蔵財務協会
自由民主党（2008）「平成21年度税制改正大綱」（平成20年12月21日）
証券税制研究会編（2004）『二元的所得税の論点と課題』日本証券税制研究所
政府・与党社会保障改革検討本部（2011a）「社会保障・税番号大綱―主権者たる国民の視点に立った番号制度の構築」
政府・与党社会保障改革検討本部（2011b）「社会保障・税一体改革成案」

政府・与党社会保障改革本部（2012）「社会保障・税一体改革素案」
内閣（2012）「社会保障・税一体改革大綱」
税制調査会（1986）「税制の抜本的見直しについての答申」
税制調査会（1997）「金融課税小委員会中間報告」
税制調査会（2002）「平成15年度における税制改革についての答申―あるべき税制の構築に向けて―」
税制調査会（2004）「金融所得課税の一体化についての基本的な考え方」（金融小委員会，平成16年6月15日）
税制調査会（2010a）「資料（国税関連）（財務省）」（第5回納税環境整備小委員会 平成22年4月5日）
税制調査会（2010b）「資料（個人所得課税）」（第2回専門家委員会，平成22年3月26日）
税制調査会（2011a）「（参考資料）主要税目の特徴」（第4回税制調査会，平成23年6月10日）
税制調査会（2011b）「資料（論点整理［国税］）」（第28回税制調査会，平成23年12月21日）
税制調査会（2012）「資料（諸外国の制度について）」（第13回専門家委員会，平成24年5月28日）
町田俊彦（2002）「金融所得課税と『二元的所得税』」，『21世紀初頭の政策課題と税制改革』地方自治総合研究所，所収
水野忠恒（2011）『租税行政の制度と理論』有斐閣
民主党（2009）「民主党政策集INDEX 2009」
民主党税制調査会（2012a）「2013年度税制改正にかかる基本方針」
民主党税制調査会（2012b）「消費税の逆進性対策にかかる論点整理」
望月　爾（2005）「金融所得課税の一体化と納税者番号の導入に関する批判的検討」，日本租税理論学会編『資本所得課税の総合的研究』法律文化社，所収
森信茂樹・河本敏夫（2012）『マイナンバー　社会保障・税番号制度―課題と展望』金融財政事情研究会
森信茂樹・小林洋子（2011）『どうなる？どうする！共通番号』日本経済新聞社

第4章　個人住民税改革の課題と展望

はじめに

　構造的経済停滞と少子高齢化を背景に，社会保障費を中心に膨張する歳出と低迷を続ける税収の狭間で国の財政状況は深刻の度を深めている。このような中で，地方財政についても巨額の財源不足と財政硬直化が続き，これに対応して起債抑制や人件費削減等が進められているが，その限界は明らかであり，地方の財源不足の根本的解決のためには一般財源そのものの拡充が不可欠である。

　税制調査会専門家委員会は，『議論の中間的な整理』（2010.6.22）において

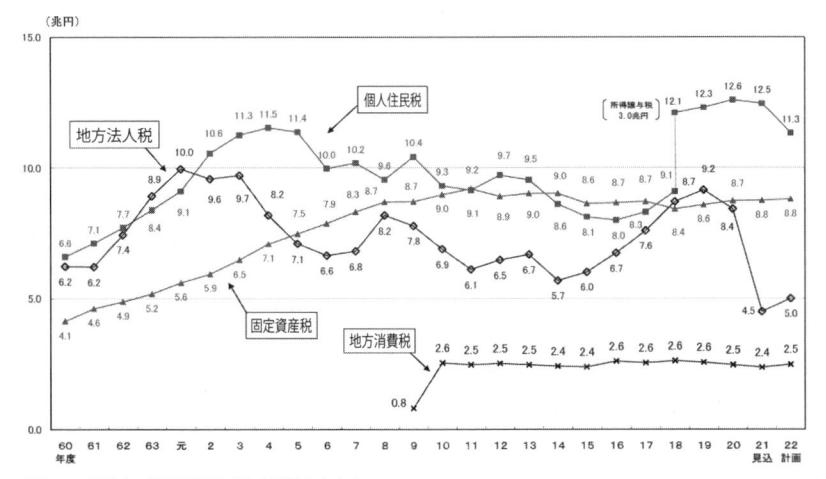

図表4-1　主要税目（地方税）の税収の推移

（注）1．計数は，超過課税及び法定外税を含まない。
　　　2．平成20年度までは決算額，21年度は決算見込額，22年度は地方財政計画額である。
　　　3．地方法人二税には，地方法人特別譲与税を含む。
（出所）　税制調査会（2010b）

財政の「破綻を回避し，安心と活力のある社会を実現するために」，「税収力の回復」が喫緊の課題であるとして，「実際に相当程度の増収に結びつくよう，個人所得課税，法人課税，消費課税等の税制全般にわたる税制の抜本的な改革」を進めることの必要性を提起している[1]。この方向は多かれ少なかれ地方税改革にも及ぶものであるが，併せて地方税独自の観点からも地方分権に向けた地方税制のあり方について構想を練る必要がある。

近年の税制改革をめぐっては，世上往々「消費税増税」のみが話題とされがちである。これは国税に関しては所得税の再建問題を看過する一面的な問題設定であるが，図表4-1から明らかなように，地方税に関してはその構成から見ていっそう多面的な視点が要請される。すなわち，

第1に，地方消費税はきわめて安定的で普遍性に富む収入源ではあるが，その地位はなお低くいっそうの充実が求められる。しかし，他方でそれは負担の逆進性をはじめとする消費税固有の問題を孕むとともに，地方財政責任確保の契機が薄弱であるという問題も伴い，その役割と適切な水準についての検討が必要である。

第2に，地方法人二税は地方消費税の2倍以上の税収をもたらしてはいるが，景気感応度が高くきわめて不安定であるとともに[2]，地域偏在性の高さという欠陥を持つ。とはいえ，この税には事業所が多く立地する都市部の財政需要を充足する点で積極的な役割があることも否定しがたい。

第3に，固定資産税は安定性に富み，基礎自治体たる市町村に不可欠な税ではあるが，資産課税としてはカバー範囲が限られている上に負債への配慮がなく[3]，純資産税に比べて負担が不公平になる可能性が高いため，現状を上回る大幅な増税には問題がある。

1） 税制調査会（2010c），6頁。
2） 地方法人二税が2009年度に急減しているのは，リーマンショックによる不況の影響もあるが，2008年10月から導入された地方法人特別税により法人事業税の一部が国税化された影響によるところが大きい。
3） 米原（1995）は，土地保有税が土地購入のための負債を考慮に入れないことをもって「土地保有税を応能課税と考えることには，無理があるように思える」（144頁）と述べ，土地保有税としての固定資産税は応益原則に従う課税であるべきだとしている（145頁）。そうだとすれば，公共

第4章　個人住民税改革の課題と展望

　第4に，個人住民税については「三位一体の改革」の結果，3兆円を超える国からの税源移譲が実現された。その結果，図表4-2が示すように，2007年度には個人所得課税に関する国と地方の配分比率は，前年度の65：35から57：43へと接近した[4]。90年代初めのバブル経済崩壊に伴いその財源調達機能が低下した事情は国税所得税に類似しているが，税源移譲によって地方の基幹税としての地位が高まっただけに，この税の改革と税収の充実はいっそう切実な課題となった。

　税制調査会専門家委員会の上記の文書は，国税における所得税と消費税を「車の両輪」と位置づけている[5]。しかし，地方税については図表4-1を見る限り，「車の両輪」はむしろ個人住民税と固定資産税である。

　一方，全国知事会[6]など地方関係団体は地方消費税の充実に期待を寄せて

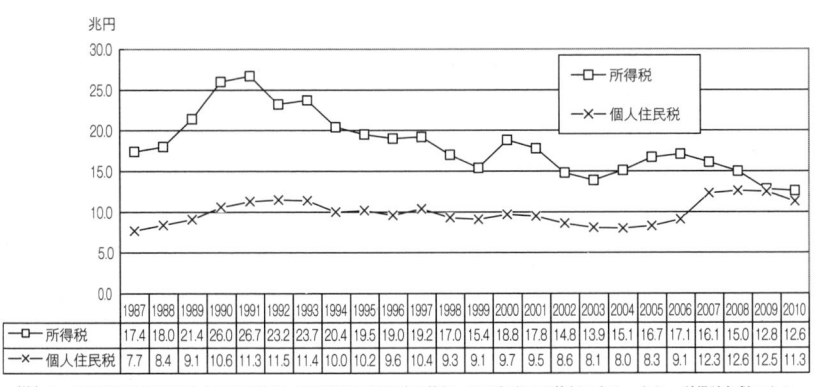

図表4-2　個人所得課税の政府間配分

	1987	1988	1989	1990	1991	1992	1993	1994	1995	1996	1997	1998	1999	2000	2001	2002	2003	2004	2005	2006	2007	2008	2009	2010
所得税	17.4	18.0	21.4	26.0	26.7	23.2	23.7	20.4	19.5	19.0	19.2	17.0	15.4	18.8	17.8	14.8	13.9	15.1	16.7	17.1	16.1	15.0	12.8	12.6
個人住民税	7.7	8.4	9.1	10.6	11.3	11.5	11.4	10.0	10.2	9.6	10.4	9.3	9.1	9.7	9.5	8.6	8.1	8.0	8.3	9.1	12.3	12.6	12.5	11.3

(注) 1．所得税収は2008年度までは決算額，2009年度は補正後予算額，2010年度は予算額である。なお，所得譲与税による税源移譲前の係数である。
　　 2．個人住民税は2008年度までは決算額，2009年度は決算見込額，2010年度は地方財政計画による。

(出所)　税制調査会（2010a・b）より作成。

　　サービスの水準とは無関係に財政再建のために固定資産税を増税することはありえないことになる。
4)　その後，両者はさらに接近し，その後離れるという動きが見られるが，これは景気変動による税収の変動が課税年度の違いのためずれて現れてくることによるものである。
5)　税制調査会（2010c），14頁。
6)　例えば，全国知事会（2009）は，地方の財源不足に対処するためには，「税源の偏在性が小さく税収が安定的な地方消費税の充実が必要」と提言している。

いる。2012年8月10日における社会保障と税の一体改革関連法案の成立により，消費税率は2014年4月1日に8％，2015年10月1日10％と2段階で引き上げられることになり，それに伴い地方消費税率も現行の1％から2.2％へと引き上げられることになった。今後の消費税の動向によっては地方税においても，地方消費税が「車の両輪」の一方を担うことになる可能性も否定できない。しかし，いずれにせよ個人住民税がその種々の利点から見て，今後とも地方の基幹税であり続けることは間違いなく，それだけに今日の時点におけるその問題点と改革の方向について確認することは重要であると思われる。

個人住民税の検討に当たっては，①地方財政におけるその重要性に鑑みて「税収力の回復」の方途，②「地域主権」の実現に向けた課税自主権発揮の可能性，そして，③政権交代後の新規施策における個人住民税の位置づけと役割が問題となる。

第1節　民主党政権と所得控除をめぐる論点

1　控除から手当へ

政権交代に伴うマニフェストの実施において，個人所得課税との関連で問題になったのが扶養控除の取り扱いであった。すなわち，子ども手当の実施に伴い，その支給対象者（0～15歳）の扶養控除，いわゆる年少扶養控除が廃止された。また，高校授業料実質無償化に伴い特定扶養親族（16～18歳）のための扶養控除の割増分（基本額38万円に対する25万円の加算分）が廃止された。この実施は所得税においては2011年分から，個人住民税においては2012年分からである。

子ども手当や高校授業料実質無償化は国の政策であり，そのための財源対策として，さらには制度的整合性の確保のために，当該扶養親族に対する扶養控除の廃止・減額が実施されたが，これは個人住民税にも及ぶため，それに伴う地方の増収分の処理が問題となった。地方団体はこの増収分は地方の固有財源とし，子ども手当は全額国庫負担とすべきことを求めたが，この要求は実現さ

れなかった。すなわち，子ども手当の実施に伴う年少扶養控除の廃止による所得税・住民税増税がもたらす地方財政の増収分については2010年度中の検討を通じて，サービス給付等に係る国と地方の役割分担，経費負担のあり方の見直しにより国と地方の負担調整を行い，最終的に子ども手当の財源に活用されるように制度設計することとなった。

また，高校授業料実質無償化に関し，公立高校については設置者である地方団体が徴収していた授業料を国が肩代わりし，地方団体に対して授業料相当額を国費で負担することとなった。私立高校については，高等学校等就学支援金として授業料の一定額を国費により都道府県が助成することとなった。しかし，特定扶養控除の減額による所得税・住民税増税に伴う地方増収分については高校授業料実質無償化財源に充当するとはされていないので，これは地方の新規財源となる。

2　控除廃止と福祉政策との調整

上記の扶養控除の部分的廃止の結果，個人住民税・所得税における課税所得が増えるため，保育料をはじめとする他の福祉政策との整合性が問題になった。その代表例は図表4-3の通りである[7]。子ども手当を受給しても，私立幼稚園奨励費補助の打ち切りや保育料引き上げ等でその効果が相殺されたのでは意味がない。税は税それだけの問題にとどまらず，給付政策の基準となる所得の指標としても幅広く利用されている。今回の例は，もともと給付の新設に伴う所得控除の減額・廃止が，他の給付の削減につながる可能性が出てきたために，あらためて整合性の確保のための調整が必要になったもので，給付付き税額控除のようなより広範な税制改正が実施された場合，既存の給付制度とのいっそう包括的な調整が必要になることを示唆している。

---

[7]　控除廃止に伴って制度改正が必要になるのはさらに多く，約40項目にのぼるという（『日本経済新聞』2010年10月1日）。

図表4－3　住民税・所得税の扶養控除を見直した場合の他制度への影響（未定稿）

課税総所得金額、税額（非課税か否かを含む）等を活用している制度に影響あり。

(税関連)　国民健康保険税（地方税）

住民税額等を活用した算定方式を採用している団体は3団体のみ（来年度2団体の見込みであり、個別地方団体での対応が可能）。

(その他)

関連制度	住民税	所得税
私立幼稚園就園奨励費補助	○	
高等学校交通遺児授業料減免	○	○
国民健康保険制度（保険料等）	○	
後期高齢者医療制度（自己負担）	○	
障害者自律支援制度（自己負担）	○	
障害福祉サービス等の措置入所・利用（自己負担）	○	
精神障害者措置入院費（自己負担）	○	
保育所の保育料	○	
児童入所施設への入所（自己負担）	○	
助産施設における助産の実施（自己負担）	○	
養護老人ホームへの入所措置等（入所措置要件等）	○	
軽費老人ホームの利用（自己負担）	○	
小児慢性特定疾患児への日常生活用具給付（自己負担）	○	

関連制度	住民税	所得税
未熟児養育への医療費給付（自己負担）	○	○
小児慢性特定疾患研究事業による治療研究に係る医療費の支給（自己負担）	○	○
結核児童への医療費給付等（自己負担）	○	○
肝炎治療費（自己負担）	○	
特定疾患治療研究に係る医療費の支給（自己負担）	○	○
難病患者等居宅生活支援（自己負担）		
ハンセン病療養所非入所者給与金	○	
原爆被爆者家庭奉仕員派遣		○
訪問介護利用料軽減措置助成		○
職業転換給付金		○

※ 各府省からの聞き取りによる。国民の負担に直接影響があるもの。

※ その他、児童扶養手当等扶養親族の数等を活用している制度もある。

※ さらに、住民税額等を活用している地方団体独自の制度もある。

(出所) 税制調査会 (2009), 2頁。

3　子ども手当がもたらす実質的負担増への懸念

　子ども手当をめぐるもう1つの差し迫った問題は，手当の金額と控除廃止による増税との関連である。すなわち，初年度の子ども手当は子ども1人に対し月額13,000円と本来の規模の半分から出発した。これはもともと民主党のマニフェストも予定していたことであり，当初の予定では2年目から子ども手当が月額26,000円に増額されるはずであった。ところが，政権交代後に深刻な財源難からその完全実施に赤信号が点った。しかも，2010年7月の参議院選挙の結果，衆参両院の「ねじれ」が生じ，子ども手当の増額はおろかその延長さえ危ぶまれる情勢になった。

　子ども手当に対応する年少扶養控除の廃止は所得税では2011年，個人住民税では2012年から実施される。また，子ども手当の実施と同時に児童手当が廃止された[8]。したがって，従来の児童手当受給世帯にとっては2010年度の実質的給付増は子ども手当と児童手当の差額にすぎなかった。さらに，2011年度には年少扶養控除の廃止が所得税に適用され，2012年度（6月から）からは個人住民税にも適用されるため，子ども手当の給付実質がさらに削減される。現行の子ども手当は1人当たり月額13,000円であるので，これが継続するとして2012年度における子ども手当導入前後のプラス・マイナスは図表4－4のようになる。

　2010年度の子ども手当は1年限りの時限立法である。年少扶養控除廃止は2009年末の税制改正によって決定された恒久的な措置である。多くの納税者が税源移譲以来，所得税より個人住民税を多く納めるようになっただけに，2012年以降，個人住民税に対する不満が噴出しかねない。マニフェスト通りに2011年度から子ども手当が月額26,000円に増額されればこうした問題は回避されたはずであるが，財政状況からも政治情勢からもそれはほぼ絶望的である。それどころか現行水準の子ども手当の継続すら政治的に見通しが立っていない。

---

8)　2007年4月以降，廃止されるまでの児童手当制度では，一定の所得制限を設けた上で，3歳未満の児童に一律10,000円（月額），3歳以上12歳到達以後最初の3月31日までの児童第1・2子に5,000円（月額），第3子以降に10,000円（月額）が支給された。

図表4－4　子ども手当導入の損得　　　　　　　　（単位：円）

		年収 300万円	500万円	700万円	1,000万円	1,500万円
共働き世帯	▽子ども1人					
	3歳未満	▲18,500	▲35,000	▲73,000	47,000	▲2,400
	3歳～小学生	41,500	25,000	▲13,000	47,000	▲2,400
	中学生	101,500	85,000	47,000	47,000	▲2,400
	▽子ども2人					
	3歳未満と「3歳～小学生」	23,000	600	▲53,900	94,000	▲4,800
	いずれも「3歳～小学生」	83,000	60,600	6,100	94,000	▲4,800
	「3歳～小学生」と中学生	143,000	120,600	66,100	94,000	▲4,800
専業主婦世帯	▽子ども1人					
	3歳未満	▲18,500	▲24,400	▲40,900	47,000	▲2,400
	3歳～小学生	41,500	35,600	19,100	47,000	▲2,400
	中学生	101,500	95,600	79,100	47,000	▲2,400
	▽子ども2人					
	3歳未満と「3歳～小学生」	26,200	17,100	▲15,900	94,000	▲4,800
	いずれも「3歳～小学生」	86,200	77,100	44,100	94,000	▲4,800
	「3歳～小学生」と中学生	146,200	137,100	104,100	94,000	▲4,800

（出所）　日本経済新聞（2010.8.4）
（注）1．▲は減収又は負担増。制度創設前と創設後の比較。
　　　2．年少扶養控除廃止がすべて反映される2013年度時点，手当は月1万3,000円と想定。

　子ども手当が現行水準にとどまるか，もしくは廃止される場合には児童手当および年少扶養控除復活のための法改正が行われなければならない[9]。

---

9)　子ども手当は2012年3月まで何とか残ったが，2011年10月以降は3歳未満の児童および小学生までの第3子以降に月額1万5,000円，第2子までと中学生には月額1万円と変更された。子ども手当は2012年3月31日をもって廃止となり，所得制限を伴う児童手当が復活した。しかし，年少扶養控除については児童手当法の附則に「その在り方を含め検討を行い～必要な措置を講ずる」と定めたにとどまり，直ちに復活されることはなかった。

第2節　負担分任の論点と現状

1　地方税固有の原則としての負担分任

　個人住民税は所得税の地方版ともいえるが，地方税については通常，①十分性，②普遍性，③安定性，④伸張性，⑤伸縮性，⑥負担分任，⑦応益性，といった固有の課税原則が掲げられている[10]。もっとも，これらの原則は大部分が多かれ少なかれ国税にも妥当し，必ずしも地方税固有の原則とばかりはいい切れない。

　しかし，中でも⑤普遍性，⑦負担分任の2つの原則は，地方税ならではのものである。すなわち，普遍性は複数の地方団体間における税源の均等な分布を求めるものであるから，単一の政府が課する国税には無縁の，地方税に固有の原則といえる。また，負担分任は普遍性ほど絶対的に地方税固有の原則ともいえないが，国レベルに比べて狭域的な地方団体における「会費的」な存在として税を位置づけることに由来しており，地方税固有の原則としての性格が強い。また，「住民は……その属する普通地方公共団体の役務の提供を等しく受ける権利を有し，その負担を分任する義務を負う」（地方税法第10条2項）と法律上の裏づけも与えられ，制度的・現実的に地方税に色濃く現れる特徴とされている。

　地方税制改革において普遍性を重視する観点からは特に地方消費税が脚光を浴びているが，ここでは個人住民税に引き寄せて負担分任の側面について検討しよう。個人住民税において負担分任を具体化する制度としては，均等割および国税に比べて相対的に低い課税最低限が設けられている。

2　均等割と応能原則

　均等割はシャウプ税制によって市町村税の一部として導入され，市町村の規

---

[10]　地方財務協会編（2008），3-4頁。

模に応じて便益が異なることを根拠に,当初,400円,600円,800円と3段階の区別が設けられた。以後,漸次税率が引き上げられたが,2004年以降標準税率は3,000円に統一されて今日に至っている。また,1954年からは道府県民税が導入されたため,ここでも所得割と並んで100円の均等割が設けられ,これも漸次税率が引き上げられた後,1996年以降現在まで標準税率は1,000円で推移している。

均等割は所得課税ではないが,しかし,前年の合計所得が一定の基準に達していることが納税義務者たる要件であり[11],人頭税のようにまったく所得状況を考慮しない税とは区別される。また,市町村(道府県)内に住所を有する個人は均等割額及び所得割額の合算額を納税するが,当該団体内に住所を有しない個人も事務所,事業所又は家屋敷を有する場合には均等割額のみは納税しなければならない。

均等割はその導入時には個人住民税収総額の2割に迫る比重を持ち,それだけに納税者にとっての負担も重く,応能原則から見た不公平さが問題とされた。すなわち,負担分任という地方税原則に対して,より一般的な租税原則たる公平原則との衝突が問題となったのである[12]。しかし,その後,所得水準の上昇やそれに伴う税収の増大に比して均等割の引き上げは控え目であり,いまや個人住民税に占めるその割合は2～3%程度にまで低下した。地方分権の財源としてその存在が再度注目され始めたのは最近のことである。今後,地方財源拡充の1手段としてその増額が検討されると思われるが,それとともに再度,応能原則との兼ね合いが問題として浮上する可能性がある。

---

[11] 均等割の非課税限度額は,生活保護基準の級地区分ごとに異なる。2010年度では,夫婦子2人の標準世帯の場合,2,557千円(1級地),2,327千円(2級地),2,097千円(3級地)である(地方税務研究会編[2010],107頁)。

[12] 吉岡健次・和田八束編(1982)は,「地方税も租税である以上,公平や応能性という,現代税制の根本原則に立つべきであり,『特有の原則』によって,負担の不公平や大衆課税が行われてはならない」(106頁)と,負担分任に否定的な立場をとっている。また,東京新財源構想研究会の第2次報告「新しい個人住民税」(1973年12月)も,「住民税の応能負担の確立」を主たる狙いとする観点から,「課税最低限の引上げと均等割の廃止」を主張した(佐藤[1979],78頁)。

3 「生計同一の妻」に対する非課税措置の廃止

かつて均等割については「道府県（市町村）は，当該道府県内（当該市町村内）に住所を有することにより均等割の納税義務を負う夫と生計を一にする妻で夫が住所を有する市町村内（当該市町村内）に住所を有する者に対しては，均等割を課することができない」（地方税法第24条の5第2項第4号，括弧内は第295条4項）との非課税規定が設けられていた。すなわち，個人道府県民税（市町村民税）均等割について夫が均等割の納税義務者であれば，生計を一にし，かつ夫と同一市町村内に居住する妻については非課税とされていた。

ところが，長期的に女性の就業率が高まる中で，所得が住民税の課税最低限を上回り，個人住民税所得割を納税しながら（100万円超のパート収入を有する妻等），個人住民税均等割は非課税の妻が増加した。その数は90年代後半以降には800万人を超える水準で推移した（図表4-5）。その結果，例えば2003年度の個人住民税納税義務者の内訳を見ると，所得割4,997万人，均等割4,608万

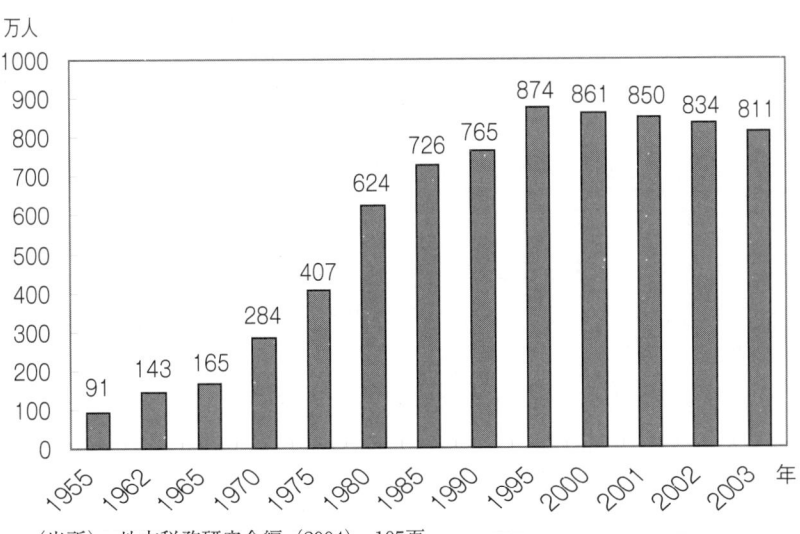

図表4-5 所得割のみを納める「生計同一妻」の数

年	万人
1955	91
1962	143
1965	165
1970	284
1975	407
1980	624
1985	726
1990	765
1995	874
2000	861
2001	850
2002	834
2003	811

（出所）地方税務研究会編（2004），105頁。

人と，個人住民税の基礎的な部分であるはずの均等割の納税義務者が所得割の納税義務者を下回る事態となった。これを受けて2004年度税制改正により個人住民税均等割に関する上記の非課税規定が削除され，2005年度2分の1課税，2006年度全額課税と段階的に800万人余りの「生計同一の妻」が均等割の納税義務者に組み入れられることになった。広く住民に負担される個人住民税の「会費的」性格が強まったのである。

4 所得税を下回る個人住民税の課税最低限

次に課税最低限については，図表4-6が示すように，個人住民税の課税最低限は所得税のそれをほぼ一貫して下回っている。両者の差に時折異常値が現れるのは，所得税と個人住民税の課税年度の違いによる。1989年度は抜本的税制改正に伴い国税における各種控除が拡大され，課税最低限が引き上げられたのに対し，個人住民税への影響は1年遅れとなったためである。また，2004年度には配偶者特別控除が廃止され，所得税の課税最低限が低下したのに対し，個人住民税への影響はこれまた1年遅れとなったため，2004年度における所得税，個人住民税の課税最低限はたまたま一致することとなった。

なお，2007年以降の個人住民税の10％へのフラット化に際しては，個人住民税の課税最低限が所得税のそれより低いため，納税者の負担が増加する恐れが生じた。すなわち，従来の所得税の限界税率10％分のうち5％分が個人住民税に振り替えられて個人住民税の税率が10％となることで，所得税5％分の課税最低限が引き下げられることになり，それだけ負担増になるからである。しかし，税源移譲を実施しても納税者の負担は変えないことが前提とされたので，こうした負担増を回避するため「調整控除」(税額控除) が実施されることになった[13]。

課税最低限が異なる結果，個人住民税の納税者数は所得税の納税者数を上回る。2009年分の所得税納税義務者数は約5,233万人で，就業者約6,385万人のほ

---

13) 「調整控除」（人的控除の差に基づく負担増の減額措置）の計算方法については，地方税務研究会編（2006），115頁参照。

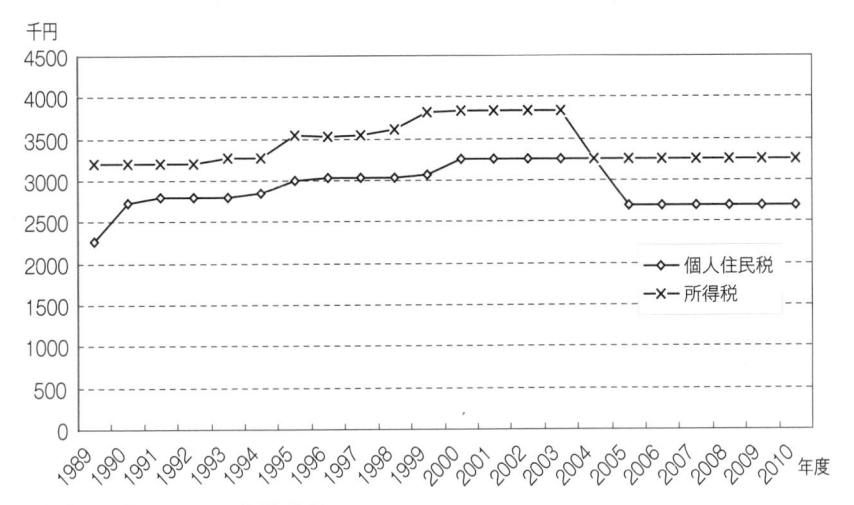

図表4－6　所得税・個人住民税課税最低限の累年比較

（注）1．夫婦子2人の標準世帯。
　　　2．個人住民税については別途非課税限度額がある。
（出所）財務省財務総合政策研究所編（2010）より作成。

ぼ82％を占めた。一方，同じ2009年分の個人住民税（所得割）の納税義務者は約5,611万人と上記就業者のほぼ88％に達した[14]。均等割は所得税にない税が個人住民税には存在するという意味ではその差がいっそう明瞭であるが，所得割においても課税最低限の差によってより広範な住民が「会費的」に地域の負担を分任することになっている。

このような負担分任を根拠とする課税最低限の相違についても評価が分かれてくる。公平を最優先すれば地方税と国税とで課税最低限が異なる二元論は受け入れがたく，いずれかのより合理的な水準に統一すべきだということになる。一方，公平に配慮しつつも地方自治を重視する立場からは負担分任も受け入れ可能であるが，但し，生活保護基準など憲法的要請に抵触する場合には歯止めが必要になる。わが国の制度運営の現状は後者であり，1981年分以降，課税最

14）地方税務研究会編（2010），104頁参照。

低限とは別に非課税限度額が設定されている[15]。

第3節　超過課税の現段階

　地方税の超過課税は課税自主権の表現の一つである。地方税法は代表的な地方税について標準税率を超える超過課税の可能性を認めている。特に地方分権一括法施行以降，超過課税の上限を指定する制限税率は，まずは2000年度から個人住民税で，2004年度からは固定資産税において廃止されるなど，地方の課税自主権の範囲は拡大した。

　都道府県および市町村における近年の超過課税の実施状況は図表4－7の通りで，個人住民税のほか，法人住民税，法人事業税，固定資産税，自動車税，軽自動車税などにおいても超過課税が実施されている。

　本章で問題とする個人住民税については，均等割，所得割の双方で超過課税が実施されている。均等割については，2003年4月に高知県が森林環境税（個人，法人ともに500円）として導入したのを皮切りに，県レベルでは全国31団体で実施されている。税額は神奈川県の300円から岩手県，山形県，福島県，茨城県の1,000円，さらに宮城県の1,200円までの幅があるが，500円が最頻値（19団体）である（2011年4月1日現在）。しかし，市町村レベルでの実施はごく一部であり，北海道夕張市，神奈川県横浜市，宮崎県宮崎市（後に廃止）の3団体にとどまっている。一方，県レベルで広く普及している均等割に比べれば，所得割の超過課税はごく例外的で，実施団体は，県レベルで神奈川県のみ，市町村レベルでは北海道夕張市，兵庫県豊岡市の2団体にすぎない。

　このうち夕張市は財政再建のため2007年度から個人市民税均等割3,500円，個人市民税所得割6.5％とそれぞれ500円，0.5％の超過課税を実施している。

　神奈川県は，水資源の保全・再生施策の財源として個人県民税均等割1,300円，個人県民税所得割4.025％と，それぞれ300円，0.025％の超過課税を実施

---

15)　個人住民税の非課税限度額については，地方税務研究会編（2010），106頁参照。

図表4-7　超過課税実施団体数

税　目		実施数	実　施　団　体
都道府県	道府県民税 個人均等割	31団体	岩手県，宮城県，秋田県，山形県，福島県，茨城県，栃木県，神奈川県，富山県，石川県，長野県，静岡県，愛知県，滋賀県，兵庫県，奈良県，和歌山県，鳥取県，島根県，岡山県，広島県，山口県，愛媛県，高知県，福岡県，佐賀県，長崎県，熊本県，大分県，宮崎県，鹿児島県
	所得割	1団体	神奈川県
	法人均等割	31団体	岩手県，宮城県，秋田県，山形県，福島県，茨城県，栃木県，富山県，石川県，長野県，静岡県，愛知県，滋賀県，大阪府，兵庫県，奈良県，和歌山県，鳥取県，島根県，岡山県，広島県，山口県，愛媛県，高知県，福岡県，佐賀県，長崎県，熊本県，大分県，宮崎県，鹿児島県
	法人税割	46団体	静岡県を除く46都道府県
	法人事業税	8団体	宮城県，東京都，神奈川県，静岡県，愛知県，京都府，大阪府，兵庫県
	自動車税	1団体	東京都
市町村	市町村民税 個人均等割	2団体	北海道夕張市，神奈川県横浜市
	所得割	2団体	北海道夕張市，兵庫県豊岡市
	法人均等割	402団体	
	法人税割	1,004団体	
	固定資産税	160団体	
	軽自動車税	33団体	【北海道】函館市，夕張市，留萌市，美唄市，芦別市，赤平市，根室市，滝川市，砂川市，歌志内市，深川市，古平町，上砂川町，由仁町，南幌町，栗山町，浦臼町，滝上町【青森県】鰺ヶ沢町【山梨県】早川町【島根県】松江市，浜田市，出雲市，益田市，太田市，斐川町【徳島県】徳島市，小松島市，鳴門市【香川県】高松市【高知県】高知市，須崎市【福岡県】大牟田市
	鉱産税	33団体	
	入湯税	2団体	三重県桑名市，岡山県美作市

（注）　2011年4月1日現在。
（出所）　総務省HP　http://www.soumu.go.jp/main_sosiki/jichi_zeisei/czaisei/czaisei_seido/ichiran01.html

している。

　市町村レベルで例外的に均等割を実施する横浜市は，市域の緑の減少に歯止めをかけることを目的に，2009年分から「横浜みどり税」として均等割標準税率3,000円に900円を上乗せしている。また，宮崎市は，住民主体のまちづくりを目指して，地域自治区・合併特例区を設置した上で，地域住民が課題解決に取り組む活動費を賄うため，2009年4月1日から「地域コミュニティ税」として個人市民税均等割に500円の超過課税を開始した。納税者16万人として8,000万円の収入が見込まれた。

　なお，個人市民税所得割の超過課税を実施する兵庫県豊岡市の場合，事情がやや特殊である。同市は，2005年4月1日に旧豊岡市と旧城崎町，竹野町，日高町，出石町，但東町とが新設合併し，新豊岡市となった。旧豊岡市には都市計画税があったが他の地域にはなく，合併後もさしあたり旧豊岡市のみで都市計画税が継続された。当然負担の不均衡が問題となり，都市計画税の新豊岡市全域への拡充かもしくはその廃止が選択肢として検討された。一連の経緯の結果，都市計画税は廃止され，その代替財源として2009年度から市民税所得割に0.1％，固定資産税に0.1％の超過課税を実施することとなったものである。

　以上の個人住民税への超過課税の特徴をまとめれば次のようになる。

　第1に，均等割の超過課税は，個人県民税に関しては「森林環境」「水資源」といった広義の環境目的にその使途を限定し，制度上の目的税ではないにせよ使途を定めた基金に入れるなどにより事実上目的税化しており，その目的への合意とともに納税者1人当たりの金額が明確でかつ比較的僅少であることもあって広く受け入れられ定着している。

　個人市民税均等割を実施する夕張市の場合，財政再建計画の一環として導入されたものであり，納税者の選択の余地はほとんどない。それに対して，宮崎市の地域コミュニティ税は，町内会など地域コミュニティの活動を支援するという意味では積極的な評価もあるが，反面，自治会の弱体化を追認し，自治会費を税によって代替するという意味では「自治」の観点から必ずしも肯定し得ないという見解もある。実際，この税については住民の反対も根強く，市長選

挙の争点ともなった。地域コミュニティ税を導入した津村市長引退後の市長選挙では、3名の立候補者のうち2名が地域コミュニティ税の廃止を公約に掲げた。2010年1月24日の投票の結果当選した戸敷正新市長も廃止論者である。同税の廃止のための条例が6月議会に提出されたものの、議会側は判断のための材料が不足しているとして継続審査にした。その後、9月定例会でも廃止が提案されたが、採決の結果、さらに継続審査となるなど曲折を経て、同年12月16日、地域コミュニティ税廃止条例が可決された。2009年4月に導入された同税は、わずか2年の実施期間の後、2011年3月一杯で廃止されることになった。こうして、少額であってもその目的について納税者の合意が不十分な場合、新税の定着は容易ではないことが示された。

　第2に、所得割の超過課税については、神奈川県が水資源涵養、夕張市が財政再建、豊岡市が都市計画税の代替税とそれぞれに目的を異にし、事例も少なくその特徴は一般化しがたい。そして、まさに現時点では事例が少ないことに所得割に関する超過課税の特質が表れているともいえる。

第4節　個人住民税による再分配の可能性

　「平成22年税制改正大綱―納税者主権の確立に向けて―」は、所得税の再分配機能の回復を重視し、そのための改革の一環として「所得控除から税額控除・給付付き税額控除・手当へ転換を進めます」[16]との方針を示している。しかし、三位一体の改革による国から地方への税源移譲の結果、個人住民税の税収が3兆円増額された半面で所得税が減額されたため、特に低・中所得層の負担額については、多くの場合、個人住民税が所得税を上回る事態となった。図表4－8が示すように、所得税納税者の約6割超が最低の限界税率5％に納まり、8割超が10％で済んでいる。

　したがって、「給付付き税額控除」が実現された場合、税額控除の規模に

---

16)　内閣（2009），14頁。

図表4-8 所得税の限界税率ブラケット別納税者（又は申告書）数割合の国際比較
（2012年7月現在）

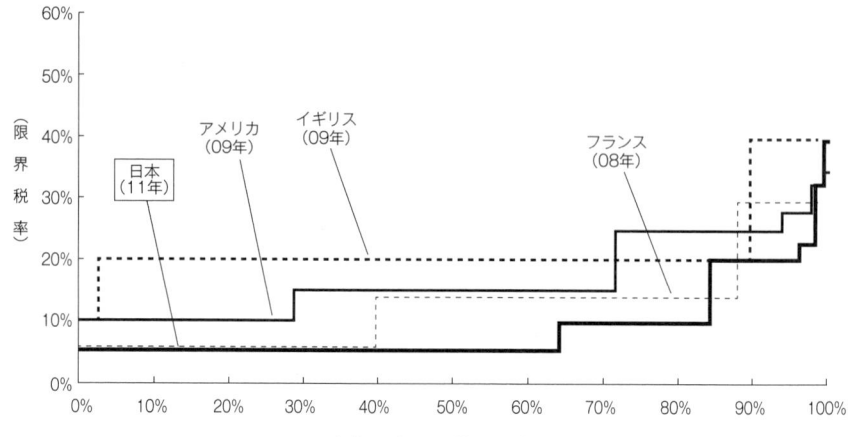

(全体に占める構成割合)

限界税率	10%以下	10%超～20%以下	20%超
日　本（2011年）	84%	12%	4%
アメリカ（2009年）	29%	43%	28%
イギリス（2009年度）	3%	87%	10%
フランス（2008年）	40%	48%	12%

(注) 1. 日本のデータは、平成23年度予算ベースを基に推計したものである。
　　 2. 諸外国のデータは各国の税務統計に基づいて作成した。（ただし、日本と異なり、分離課税に係るものが含まれる。）
　　 3. アメリカは個人単位と夫婦単位課税の選択制であり、フランスは世帯単位課税であるため、納税者数の割合は推計が困難である。
　　 4. ドイツは課税所得に応じて税率が連続的に変化するため、ブラケット別納税者数割合は不明。
　　 5. 各国の税率構造について、表中の課税期間においては、日本は6段階（5・10・20・23・33・40%）、アメリカは5段階（10・15・28・33・35%）、イギリスは2段階（20・40%）、フランスは4段階（5.5・14・30・40%）である。なお、2012年7月現在、イギリスは3段階（20・40・50%）、フランスは（5.5・14・30・41%）となっている。

(出所) 税制調査会（2012）

よっては大半の「納税者」が実は納税はせず，給付を受けることになりかねない。そこで浮上するのが，10%にフラット化した個人住民税をも巻き込んだ給付付き税額控除という考え方である。一時，総務省において内々に検討中との情報が流れたが，表立った動きにはならなかった[17]。しかし，子ども手当の実施に際して個人住民税における年少扶養控除の廃止がもたらす増収分の使途については，上述のように最終的に子ども手当の財源に活用されるよう制度設計されることになっているので，国の再分配政策に地方の増収分が動員されることは間違いない。

　子ども手当実施に伴う個人住民税における年少扶養控除廃止がもたらす増収分の処理に際しての考え方を延長すれば，給付付き税額控除を所得税・個人住民税合同の仕組みの中で実施するという可能性も否定しきれない。国の再分配政策に地方財政を統一的に動員した場合，そのこと自体，納税者における地方ごとの負担や給付の相違をもたらすものではないので，ティボーの「足による投票」は起こらない。それでもなお，つぎのような重大な問題が指摘される。

　第1に，そもそも地方負担分（減収もしくは給付）に対する手当をどうするかが大問題である。国の統一的政策に地方財源を動員することは，「地域主権」の趣旨に真っ向から対立する。そこで，せめて地方負担分を事後的に国が補填するという，住宅ローン減税における所得税からの「はみ出し分」の処理と同じ方式が考えられる。しかし，その件数は住宅ローン減税の比ではなく，極めて大きな行政コストを発生させることになろう。

　第2に，地方負担分の補填方式としては，「交付税措置」を講じるという常套手段が考えられる。しかし，これでは財政力に応じて地方負担が残ることになり，極端な場合，不交付団体であれば全額地元負担となる。到底，地方団体としては呑めない選択肢である。

　第3に，給付付き税額控除は種々の生活を支援するものであり，その生活は「現在進行形」である。にもかかわらず，個人住民税は前年所得課税であるた

---

17) 中村（2009）は，個人住民税による再分配政策の問題点を指摘している。

め，ここで行われる給付付き税額控除は「過去形」となる。所得が安定的に反復されている場合にはこうした理論上のズレはそれほど問題にならないが，景気動向などによって所得が変動する場合にはこの矛盾が現実的に表面化する。例えば，失業して生活苦に陥っているにもかかわらず，失業前の前年所得を基準に税額を計算されるため，給付を受けられない事態が発生しうる。

したがって，個人住民税を動員した給付付き税額控除は考え難く，それゆえに国税所得税の現状を前提にする限り，本格的な給付付き税額控除の導入は時期尚早である。所得税に限った給付付き税額控除を導入するためには，所得税の最低税率の引き上げ，もしくはより可能性の高い選択肢としては中所得層におけるより高い限界税率の適用，したがって，5％，10％の課税ブラケットの圧縮による所得税の増税が前提となる。所得税における再分配の強化は，資産所得の総合課税化や最高税率の引き上げによる高所得層の増税ばかりでなく，中所得層における増税にもつながることを覚悟せざるを得ない[18]。

第5節　個人住民税増税の選択肢

「税収力の回復」の有力な選択肢の一つが国税においては所得税増税であるとすれば，地方税においては個人住民税増税が同様の位置づけにある。

個人住民税均等割の超過課税は，道府県レベルではすでに広く導入されている。市町村レベルではなお例外的であるが，今後，採用が拡大する可能性がある。しかし，その性格は目的税的なものとならざるを得ず，したがって，その成否も広く納税者の納得を得られるような使途が見出されるかどうかにかかっている。しかし，道府県レベルにせよ，市町村レベルにせよ，均等割の超過課税は税収としては比較的僅少にとどまるであろう。また，そうでなければ応能原則との衝突という深刻な問題に遭遇し，失敗に終わるはずである。

---

[18]　税制調査会（2010c）は，「給付を含めた税財政の再分配機能を真に発揮させるために，税収力の回復を同時に図ることが必要である。それを怠り，再分配を財政赤字を増やす形で行えば，現在の世代と将来世代との間の不公平感・格差の拡大につながるおそれがある」と，本稿とは別の角度から給付付き税額控除導入の前提として増税が必要であることを指摘している。

それに対して，本格的な増収を期待しうるのは所得割における増税である。その場合，現在の10％の標準税率への超過課税という形での個別団体における増税は，上述のように夕張市，豊岡市そして神奈川県が先行事例を示しているが，こうした事例が急増し，一般化し，ついには標準税率として追認されるという可能性は低い。ありうる可能性は，全国的な財源不足の解消のため，標準税率が引き上げられて全国一斉に増税となるケースである。

 その水準は予想しがたいが，最終的には標準税率15％程度もありえよう。その場合，国税の最低税率と合わせて最低税率20％ということになり，課税最低限以下の0％から20％への税率のジャンプ（飛躍）のため，「貧困の罠」に捕まるという懸念もある。しかし，スウェーデンのようにフラットな地方税率が平均30％という事例もあるわけで，まったく不可能な水準ともいえない。

 標準税率の大幅な引き上げに比べて増税の可能性としてより現実的なのは，所得控除の圧縮による課税最低限の引き下げである。自治体ごとに所得控除を違えるやり方は納税者にとって理解しづらいので，所得控除を全国統一的に減額し，その増収分を地方財源として利用するかたちになる。所得控除の変更は国税所得税と同時に行われるのがこれまでの慣例であったが，場合によっては独自に変更することも視野に入れてよい。所得税と歩調を合わせた所得控除の減額による増収分を地方財源とするやり方については，上述の高校授業料実質無償化に対応する特定扶養控除減額が地方財源増加をもたらした事例がこの可能性を示唆している。ただし，その場合には給付付き税額控除を導入するわけではないので，課税最低限の引き下げが低所得層の最低生活費を侵食することがないよう，非課税限度額を設けなくてはならない。その点は現在と同様であるが，課税最低限と非課税限度額の乖離が現状より大きくなることは避けられまい[19]。

---

[19] この問題の回避策として所得水準の上昇に伴い所得控除を減額する消失控除方式への転換というアイディアもある。

おわりに

　子ども手当や高校授業料実質無償化は新政権の政策方向を象徴する新規施策であった。しかし，それに対応してとられた所得控除の減額という税制改正は，事前の検討が不十分なこともあり，既存の給付政策との整合性が問題になった。さらに，目玉政策である子ども手当については，不安定な政治情勢の影響もあり，今後，可処分所得の削減をもたらし，子育て支援どころか子育て妨害という事態さえ招きかねない。給付と税制を総体として捉えた制度の整合的整備と安定化が必要である。

　住民自治の財政的側面は，自治体と住民との受益・負担の関係に集約される。負担の基本は地方税であり，課税自主権は独自課税や超過課税[20]として表現される。道府県レベルで広く普及した個人住民税均等割の超過課税とそれによる追加財源の有効な利用は住民自治の成果といえる。同じく全国的に普及した独自課税としての産業廃棄物税が企業課税の性格を持っているのに対して，個人住民税均等割の超過課税は住民の投票行動に影響する個人課税である点が注目される。その目的が森林環境や水資源の保全という点で広く住民に受け入れられている。それに対して宮崎市の地域コミュニティ税は，その目的そのものについて納税者の評価が分かれ，制度として定着しなかった。金額としてはたとえ僅少であっても，その目的について納税者は厳しい目を向けるのである。

　個人住民税所得割への超過課税はその水準，事例ともに限られており，これによる本格的な増収の見込は薄い。むしろ，全国統一的な標準税率の引き上げの方がより高い可能性を残している。一方，政権交代後の新規施策（高校授業料実質無償化，子ども手当）は，個人住民税にも一定の影響を及ぼした。国の施策に伴い所得控除の廃止・減額により所得税とともに個人住民税も増税され，

---

20) 抽象的には課税自主権は超過課税だけではなく，名古屋市で提案されている標準税率を下回る減税の形をとることもありうる。もっとも，交付団体・不交付団体の境界線上にありながら減税を行う「自治」の意味については十分な検証が必要である。

その一部は地方財源となった。この経験を手がかりに，個人住民税における所得控除の減額・廃止によって「税収力の回復」を進めることは，さしあたり現実的な選択肢といえる。

世界に冠たる高齢社会を迎えたわが国において，地方自治体の役割はいっそう高まりつつあり，その財政基盤の強化は喫緊の課題である。政府の役割に比べて異常に小さい租税負担率の引き上げは不可避で，地方自治体はその最前線とならざるを得ない。いまや地方の基幹税である個人住民税について，「税収力の強化」の方途を真剣に検討する段階に至っているである。

【参考文献】
青木宗明・他（2006）『新しい自主財源論の探求（NEO財政研究会レポート）』（財）地方自治総合研究所
財務省財務総合政策研究所編（2010）『財政金融統計月報（租税特集）』2010年4月号
佐藤　進（1979）『日本の税金』東京大学出版会
税制調査会（2004）「資料」（基礎小7－2，2002.3.5）
税制調査会（2009）「資料（個人所得税［地方税］）」（平成21年度第19回税制調査会）
税制調査会（2010a）「資料（個人所得課税）」（平成22年度第2回専門家委員会）
税制調査会（2010b）「資料（総論・地方税）」（平成22年度第2回専門家委員会）
税制調査会（2010c）「議論の中間的な整理」（2010.6.22）
税制調査会（2012）「参考資料（所得税の税率構造の見直しについて）」（平成24年度第5回税制調査会）
全国知事会（2009）「住民サービス確保のための地方消費税引き上げに向けた提言」（2009.7）
地方財務協会編（2008）『地方税制の現状とその運営の実態』地方財務協会
地方自治研究機構（2010）『自治体の収入増加に関する調査研究』
地方税務研究会編（2004）『地方税関係資料ハンドブック（平成16年）』地方財務協会
地方税務研究会編（2006）『地方税関係資料ハンドブック（平成18年）』地方財務協会
地方税務研究会編（2010）『地方税関係資料ハンドブック（平成22年）』地方財務協会
内閣（2009）「平成22年度税制改正大綱」
中間ちひろ・佐藤宣子・能本美穂（2010）「『森林環境税』による地方自治体の独自施策の展開可能性」『九州経済調査月報』2010年7月号
中村良広（2009）「住民税における再分配政策導入の動きとその課題─『給付つき税額控除』制度は住民税になじむのか」『税』2009年11月号
吉岡健次・和田八束編（1982）『新版現代地方財政論』有斐閣
米原淳七郎（1995）『土地と税制─土地保有税重課論批判』有斐閣

第5章　世紀末ドイツの税制改革論
── グンナー・ウルダルの改革提案の衝撃 ──

はじめに

　90年代末におけるドイツの所得税制は，おびただしい例外措置，特別措置の存在によって特徴づけられていた。それらを規定する複雑な税法の錯綜は，制度全体を極めて不透明な構築物に仕立て上げ，それに対し「租税ジャングル」(Steuerdschungel)，「租税カオス」(Steuerchaos) の呼称が与えられた。

　90年代のドイツ経済は，90年10月3日を画期とするドイツ統一の大事業抜きには語れない。市場経済における競争と淘汰の嵐の中で，東部ドイツ (Ostdeutschland＝旧東ドイツ地域) では失業が激増し，失業率は99年には常時15％を超える状況にあった。一時的に統一ブームに沸いた西部ドイツ (Westdeutschland＝旧西ドイツ地域) においても，ブームの沈静化と共に東部ドイツ援助の負担が重くのしかかった。労働市場の状況は99年後半になってようやく改善の兆しを見せ始めたが，全国で400万人に近い失業者と10％前後の失業率は，ドイツが抱える最大の悩みであった。

　90年代末のドイツを規定するいま一つの枠組み条件は欧州統合であった。93年からの域内市場の発足，そして99年からの通貨統合を受けて，EU諸国間の国境の障壁がますます低くなった。そのような環境の下で，雇用機会の確保という焦眉の課題を前にドイツの産業立地条件の悪化は極めて深刻な問題となった。その一要因として，ドイツの所得税，法人税の複雑さと「高負担」が指摘された。高い名目税率及びそれと表裏の関係にある複雑な税制に深いメスを入れるドイツ税制の抜本改革，いわゆる「大税制改革」(große Steuerreform) は，

その必要性が叫ばれながら，結局，「大」の名に値する改革は実行されることなく世紀末を迎えようとしていた。

1992年9月25日の連邦憲法裁判所による所得税の課税最低限に関する違憲判決[1]をきっかけに召集された独立の所得税委員会は，所得税改革に向けた包括的な「テーゼ」を策定し，1994年11月8日に公表した[2]。委員長Peter Bareisの名を冠してバライス委員会と称されるこの委員会の提案は，課税最低限問題に自己限定しない包括的な所得税改正構想であったが，しかし，まさにその包括性のゆえに政治家からは顧みられることなく，くずかごに捨てられる運命をたどった。

抜本的税制改革への運動は政治家自身の提案から始まった。バライス委員会報告とほぼ並行して発言を始めた，当時の政権与党であったキリスト教民主同盟（CDU）の経済専門家であるグンナー・ウルダル（Gunnar Uldall）の改革提案は，その大胆かつ明快な内容をもって政治家ばかりか国民一般にも強い衝撃を与え，1996年には極めて活発な税制改革論議が沸騰した。バライス委員会報告の不発時には潰えたかに見えた抜本的税制改革の動きが，ウルダル提案によって大きなうねりへと発展し，ついには「世紀の税制改革」とまで称される1997年の税制改革法案の提出に至るのである。この法案は，当時の議会状況のゆえについに廃案の憂き目を見ることになったが，ウルダル提案が提起した問題状況は続き，その後，散発的に提出される改革提案もしばしばウルダル提案との共通性を示すものであった。

ウルダルは，いくつかの論文などで発表したその主張を小冊子『税の転換：新しい所得税—簡素で公平』[3]（1996年11月刊）において体系的に展開してい

1）　所得税委員会の委員長を務めたバライスは，1992年9月25日の連邦憲法裁判所の判決要旨を次のようにまとめている。
　　「年間5,616DMの所得では何人といえども生活できない。したがって，国家はそれに対して所得税を要求してはならない。所得税法は，それが5,616DMの最低生活費しか認めていない限りにおいて違憲である。あらゆる社会的扶助の受給者がそれ以上を得ている。1996年以降，法律は合憲的な税率を定めねばならない。以後,社会扶助法上の最低生活費は課税されてはならない」（Bareis, Peter [1995], S.157)。
2）　Bundesministerium der Finanzen (Hrsg.) (1995).
3）　Uldall,G. (1996e).

る[4]。本書はウルダルの主張を理解するうえで最良のテキストであり，90年代におけるドイツの税制改革論の一典型を示すものであり，同時にドイツ税制に関する具体的な記述は，ウルダル特有のバイアスは伴いながらも多くの有益な情報を含んでいる。本章では，ウルダルのこの著書の内容を要約し，若干の検討を加えつつ当時のドイツ税制をめぐる問題状況を確認する。

第1節　グンナー・ウルダルの現状分析と改革案

まずは目次によって本書の構成を見ておこう。

　　序　論
1　わが国の所得税制の由来とその現状
　・なぜ所得税はますます他の目的のために乱用されたのか
　・なぜこれまでの改革の試みはほとんど成功しなかったのか
2　租税カオス
　・現行の税制は勤労阻害的である
　・それは不公平である
　・それは雇用阻害的である
3　抜本的税制改革
　・3段階の段階税率は勤労促進的である
　・それは公平である
　・それは簡素である
　・それは雇用促進的である

---

[4]　本書のほかに本章の執筆に当たり参照したUldallの文献は，Uldall (1996a) (1996b) (1996c) (1996d) である。その内容はほとんど本書に吸収されているが，若干の相違を示す個所もある。(1996a) は改革モデルの要点を簡潔に要約した11頁ほどの論文である。(1996b) は雑誌の編集部による4頁ほどのインタビュー記事である。(1996c) は経済専門誌の税制改革特集の論文の1つとして寄稿されたものである。(1996d) は課税ベース拡大提案への税法学者からの批判的コメントに対する回答であり，税法上の特別・例外措置に関するUldallの見解を最も詳細に示している。なお，以下の注は本文中に引用された文献の引用箇所の指示を除いて筆者（中村）によるものである。

4　国家は失った裁量の余地を回復する
  ・広い課税ベースは豊富な代替財源を提供する
  ・税制改革は大部分自動的に財源調達される
  ・新税は憲法的テストに合格する
5　税制改革はドイツの国際競争力を強化する
6　なぜ反対論には説得力がないのか
7　なぜ改革構想はますます賛同者を見出しているのか

　この目次からもそのおよその論旨は想像がつくのであるが，以下では本書の叙述に即してやや詳細に，かつ特に興味深い論点を拾い出しながら要約しよう。

1　わが国の所得税制の由来とその現状

　ミーケル（Miquel）の税制改革によって1881年に導入された所得税は，従来の様々な租税や関税による不公平や通商の妨害を除去して公平や税制を実現しようとするものであった。そこで重視されたのは納税義務，課税ベース及び税率の明確な定義のみならず税法の市民への受容，簡素で効率的な税務行政の実現でもあった。注目されるのはこの所得税が最低税率0.67％から最高税率4％に至る累進税であるとともに，その税率が段階的に刻まれ，理解が容易な段階税率（Stufentarif）だったことである[5]。しかも，この所得税の比較的低い税率の下で納税者は急速に増加し，国家に豊富な収入をもたらした。その意味において，「納税者の観点からだけでなく，特に財政的観点からもミーケルの所得

---

[5]　以下の叙述では「段階税率」（Stufentarif）という用語が頻出するが，Uldallの用語法はドイツにおける学術用語としては誤りである。そのため彼の提案は時として無用の誤解を招くことになった。すなわち，所得ブラケットの上昇に伴う境界領域における税引き後所得の逆転問題がそれである。Uldallはこれを誤解に基づく批判として退けているが，実は彼の用語法の誤りにその原因があったのである。

　　Dziadkowskiはこの問題について明快な整理を行っている。それによれば，「段階税率」とは単純累進段階税率のことであって，所得ブラケットの上昇に伴い，各ブラケットごとに税率を高めていくのは超過累進段階税率（Anstoßtarif）である。Uldallがしばしば理想的な税制として引き合いに出すミーケルの改革による所得税は税率0.64％～4.0％の単純累進段階税率を採用しており，Uldall提案の真意である超過累進段階税率による所得税とは別物であった。Bareis（1996）は，Uldall提案をめぐる当時の改革論議を念頭に概念規定の明確化を試みている。

第5章　世紀末ドイツの税制改革論

税は大成功であった」(S. 13…以下本書からの引用は本文中で頁数のみ示す)。

　このようにして始まったドイツの所得税制に大きな混乱をもたらしたのは第一次世界大戦であった。戦後，1919／1920年のエルツベルガーの財政改革によって州税から国税へと移管された所得税は，戦後処理費の負担のために大幅な増税を余儀なくされ，その最高税率は60％にも及んだ。エルツベルガーの改革により給与所得税（Lohnsteuer），査定所得税は自然人に限定され，法人に対しては法人税が賦課された。

　第二次世界大戦後のインフレによる経済的混乱を収拾するため，連合国統制委員会は統制法第12号（1946年1月1日）によって購買力の吸収を図り，10万DMの所得から適用される最高税率を従来の40％から95％にまで引き上げた。しかし，重税を課すだけでは経済の復興がおぼつかないことから，他方で特定の経済活動に対しては例外規定が設けられ，税制上の優遇が認められた。

　名目税率は極端に高く保ちながら，特定の政策目的実現のために優遇措置を併用するという「租税政策的二重戦略」は，通貨改革後も維持された。資本市場振興のための貯蓄と投資の優遇に加えて，特に自己金融促進のための特別償却や償却率の引き上げが実施された。当時，造船業，農業，工業のための特別償却が実施されたほか，住宅建設のための租税優遇も行われた。この租税優遇によって資本を誘導するシステムは「租税による制御」（Steuern durch Steuern）の原理として今日に至るまで維持されている。

　しかし，税制上の優遇措置の行き過ぎは，当該産業の過剰投資と他の部門の過少投資を引き起こす。経済学者が言うところの「資本のミス・アロケーション」（Fehlallaokation des Kapitals）を克服するには，結局のところ攪乱的な優遇措置を廃止して市場経済的関係を再建するほかはない。例えば，自己金融の極端な優遇は資本市場の発展を妨げ，資本の効率的な配分を阻害した。そのため1950年代になるとこの政策は修正され，外部金融と貯蓄形成が助成され，資金供給サイドからの資本市場育成が目指された。

　しかし，一度導入された優遇措置はその任務を終えた後も長く生き残る傾向を持っている。例えば，社会的住宅建設のための利付証券に対しては，所得税，

115

法人税が免税となるが，この制度は今日ではすでにその役割を終えながらもなお残っている。連邦・州の公債も租税優遇の対象となるほか，さらに原料産業，輸出産業も税制上助成されている。これらは，実のところいずれも高すぎる税率を優遇によって相殺し，マクロ経済的成長の障害を除去するものであり，高い名目税率と不可分の関係にある。必要なのはこの状況の打開である。

「課税ベースの拡大によって税率を引き下げ，租税の公平を高め，税法を簡素化し，そのことによって成長を強め，同時に国家収入をも確保するこの道筋は，すでに連邦首相アデナアー（CDU）の下で進むべき方向とみなされたのである」(S.17)。しかしながら，現実の発展はこれとは全く逆の方向を辿ったのである。

戦後10年間，租税政策は成長と復興の促進に向けられ，50年代後半からは構造政策，地域政策の手段として利用された。これを可能にした条件は，比較的安定した物価の下での高成長がもたらす豊富な税収であり，地域的・部門的歪みを調整する財政政策上の余裕があった。地域政策の中でもその筆頭がベルリンへの地域援助であった。この「島都市」(Inselstadt)へのてこ入れは，所得税，法人税，売上税の一般的軽減に加えて，特別償却，投資付加金などによって実施された。

70年代に入ると，ケインズ理論に基づく財政政策によって景気循環を調整する試みが始まった。シュトラウス，シラーの経済安定成長法に基づく政策の時代である。そこにおいては民間消費だけでなく，投資をも償却可能性の操作によって制御することが目指されたが，その結果はせわしない「ストップ・アンド・ゴー政策」に帰着した。

70年代，80年代にはさらに所得税が分配，開発，環境などの政策目的のために使用されたが，いずれも成功することはなかった。それにもかかわらず，「租税による制御」という基本思想には変化がなかった。

90年代の目玉であるドイツ統一の過程では，東部ドイツ振興政策においてまたもや租税上の特別措置が利用されたが，それは失敗の繰り返しに過ぎなかった。租税回避を主たる目的とする無駄な投資が行われ，完成してみれば使用さ

れない住宅,事業用建物が建設されるなど,誤った誘導の古典的事例を作り出すことになった。これは資本の破壊にほかならず,国家は本来得たはずの税収を失うことになった。

「かくして,ヨハネス・フォン・ミーケルの明確で,分かり易く,かつ公平な所得税は,100年の間に租税の藪となった。これによって所期の目的が達せられるかどうかは極めて疑わしい。いまこそ『租税による制御』の原理を再び道具箱にしまい込み,租税の主要な任務,すなわち国家に必要な収入を調達するという任務を想起すべき時期である」(S. 20)。

従来,こうした税制を改革する試みがなかったわけではない。しかし,それらの試みはことごとく失敗に帰した。

1953年2月21日には「税法改正と財政運営安定のための法案」が提出された。そこにおいては35％という当時の国家比率（歳出総額／国内総生産）がすでに高いとみなされていた。この比率は1913年には10％,1938年にもまだ28.6％に過ぎなかったのである。そこで,公共財政の不可避的必要と経済の負担能力の間の均衡を作り出すことが目指された。この第1次税制改革の目標は,「勤労意欲の一般的刺激と貯蓄形成・投資活動の促進」であった。アデナウアー政権下におけるこの改革の主要な内容は次の通りであった。

○「小税制改革」(kleine Steuerreform, 1953年)
　　法人税率の引き下げ：60％→配当利益30％
　　　　　　　　　　　　　　　留保利益45％
○「大税制改革」(große Steuerreform, 1954／55年)
　　所得税率の引き下げ：最高限界税率70％→約63％
　　　　　　　　　　　「天井」(Plafond, 最高平均税率) 55％
　　中産階級助成策：任意老齢年金,資本会社から個人会社への転換を税制上優遇
　　税制優遇の一層の拡大：特に低所得者に有利な貯蓄奨励

最高税率の引き下げは累進を緩和するもので,そのことによって経済成長とともに自動的に進む「隠れた増税」に対処するものであった。しかし,この時

の税制改革の根本的な変化は税率カーブにあった。すなわち，1981年におけるミーケルの改革以来の段階税率（Stufentarif）がこのとき定式税率（Formeltarif）に変更されたのである。

定式税率は数学的関数により各所得ごとの税負担を算出するもので，所得上昇に伴う均等な上昇曲線を描き，「均等な形から，しばしば定式税率は所得の上昇に伴って均等に上昇する負担（累進）をもたらすという誤った結論が導き出される」(S.24)。「しかし，この議論で通常見逃されているのは，納税者にとっての実際の累進的税負担を考える際に重要なのは，限界税率ではなく，平均税率の累進カーブだということである」(S.24)。

1955年に対数的定式税率が実行に移され，政府はこれを公平な課税と言明したのであるが，本当の問題は税率にではなく課税ベースにあった。この点についてドゥツィアドコフスキー（Dziadkowski）は次のように述べている[6]。

「数学的厳密さは恣意的な税率の飛躍を妨げる。それは税率の態様が最高度に公平を保障するという印象を与える。しかし，それは見せかけの公平に過ぎない。なぜなら，租税負担の高さにとっては課税ベースが算定される種類・方式こそ一般的に決定的な役割を演じるからである」(S.24-25)。

しかし，この単純な定式税率が維持されたのは1957年までで，家族への課税に対する連邦憲法裁判所の判決を受けて，1958年には改正がなされた。それによって二分二乗方式等の家族への課税の改善がなされたほかに税率表も図表5－1のように改められた。

重要なのは，当時20％の比例税率（間接的累進）が95％の納税者に適用されたことである。これは制度の実質的な簡素化を意味し，ほとんどの納税者にとって複雑な定式税率は意味を持たなかった。

1955年及び1958年の税制改革の教訓は，数十年にわたるドイツの租税政策の

---

[6] Zit. nach Dziadkowski, D. (1996a), S.1195. Dziadkowskiは税法学の観点から多くの論文を発表しているが，特に歴史的な制度論の分野で優れた業績がある。ここで引用された論文は，終戦直後から1996年改革に至るまでのドイツ所得税の発展史を明快に跡づけ，名目税率が過度に重視される過程で課税ベースの浸食が進んでいることを明らかにしている。この論文は戦後のドイツ所得税の発展過程を概観する上で有益な基本文献である。拙訳（2003）がある。

図表5－1　1958年改正税率表

課　税　所　得	税　　　率
900DM	基礎控除
900DM超～　8,000DM以下	20％比例税率
8,000DM超～24,000DM以下	27.2％～36.5％
24,000DM超～110,000DM以下	39.3％～51.9％
110,000DM超	51.9％比例税率

Uldall,G.（1996e），S.27.

根本的欠陥を明らかにすることである。すなわち，税率がしばしば問題とされる割に課税ベースが問題とされることが少なすぎることである。税率は簡明で真実であるべきで，税率が負担を正しく示すという意味で真実であるためには，課税ベースに不公平があってはならないのである。ところが，ドイツの各種の税制改革はもっぱら税率に焦点を合わせ，課税ベースへの配慮を怠った。相当数の特別措置が廃止されながらも，政治がその目的遂行のために所得税を利用するという原理は維持され，時の経過とともに再び例外措置が増殖した。「このことが示しているのは，個々の規定を選択的に取り上げるだけでは不十分であり，『租税による制御』という装置がなくならねばならないのである」(S.29)。

　1992年9月25日の連邦憲法裁判所の判決は，所得税改革への新たなきっかけを与えた。それは最低生活費非課税を求めるものであった。この要請を受けた当時の財務相テオ・ヴァイゲル（Theo Waigel）が直面した経済状態は厳しかった。世界的景気後退，失業者増大，新諸州（旧東ドイツ地域）への財政移転，毎年の減収，赤字削減の必要など，代替財源抜きの単純な税率改定を不可能にする事情があった。そこで，この課題に応えるべく専門家委員会（委員長ペーター・バライス，経営経済学的税法専攻）が招集され，1994年秋に改革のためのテーゼ（These）を提出した。

　「バライス委員会はその任務を非常にまじめに取り上げ，財務相に対して—その本来の課題を超えてまで—所得税法の広範な修正を提案したが，それは法案通過までの残された時間内には（新規定は憲法裁判所の命ずるところにより，す

でに1996年には発効しなければならなかった）政治的に実行不可能であった」(S.31-32)。「全体としてバライス委員会の委員たちにとって重要であったのは，現行の税制の基本は変えずに，『この間完全に埋没させられた税制の根本的輪郭に再び日の目を見させること』であった」(S.32)。にもかかわらず，1996年の改正税法はそのごく一部を実行に移したに過ぎなかった。

バライス委員会の卓越した提案がそのわずかしか実現されなかった理由の一つには時間的制約という不利な事情もあった。「しかし，バライス委員会が，優遇を個別的にのみで，一般的には削除しなかったこともまた確認されなくてはならない。そうすると，なぜ一方の規定は削除されながら，もう一方は維持されるのかという説明が必要になるのが政治というものである」(S.33)。その結果はロビイストによる果てしない論議であり，法案の成立はおぼつかなくなる。その意味では，例外なき削除の方が政治的に容易である。また，税率が引き下げられれば例外措置がもたらす利益は小さくなり，例外措置の「価値」も低下する。

「『租税による制御』という原理が放棄され，すべての例外が削除されたなら，もはや立法者はなぜ何かを削除するのかを説明する必要はなく，利益団体の方が，なぜ自分の優遇だけが法律の中に入れられねばならないのかを説明しなくてはならない。したがって，証明の負担が逆になるのである」(S.33)。従来の改革が失敗した理由をまとめると次のようになる。

① 改革が原則的に例外の継続を認めたため，個々の優遇の削除は困難になった。

② 「租税による制御」という原則が維持されたため，すぐにまた新たな規制要因が法律に追加された。

③ 例外の削除が大幅な税率引き下げと結合されなかったため，例外はその「価値」を保ち続けた。

2 租税カオス

「一般経済政策的，住宅政策的，社会政策的，その他，本来の租税機能実現

以外の目的追求の方法として法律を乱用したため，カオスに近い規定の混乱が生じてしまった」7)(S.35)。

「しばしば見られる租税節約の一種である脱税は，実際，国民の幅広い層において国民的スポーツではないにしても，いずれにせよ大して悪くもないことと思われている」(S.35-26)。

所得税をごまかす方法としては，通勤費概算控除（Kilometer-Pauschale）が最も数多く乱用されている。その手口は，虚偽の通勤距離，不必要な回り道，過大な通勤日数，過小な有給休暇・病休日数などにより控除額を膨らますもので，税務署の報告ではこれらは例外ではなく，むしろ普通のこととされている。

本来の趣旨を逸脱する乱用について実態に踏み込んだ点検は困難である。「通勤区間を実際に乗用車で行くか，それとも例えば―はるかに安上がりに―公共交通機関，自転車あるいは相乗り（この場合はもちろん時には関係者全員が1年間の通勤費概算控除を満額請求しようとするのであるが）で行くかを吟味することもほとんど不可能である」(S.36)。

その他，多くの脱税方法がある。例えば，自宅の作業場を必要経費で落とす（1996年税法では部分的に禁止），友人や妻への花束，親しい仲間内の食事，誕生日のプレゼントのような私的な経費を事業用経費で落とす，ガス・水道設備事業者が自分の住宅建設のために左官を使い，その費用を事業用経費で落とす，医師が医療器具の業者に請求書を発行させながら実際にはステレオを買う，卸売業者が軽食スタンドや飲食店に過小な請求書を発行し，闇仕入と闇販売を助ける，など枚挙にいとまない。「しかし，第一線の実務家，すなわち税務署の脱税調査官の報告を信じるとすれば，名目税率の不公平なまでに高く感じられる負担こそが，市民に合法性から外れる道を採ることを求めているのである」(S.37)。

ドイツ税務労働組合によれば，国民総生産の12%を下らぬ部分が地下経済に潜り込み，税を逃れているというが，この数字でさえ過小であるという評価も

---

7) Zit. nach Rosen, M. (1996), S.67.

少なくない。その結果，年間1,300億DMの税金が徴収漏れになっているという。この帰結は，税収不足→増税→不快感→脱税への刺激→税収不足という悪循環に他ならない。

納税者の勤労意欲は何によって左右されるのか。これに対する経済学の答えは，「追加的労働が適切な比率で追加的に得られる純所得に対応すれば，より以上の勤労への刺激が存在する」(S.41)というものである。したがって，追加的労働がもたらす追加的純所得にとって限界税率，すなわち追加総所得にかかる追加的租税が極めて重要になる。

1996年の税率によれば，最高税率は年間所得12万DMないし24万DM（独身者ないし既婚者）以上に適用される。しかし，これにはさらに7.5％の連帯付加税が適用されるほか教会税も所得税の8～9％が課されるので，これらを合計した限界最高税率は約60％になる。

「もっぱら国民経済的側面だけを考え，分配の公平を基準とする考えをすべて除外するなら，理論的には安定した低い限界税率が，したがって純粋な『フラット税』が最良の税である」(S.42)。

1992年ノーベル経済学賞受賞者であるゲーリー・ベッカー（Garry Becker）は次のように述べている。「ほとんどの控除可能性を排除したフラット税は，今日の制度よりはるかに効率的で公平であろう。生産性に対するその長期的効果は，多くの経済学者の推計より高いと私は考えている」(S.43)。しかし，これは応能課税の原則と衝突する。応能課税原則を満たすためには累進税率の採用が必要である。ただし，「他方では，それを超えると累進が納税者の勤労意欲を麻痺させるような点を超えないこと」(S.43)も重要である。「現在の租税負担が経済成長を抑制していることには疑問の余地がない」(S.43)と，五賢人（Fünf Weise）の1995／96年レポートも，特に連帯付加税の追加的負担がドイツ企業の国際競争力を低下させ，投資意欲にマイナスの影響を及ぼし，勤労意欲を麻痺させ，租税回避・脱税への魅力を高めていることを指摘している。

本来，公平性を実現するという善意によって法律に例外規定が設けられているにもかかわらず，ある例外規定の承認とともに自己運動が始まる。すなわち，

第5章　世紀末ドイツの税制改革論

「この1つの例外があるとすればあのためにももちろん当然に1つの例外がなくてはならない」という例外既定の自己増殖であり，その結果，所得税の現状は複雑で分かりにくいものになってしまった。そのため，高給の税理士を雇うことができる高所得者のみがこれらの優遇措置を利用できることになり，個別的に公平性を目指す努力は，所期の目的に反して全体としての不公平をもたらした。『シュピーゲル誌』(Der Spiegel) 1996年2月号の論文「愚か者だけが払う」は，「脱税は国民的スポーツになった」とまで表現している。

　合法的租税優遇の利用による節税にはおびただしい事例がある。ミュンヘン経済研究所 (Ifo) によれば，自由業者（医師，歯科医師，建築士，弁護士，税理士など）は，租税優遇の利用によって1989年に470億DMの節税に成功した。全自由業者の46％が数十万DMに及ぶ高額の損失を計上するか，もしくはせいぜい1万DM以下のわずかな所得しか計上していない。

　「中・低所得層には給与所得税源泉徴収のためほとんど操作可能性がないのに，高所得者，特に自営業や自由業の活動に関しては節税モデルを巧みに操り，その租税債務を全く合法的に極小化してしまうことができる」(S.49)。

　累進税率による公平という思想は善意を前提にしている。すなわち，「私の所得が高くなるにつれて自分個人の生活に充てるのに必要な部分がますます減少するので，いっそう私は全体のために貢献することができる」(S.50) というものであるが，これは机上の空論にすぎない。したがって，最高53％に及ぶ高税率が表現する「公平」は，現実にはとっくに存在しなくなっている。

　特に線型的累進税率には問題がある。すなわち，その定式が一般の納税者には理解しにくい上に，実務上適用されている概算方式が問題を追加している。その具体的やり方は，課税所得を54DM単位に（約2,000のブラケットに）分割し，それぞれのブラケットごとに税額を決めるものであるが，限界領域における税引き後の所得に逆転が生じている。例えば，課税所得128,789DMでは税額は45,388DMで，税引き後の純所得は83,401DMとなる。ところが，所得がこれから1DM増えると，税額は45,416DMに急増し，税引き後の純所得は83,374DMとむしろ減少する。こうしたことは頻繁に起こり，公平なはずの線

型的累進はその現実においては矛盾を孕んでいる。それに対して，国際的に広く実施されている真の段階税率（超過累進段階税率）においてはこうした逆転現象は発生しない。

　市民の所得や財産に対して国家がどこまで租税負担を課し得るかに関しては，連邦憲法裁判所の判決（1995年）がある。それによれば，基本法第12条は，職業選択の自由を保障しているが，このことは職業から得られる収入に対する権利の保障をも含んでいる。この収入は，財産と同じく基本法第14条によって所有権を保障されるが，しかし，同時にその使用は公共の福祉にも役立たなければならない。2つの相反する要請への解答が「折半原則」(Halbteilungsgrundsatz)である[8]。

　連邦議会に提出された経済界の覚書によれば，多数の税法が累積する「立法インフレーション」は，「税法の分かりにくさを増幅し，租税計画を不可能にし，かくして投資の困難さをもたらしている」(S.53)。しかも，立法の数が増大するにつれて法律の質も低下し，それを訂正するために再度の立法が必要になったり，あるいは裁判所に訴訟が提起されたりするという事態に至っている。

　「こうした展開の背景には，特にわが国の税法がますます別の，相互に矛盾することさえ少なくない別の政治領域（環境政策，中産階級政策，資産形成政策，社会政策，保健政策，住宅政策，その他）の目標を実現するために乱用されたことがある」(S.53)。こうした事態に対して個別的に簡素化を試みたとしても，「租税による制御」という原理が残っている限りたちまち別の例外規定がはびこり，元の木阿弥となる。

　その複雑さの実態をみると，38種の租税と22種の租税類似の賦課に関して，120本の法律と178本の政令が制定されている。特に重要な11本の法律につい

---

[8]　財産からの収益に対する租税負担率は50％が限度であるとする「折半原則」(Halbteilungsgrundsatz)は，州税としての財産税に関して連邦憲法裁判所が1995年6月22日に下した判決において示されたものである（Uldallの原文では1994年となっているが，これは誤りである）。しかし，この適用範囲に関してはそれが財産税に限定されるのかそれとも他の税をも含むのかは判決からは明らかではない。この判決において決定的な役割を演じたとされるPaul Kirchhofは，後日この原則は財産税だけでなく所得税，法人税，営業税，連帯付加税などすべての税にも妥当するとの解釈を示しており，UldallもKirchhofの解釈に従っている。

ては2,506条の条文が2,892頁にわたって印刷されている。注釈も含めると80条余りの所得税法だけで2,000頁以上になり，適用規則を定める第52条だけでSchönfelderの標準版で17頁に及んでいる，等々。したがって，「世界で公刊される税法の文献の60％がドイツで出版されているという事実もまた，1つの警戒信号なのである」[9]（S.54）。

原料に乏しく輸出指向的なドイツ経済にとって，国際競争におけるコスト要因としての企業課税は極めて重要である。ドイツの現状をみると課税ベースの浸食の結果である高税率が，ドイツ企業の海外移転やドイツ国内への投資阻害を引き起こしている。

本社が外国に所在するあるハンブルクの企業（化学工業）の次の事例は，企業立地の決定においてドイツの高税率がドイツ国内への投資を阻害していることを端的に物語っている。

「さまざまな生産技術上の理由と，この工場の顧客の大部分がドイツに由来することから，いくつかの外国への立地の可能性も含めて第1候補はまずルール地方となった。この立地はさしあたり租税を考慮しないコスト分析では最高の生産性を約束した。ところが，次の段階で租税負担を計算に入れてみると，ルール地方の立地は突然最下位に来た。そこで，化学工場はドイツの国境のすぐ向こう側にあるオランダに設立された。そこに電話すると，ドイツ語を話す女性交換手が応対してくれるし，事業は大変好調に進んだので，設備能力はこの間3回にわたって倍増された」（S.61-62）。

こうした動きに対する最初の対策は，1993年に制定された産業立地確保法であった。その目標は，

① 投資活動の強化によるマクロ経済的成長の促進
② ドイツ経済の国際競争力の維持
③ 外国企業に対する経済立地としてのドイツの魅力の確保

であり，その方向性は正しかった。ところが，それに続く多くの法改正によっ

---

9) Zit. nach Michaelis, G. E（1996）.

て効力が失われてしまった。いま一度この方向性を甦らせる努力が必要である。

近年（1990年～1995年）の投資の現実は次の通りである。

　ドイツ企業の海外投資：2,110億DM

　外国企業のドイツへの投資：307億DM

ドイツの企業課税については名目税率と実質的税負担との乖離が，多くの控除可能性や減価償却のために他のどの国よりも大きくなっている。言い換えれば，実質的税負担は国際的に特に高いわけではないので，国際的な名目税率の高さが投資停滞の原因とは言えないという批判がある。「この議論はなるほど全く誤りではないが，しかし，差し迫って必要な変化を引き延ばす根拠にはならない。逆に，そのことはいかに差し迫ってわれわれが根本的税制改革を必要としているかを示しているのである」（S.64）。「国際的投資家は，もちろん自己の立地決定に際しては何よりも名目税率を基準とする」（S.65）。「どんな企業家も，時には数十年拘束的な—場合によっては自分の業績にもかかわる—立地決定を，時には翌日にはもうないかもしれない特別規定や例外措置の存在に基づいて行うことはないであろう。それに対して，常に政治的シグナル効果をも持っている名目税率の変更は，必ず長い公の議論と比較的大きな時間間隔をもってのみ可能である」（S.66）。いずれにせよ，「実際の税負担を一目でわからせる税制こそが，明らかによりよい選択であると私は考える」（S.66）。

3　抜本的税制改革

ドイツの税制は，次のような目標に向けた抜本的な改革を必要としている。

① 　税制の高い透明性

② 　市場経済的効率の向上

③ 　産業立地条件の向上

④ 　負担の公平性の向上とそれによる市民の受容

「旧制度においては高税率と狭い課税ベースとが不可分な対をなしていたように，この改革においては低税率と広い課税ベースとが不可分に補完し合って全体を形作っているのである」（S.68）。提案する税率表は，特別措置の廃止に

第5章　世紀末ドイツの税制改革論

図表5－2　新税率表の提案

課　税　所　得	税　　率
12,000DM	基礎控除
12,000DM超～20,000DM以下	8％
20,000DM超～30,000DM以下	18％
30,000DM超～	28％

Uldall,G.（1996e），S.69－70.

よる課税ベースの拡大を前提にして図表5－2のように構成される。

　税負担は限界税率，平均税率ともに現行水準を下回り，分かり難い現行の累進的定式税率は段階税率に変更される。各所得控除が整理され「新税率の下では基礎控除と並んで児童控除―児童の最低生活費の税制上の考慮のため―と，（減額された）勤労所得控除のみが存在することになる。そのほかには不時準備支出（Vorsorgeaufwendung）[10]のみが控除可能である（特別支出概算控除はない）」(S.71)。こうした新税制は次のような特徴を持っている。

① すべての納税者に所得にかかわりなく12,000DMの最低生活費非課税を認める。
② 8％の極端に低い最低税率は雇用吸収への刺激を与える。
③ 闇労働は引き合わなくなり，多くの正規の雇用関係が形成され，連邦雇用庁は負担軽減される。
④ 28％の最高税率は，「われわれの社会における勤労の担い手」(S.71) のモティベーションを高める。
⑤ 多くの納税者は，もはや特別支出や臨時支出の負担をファイルする必要がなくなる。
⑥ 単なる租税回避のための国民経済的に好ましくない租税対応が抑制され

---

[10] 不時準備支出とは，所得税法第10条第1項第2号に規定する特別支出であり，疾病保険，介護保険，損害保険，賠償責任保険，公的年金などの保険料，失業保険料，特定の生命保険料，追加的任意の介護保険料などを指している。Bundesministerim der Finanzen（1997）は，1994年のバライス委員会報告に関連して高まった課税ベースの浸食をめぐる議論に応えて，1980年から1996年までの不時準備支出の実態を分析している。

る。
　⑦　外国への資本投資が魅力的なものではなくなる。
　⑧　貯蓄者はもはや源泉利子税の非課税申請をする必要がなくなる。
　⑨　企業の賃金記帳や税務署，税理士などによる費用のかかる検査が著しく簡素化される。

　租税の簡素化と企業の税負担の緩和にとって大きな意味を持つのは所得税と法人税の調整である。すなわち，現行の配当利益30％，留保利益45％の税率を28％に統一する結果，株主への資本収益税が廃止され，さらにインピュテーションが不要になる。このような法人税改正の効果として次のようなことが期待される。
　①　ドイツの産業立地条件が大幅に改善される。
　②　人的会社と資本会社との平等な扱いは，法的な企業形態選択への中立性を保障する。
　③　企業の自己資本の状況と投資活動にとって決定的な留保利益に対する税負担を大幅に引き下げる。
　④　留保利益か配当かの決定への税による攪乱がなくなる。
　⑤　利益留保への高い税負担を回避するための「配当・回収政策」（Schütt-aus-Holzurück-Politik）[11]が無意味になる。
　⑥　外国人効果（外国人株主の優遇）がなくなる。

　「このような所得税・法人税の改革は，大体において収入中立的に行われ得る」（S.73）。これは税率引き下げによる減収を課税ベース拡大による増収がほ

---

11) 法人の配当利益に比べて留保利益に相対的に高い法人税率が適用される場合，ひとまず利益を配当しながら，それによる資金の減少を回避するために配当された利益の一部もしくは全部を直ちに義務的な増資という形で回収する場合がある。また，同じ効果を狙って株主が配当される資金を法人に貸し付ける義務を負っている場合もある。このように利益を人まず配当し，その後，それを資本として回収する措置を「配当・回収政策」（Schütt-aus-Holzurück-Politik）または「配当・回収措置」（Schütt-aus-Holzurück-Verfahren）という。このような政策をとるかどうかは，配当を受ける株主に適用される税率が大きく影響する（Kießling, Heinz/Pelikan, Horst/Jäger, Birgit ［1995］, S. 419-419）。このような政策が適用されるのは株主が企業の政策に決定的な影響を及ぼし得るワンマン企業や同族企業に限られるという。Münster, Rainer Zielke（1994）は，「配当・回収政策」の意義と現実の効果について詳細なモデル分析を行っている。

第 5 章　世紀末ドイツの税制改革論

ぼ相殺するからである。

　現行の高税率は税引き後の所得を減らすことによって勤労意欲を削減するし，高税率の負担を回避するため労働組合がより高い賃金を要求する結果，雇用機会が減少する。それに対して，改革提案の「低い段階税率は，それが労働の価格にはるかに小さな影響しか及ぼさないので，労働力に対する需要を増加させる」(S.75)。こうした提案の効果についてドイツ経済研究所（IW）の分析は次のような結論を下している。

　「一般的に限界税率の低下に伴い労働への刺激は増加すると言える。…ウルダル的な税制改革は労働へのプラスの刺激を与えると前提してよい。…ウルダル・モデルは低い最高税率と限界税率とにおいて，現行の税率構造に比べて明らかな長所を持っている。課税ベースの拡大によって生産要素・労働のこれまでの負担を，特に雇用関係において引き下げることが可能になる。このことは労働供給と労働需要の間における価格の『楔』を軽減し，その結果，労働市場における負担軽減が期待されるのである」[12] (S.75-76)。

　現状では特に限界的低所得層においては，社会的扶助を受けた方が有利なケースがしばしば発生する。社会的扶助を受ければ大都市の高家賃や扶養すべき児童の数が配慮される。

　賃金額がこれで影響を受けることはあまりないし，ましてや社会的扶助を受けながら闇労働をすれば実質的にははるかに有利になる。したがって，最低生活費をわずかに上回るに過ぎない所得を稼得する階層に対する税率はできるだけ低くすることが望ましい。現行の25.9％に対して提案では 8 ％となっている。こうすれば，「社会的ネットに留まる」(S.77) 魅力は低下する。闇労働についても，それが申告して課税される負担と闇労働のままで無保険労働を続けるリスクとを比較する結果，闇労働は減少する。

　負担率に関して高所得層は現行制度では連帯付加税，教会税を加えると60％以上の最高税率に直面するのに対して，改革によってそれは28％に低下する[13]。

---

12) Zit. nach Institut der deutschen Wirtschaft e. V.（IW）(1996), S.22.
13) これはやや正確さに欠ける。改革によって連帯付加税はなくなるにしても教会税は残る。教会

129

現行の累進税率は，所得控除の効果において高所得者優遇となる点で問題である。例えば，トレーニング指導者概算控除（Übungsleiterpauschale）なるものがあって，無給でフットボール協会で生徒のチームを訓練するとか，子供たちに体操を教えるとかした場合に2,400DMの控除が認められる。この場合，そのトレーナーの所得が最低生活費をやや超える程度であったとすれば，最低税率が適用されるためこの控除による税の負担軽減効果は約620DMとなる。ところが，彼が高所得者で最高税率を適用される場合には負担軽減効果は1,272DMとなり，高額所得者ほど有利になる。しかも，そもそもこの控除はスポーツ指導には認められるが，例えば音楽指導には認められないなど合理性を欠いていて，高額所得者優遇も含めて不公平である。

　また，二分二乗方式については，現行方式では高所得の夫婦ほど減税効果が高いとの批判がある[14]。しかし，これも厳密には二分二乗方式への批判とは言えず，高度の累進税率にこそ問題があるのである。

　累進の方式に関して，線型累進の「公平性」については研究者の間でも意見が分かれている。ケルン大学の税法学者であるラング（Lang）は，低・中所得における「累進原理はそもそも異常である」として，高所得にのみ累進税率を適用すべきであるとしている。そのような立場から彼は，「低・中所得への不適切な累進的負担のゆえに，私はグンナー・ウルダルとともに段階税率を提案する」[15]と述べている。

　提案している段階税率は，憲法的公平課税の要請に応えるものである。この場合の公平とは，水平的公平と垂直的公平とをその内容としている。水平的公平とは，等しい支払い能力を持つ納税者が等しい税額を払うことを意味してい

　　　税を9％，所得税の最高税率28％とし，所得税の課税ベースからの教会税負担の控除が廃止されるとすれば，実質的最高税率は「28％＋28×9＝30.52％」となる。
14）　ドイツにおける二分二乗方式は，1958年に連邦憲法裁判所の判決に基づいて導入された。同判決によれば，「夫婦は，所得稼得共同体であり，その中で双方のパートナーが所得稼得労働と家事労働とを相互にどのように分割するかを自由に決定する。したがって，パートナー双方の所得は等しい部分に分割されるべきである」(Uldall, Gunnar [1996e], S.82) という。
15）　Zit. nach Lang, Joachim (1996), S.157. ただし，Langの原文では「不適切な累進的負担」の後に「及び簡素さ」が加わっている。

る。それに対して垂直的公平とは，異なる支払い能力を持つ納税者が異なる負担を負うことであるが，この垂直的公平はやや難しい問題を孕んでいる。すなわち，「所得の限界効用は減少するので，それに応じて限界税率は上昇可能である」という「犠牲説」の考え方は，数学的定式で表現され，線型的累進税率に具体化されている。しかし，実はこれまでのところ累進の具体的形状はいかなる理論によっても根拠づけられてはいない。

これに関してIWは次のような評価を下している。「税率タイプや税率カーブの決定に当たっては，所得のマクロ社会的効用関数が既知であることに完全に依存している。しかし，実はこれは既知ではないし，そもそもそのような効用関数が存在するかどうかさえ極めて疑わしい。したがって，学問体系からは累進税率，そして特に線型的に高まる限界税率を持った定式税率は必ずしも正当化されないのである」[16]。

もっとも，税率についての具体的根拠はないとはいえ，100％の最高税率は不可能である。なぜなら，「この点においてその被害者の勤労意欲は最終的に止めを刺される」(S.88)し，しかもそのような税率は基本法にも抵触するからである。この基本法に関連して注意すべき点であるが，「しばしば主張されるのとは異なり，段階税率は連邦憲法裁判所の判決に抵触する累進の飛躍をもたらすものではない。すなわち，連邦憲法裁判所によって問題とされた累進の飛躍は，限界税率に関するものではなく，むしろ平均税率の上昇に関するものである」(S.90)。

段階税率はそれ自体として低い税負担を意味するわけではないが，それでも残る段階税率のメリットは，それによる税負担が納税者に容易に理解されることである。納税者による税額の計算も容易になり，「われわれは租税申告のためには税務署宛の簡単な葉書１枚で事足りるという夢に近づく」(S.96)。

段階税率に対して好んで持ち出される批判は，それが線型的累進税率とは異なり限界税率を均等に上昇させないため，勤労阻害的に作用するというもので

---

16) Zit. nach IW (1996), S.16.

ある。しかし，それに対しては次のような反論が可能である。

① ミーケルの改革以来，1955年になるまでは段階税率であったのに，なぜそれに戻ってはならないのか。

② 他のOECD諸国の所得税はすべて段階税率であるのに，なぜドイツがこの国際的潮流に目を瞑らなければならないのか。

③ 専門家会議（五賢人）は既に1983／84年に段階税率を提案している[17]。

④ 新しい限界税率の採用こそ，改革がラジカルであることを印象づけ，租税悠風の廃止をも可能にする。すなわち，段階税率によって所得税改革の全体が分かり易くなるのである。

所得税の最高税率28％は法人にも適用される。法人税においては課税上，配当と内部留保との区別が廃止され，統一的な税率が適用される。これは一般的には税率引き下げによってドイツに産業立地上有利な条件をもたらすが，もう1つの効果として「実物資本の利回りが他の投資，特に金融資産に比べて引き上げられる」(S.98)。その結果，実物資本への投資が増加し，失業の一因である「資本不足失業」が緩和される。

これに関連して重要なこととして，内部留保と配当に統一的税率が適用されるため，自己金融と増資が税法上平等に取り扱われる。また，法人税率と所得税最高税率の一致によって企業の法的形態の中立性が確保される。

改革のシグナル効果を発揮するために重要なのは，思い切り低い統一的税率を実現することであるが，「その場合，30％ラインを下回ることが心理学的に特に重要であると考えられる。その場合にのみ企業は予定されている代替財源調達措置を受け入れ，かつまた同時にドイツの地において再び活発に生産を行うであろう」(S.101)。

---

[17] 専門家会議は，税制の簡素化と個人のインセンティブ向上という見地から，20％，30％，40％という3段階からなる税率を提案している。Vgl. Sachverständigenrat zur Begutachtung der gesamtwirtschaftlichen Entwicklung (1983)。

4 国家は失った裁量の余地を回復する

　公課法（Abgabenordnung）第3条によれば，租税の本来の目的は「公法上の共同組織」（いわゆる国家）のための財源調達である。しかし，同条には「収入調達は副次的目的となることがある」という一文もある。ところが，これは例外規定であるにもかかわらず，種々の目的をもって多くの例外が設けられるに従い，例外が通例になり，本来の税法が蝕まれている。

　ある行為を奨励するには2つの方法がある。それは租税優遇と補助金である。この2つは，一見同じことに見えながら，実際の効果は異なっている。まず，租税優遇の方法による場合，立法者は減収額の見積もりをごく大雑把に行い得るに過ぎず，多くの場合，まったく不可能なこともある。しかし，この方法は優遇の匿名性のゆえに関係者によって好まれる。「ひとたび税法の中に導入されると，そうした優遇は常に長く，邪魔の入ることのない生命を保つ」(S.103)。こうした税の使い方は，「国家が自分たちの税金を十分に責任を持って扱っていない」(S.104) という，納税者の国家に対する不信感を高め，租税モラルの低下をもたらしている。それに対して補助金は，「その総額が毎年予算に示されるばかりか，その優遇の効果をもすべての個別ケースについて厳密に吟味することが可能であり，明らかによりよい方法である」(S.104)。すべての租税優遇を廃止して課税ベースを拡大することのもう1つのメリットは，累進度の低い段階税率も相まって景気循環による税収の変動幅を縮小することである。

　税率の引き下げと租税優遇の廃止とは緊密な関係にあり，「一方の構成要素は他方にとって絶対的な前提である」(S.107)。「税率が実際に明確に引き下げられる時にのみ租税優遇そのものの廃止が実行される。なぜなら，その時には個々の優遇はもはやそれほど『価値』がなくなるからである。しかしまた，課税ベースの拡大が実際に大規模に実施されるときにのみ，税率引き下げの財源そのものが調達されるのである」(S.107)。この問題に関してドイツ工業連盟は，まず初めに大幅な税率引き下げについての政治的決定が前提になると述べている。「なぜなら，税率が低ければ低いほど，誘導的要素や補助の廃止も辞さな

い租税構造の再編や根本的な課税ベースの修正のための余地が拡大されるからである」[18] (S.107)。

このモデルとなるのは1982年の不動産税改革であり, 7％の税率で80％以上の例外措置を伴った従来のこの税において, 2％への税率の引き下げに伴いほとんどすべての例外措置が廃止され, 結果的に増収さえもたらした。

課税ベース縮小の実情について, 1995／96年の専門家会議の計算によれば, 1989年について税務署に申告された所得の57.4％しか課税されていない。現状では新諸州向けの投資優遇政策のためこの比率はさらに低下していると推定される。改革がもたらす効果について, IWの計算によれば, 1996年に新たな段階税率を適用すれば, 所得税で1,150億DM, 法人税で75億DM, 合計1,225億DMの減収となる。しかし, この減収の大部分は課税ベースの拡大で財源調達される。

例外措置の最大のものは加速度償却と特別償却である。これを廃止することで初年度の課税ベースは加速度償却で480億DM, 特別償却で375億DM, 合計855億DMだけ拡大する。「企業部門における税率引き下げの代替財源調達のために計画された措置によって, この提案が社会的に不公平であるという主張も勢いを殺がれるであろう」(S.116)。

貯蓄非課税については, 例えば資金を住宅に投資して賃貸すれば家賃に課税されるのに, 貯蓄利子には一定限度まで課税されないのは不公平である。これを廃止することで課税ベースは350億DMほど拡大される。課税は28％の源泉徴収で実施される。したがって, 最高税率適用者以外は事後的に申告して還付を受ける。

日曜・夜間労働に対する非課税は不公平である。例えば, 病院勤務の助産師の夜間労働は非課税であるが, 自分の産院で自由業者として働く助産師の夜間労働は課税されるからである。

教会税は現状では特別支出として控除されているが, この扱いも廃止する。

---

18) Zit. nach Bundesverband der deutschen Industrie (1999), S.1.

その効果をみると,例えば,年間所得12万DMを超える課税所得の100DMについては以下の通りになる。

(現　行)

　本来の所得税：100×0.53＝53DM

　教会税：53×0.09＝4.77DM

　所得控除による所得税軽減額：4.77×0.53＝2.53DM

　教会税の実質的負担額：4.77−2.53＝2.24DM

(改革後)

　所得税：100×0.28＝28DM

　教会税：28×0.9＝2.52

　したがって,教会税の実質的負担増は僅かである。すなわち,最高税率における100DMの課税所得に対して教会税の実質的負担は,現行の2.24DMから改革後には2.52DMに増加するに過ぎない。

　譲渡所得に関しては「不動産の形での資本投下はしばしば老後の備え(Altersvorsorge)として保有されているので,それらの譲渡所得に対して今日行われている最高税率53％の課税は確かに重い負担となろう。しかし,最高税率28％であれば,その判断は異なってくる。私的に使用された不動産の除外は維持されるべきである」(S.119)。

　投機利得についても現状では不十分な課税しか行われていない。すなわち,個人の場合,有価証券の取得と売却の期間が6か月以上であれば譲渡所得は非課税である。不動産については2年が分かれ目となっている。しかし,この区別の根拠は不明であり,まったく恣意的なものにすぎないので,全面的に課税すべきである。

　企業の売却・清算所得に対しては現状では税率が半減されている(53％×0.5＝26.5％)。改正後には軽減がなくなるが,最高税率が大幅に引き下げられる(28％)ため改正に伴う激変はない。

　勤労所得控除は,現状の2,000DMを500DMに縮減する。但し,実際の稼得費用がこれを上回る場合には実額控除を可能とする。これに関連して,通勤費

についての考え方は、アメリカでは「仕事は工場のドアのところで始まる」とされているし、ペフェコーフェン（Peffekoven）も、「そこにどのようにして来るかは個人の問題である」として、稼得費用には含めていない。この通勤費概算控除は廃止すべきである。

例外は、不時準備支出である。「抜本的な課税ベースの拡大は、しかしながら、一つの場所では停止する。すなわち、従来認められてきた不時準備支出の控除可能性は、正当な根拠があるので維持されるべきである。私的な不時準備貯蓄は制限されてはならないし、むしろ逆に一層促進されるべきである。老後保障制度に悪影響を及ぼす人口統計学的動向がすでに明らかであるので、この分野においては特別な配慮がなされるべきである」(S.123)。

IWの研究結果によれば、税率引き下げによる減収効果と課税ベース拡大による増収効果は以下のようにまとめられる。

（減収額）

所得税	－1,150億DM
法人税	－　 75億DM
合　計	－1,225億DM

（増収額）

| 課税ベース拡大 | ＋ 765億DM |
| 差引合計 | －　460億DM |

このほかにも法人税固有の特別措置の廃止による増収が期待されるが、それについては定量化が困難なので、さしあたり「含み資産」として計算からは除外する。したがって、460億DMの純減収となる。「このすべての所得階層にわたる納税者の巨額の負担軽減によって、この税制改革は確実に万人によって受け入れられるであろう」(S.126)。税制改革の結果が差引純減収であるとしても、後述のように改革による経済に伴う増収を期待し得る。これに関連してドイツ工業連盟は、企業課税改革について次のように主張している。

「政治はそうした改革の自己財源調達効果を考慮して、『収入中立』のドグマから自らを解放するように努めなくてはならない。租税負担の単なる組み

換えでは改革はその目標を達成し得ないであろう」[19] (S.128)。

税制改革は差引460億DMの純減収（総税収の約5％）をもたらす。この処理が問題となるが，改革による成長刺激効果によって減収分の少なくとも一部は補塡される。

第1に，改革前の駆け込み投資が現行の有利な減価償却を利用するために行われる。この効果自体は本来一時的ではあるが，加速度原理が働くことで持続的に成長率を高める。

第2に，投資が節税を基準にするのではなくて，経済合理性に従って行われるようになり，経済の効率，競争力が高まる。

第3に，アメリカの1986年改革の経験からフェルドシュタインらの研究が引き出した結論によれば，税率の変更と課税所得の変化の関係において，1％の税率引き上げは課税所得の1％以上の減少をもたらす半面で，1％の税率引き下げは課税所得の1％以上の増加をもたらす。その時期や規模は不明であるが，この関係がドイツについてもあてはまるとすれば，ここからも増収を期待し得る。

なお，代替財源については理論的には付加価値税へのシフトも考えられる。これについて五賢人の報告（1995／96）は，次のように述べている。

「所得発生に対する租税負担が軽減され，消費的所得利用への課税が引き上げられねばならないであろう。…そのための方法は，所得税，法人税の相応の引き下げと並行する付加価値税の引き上げであろう」[20] (S.140)。

付加価値税の引き上げが消費性向の高い低所得者に重い負担をもたらすので，それは非社会的であるとしばしば言われる。それに対して五賢人は同じ個所で「所得税の付加価値税へのシフトの分配政策的効果は…それほど明瞭ではない。…新しい職場のための首尾よい政策は，何にもまして最善の分配政策である」(S.141) という立場を表明している。

---

19) Zit. nach Bundesverband der deutschen Industrie (1999), S.1.
20) Zit. nach Sachverständigenrat zur Begutachtung der gesamtwirtschaftlichen Entwicklung (1995), S.317.

しかし，付加価値税増税をめぐる議論は所得税改革が決着してからのこととしなければならない。さもなければ例外の削減による課税ベースの拡大が妨げられるからである。いずれにしても，付加価値税の増税は最後の手段であって，最善の方策は歳出削減である。

「租税は，納税義務者が負担根拠を認識し，理解できる場合にのみ公平である」(S.142)。「…一般原則として租税債務が拘束的に定められ，したがって，どの納税義務者が負担を負うのか，この負担の正当な根拠は何か，納税義務はいかほどで，いつ，いかなる形態で履行されねばならないのかが決定されねばならない」[21] (S.143)。

これらの自明ともいえる条件に照らしても，ドイツの税制の弱点は明らかである。例えば，例外措置の解釈をめぐる納税者と税務当局との争いがある。すなわち，投機・譲渡利得を個人のものとして非課税とすべきか，事業上のものとして課税すべきかについておびただしい訴訟が行われている。租税債務，納税義務者を明瞭にするためには例外や特別措置は最小限に止めるべきである。その場合，例外的に認められるのは家族の最低生活費，より狭義の稼得費用，不時準備支出に限られる。

ドイツの租税制度は申告原理（Deklarationprinzip）を前提にし，納税義務者は自ら税額を計算して申告しなければならない。しかし，現実には制度の複雑化のためにこれは不可能になっている。「私の命題はこうである：個別ケースの行き過ぎた公平は，全体にとっての不公平に通じる」(S.145)。

また，連邦憲法裁判所の判決（折半原則）は，課税ベースの縮小と税率引き上げにストップをかけている。

憲法的テストに係るもう1つの要件は，支払い能力に応じた課税という問題である。水平的・垂直的公平については既に述べたので，ここでの問題は限界税率の飛躍は合憲かという事案である。これについては「合憲である，と連邦憲法裁判所は明確に答えている。連邦憲法裁判所上級審は，限界税率の飛躍を

---

21) Zit. nach Kirchhof (1994).

認めているが，平均的負担の飛躍は違憲であると宣言している」(S.146-147)。提案している段階税率によれば平均的負担は連続的に0％から28％まで上昇するので，この憲法的要請には適合している。したがって，定式税率から段階税率への転換を排除すべき根拠は存在しない。

5 税制改革はドイツの国際競争力を強化する

　欧州域内市場においてドイツのみが個人所得以上に企業に課税している。賃金および賃金関連費用は近隣諸国の水準を大きく上回っている。その結果，国際投資家はドイツを避け，ドイツ企業もまた海外へと逃避している。いまや国境の壁はなくなり，国民国家の政策，租税政策の有効性は低下している。「にもかかわらず政治がその活動の国際的環境を見失えば，その国は苦い驚きを経験するかもしれない。現在のドイツの租税政策にはこれが当てはまる」(S.149)。
　1986年の合衆国の税制改革によって国際的租税競争の幕が切って落とされた。イギリス，フランス，オランダ，ベルギー，スウェーデンの改革がこれに続いた。
　かつてスウェーデンは，ドイツによく似た制度を持っていたが，1990年の改革[22]によって方向転換が行われた。従来の高税率が引き下げられ，多くの例外や特別措置が廃止された。また，特に貯蓄と投資の課税上の差別が廃止され，外部金融重視に代えて自己資本が強化され，それとともに企業の投資意欲が高まり，新たな雇用機会が生み出された。企業利益への課税は28％であり，市町村の企業課税による追加負担はない。
　オーストリアも90年代初頭に国際的租税競争に参加した。94年初めに税制改革が発効し，95％の国民に減税効果が及んだ。減税規模はドイツ・マルクに換算して250億DM，うち190億DMが所得税，60億DMが企業課税であった。さらに，企業課税分野で大幅な簡素化と財産税，営業税の廃止があった。相続税，贈与税は近代化された。利子は定率の源泉課税となった。この利子課税は清算

---

[22]　正しくは1991年である。

税（Abgeltungssteuer）の形をとり、所得税と清算された。「この規定は納税者たちに大歓迎された。ドイツにおいて源泉利子税の導入以来、大規模に貯蓄資本を海外に追いやった『資本逃避』現象は、オーストリアでは全く見られない」(S.151)。

「アメリカに始まり、90年代初頭に全ヨーロッパを捕えた租税制度の競争は、唯一ドイツにだけは痕跡を残すことなく素通りした」(S.151)。遅ればせながら見られたドイツにおける国際化への最初の反応は、1993年の産業立地確保法であった。これによって法人税の引き下げが実施された（留保利益50％→45％、配当利益36％→30％）ほか、事業会社の利益に対する所得税の最高税率が47％に引き下げられた。この方向での改革が一層推進されなくてはならない。

ドイツ企業の実質的税負担は多くの税制上の操作可能性のゆえに、競争相手国と比べてもそれほど高いわけではない。しかし、国際的投資決定においては前述の通り名目税率が決定的である。したがって、国際的観点からも課税ベースの拡大と税率の引き下げが必須である。

税率カーブに関して定式税率を採用しているのはOECD諸国の中でもドイツだけであり、その他の諸国はすべて段階税率を採用している。しかも、段階税率の多くの国々で近年では段階数の削減が実施されている。

6　なぜ反対論には説得力がないのか

これまで明らかにしてきた所得税、法人税に関する改革提案は圧倒的な支持を得ているが、その半面で批判にも遭遇している。ここではすでに述べたことの繰り返しもあえていとわず批判への反論を行う。

○**反対論Nr. 1**「改革には財源がない」

改革がもたらす差引460億DMの減収をどうするかという問題である。これについては、減税がもたらす景気浮揚、成長促進効果によって減収は大幅に補塡される。また、バイエルンは、改革提案において300億DMの減収を見込んでいるほか、連邦財務相も200億DMの純減税を希望している。「明らかにこの程度の減税であれば財源調達可能である」(S.159)。

○反対論Nr. 2「課税ベースの抜本的拡大は実行され得ない」

　改革が抜本的であればあるほど実行可能性は高くなる。なぜなら，例外なき改革は例外を求める側に挙証責任を負わせ，「証明負担の逆転」(Umkehr der Beweislast) をもたらすからである。しかも，これが抜本的だからこそ低税率と結びついて例外措置の意義が低下し，例外措置の廃止が可能になる。

○反対論Nr. 3「課税ベースの根本的拡大によって売上に課税される」

　これは無知に基づく批判である。所得獲得に直接必要な経費は控除され，「純額原則」は維持される。

○反体論Nr. 4「段階税率は応能原則を満たさず違憲である」

　限界的負担にではなく，平均的負担に飛躍がなければ合憲である。この点については多くの同一見解を例示することが可能である。

○反対論Nr. 5「段階税率は，極端な高所得にもはるかに低い所得と同じ税率を適用するので不公平である」

　この批判が正しいとすれば，それは現行の税制にも当てはまる。すなわち，年間所得12万DMと年間所得120万DMとに同じ税率で課税している。しかも，高所得者の多くは例外措置を利用して負担を軽減している。

　段階税率でも控除と結びついて累進的効果（間接的累進）は働くのであって，3万DMの所得の税負担は2,440DM，100万DMの所得の税負担は270,050DMであるから，所得が33倍になると税負担は112倍にも増加している。

○反対論Nr. 6「段階税率では平均的所得者から最高税率で支払わなくてはならないので不公平である」

　現行税制では最低生活費を超えたところですでに25.9％を支払っている。改革案ではこれは8％に過ぎない。しかし，決定的な問題は，現行税制では課税ベースの大幅な浸食があるので累進効果がまったく働いていないことであり，これこそ不公平そのものである。

○反対論Nr. 7「段階税率は次の税率への飛躍があるので，ネットの所得が減少する」

これは誤解である。なぜなら段階税率は超過累進制だからである。
○反対論Nr. 8「限界的負担における飛躍は勤労意欲を阻害する」

18％から28％への飛躍はあるが，平均税率にすればその変化は小さい。もしこの程度で勤労意欲が阻害されるとすれば，現行の非課税から25.9％への大きな飛躍のために，誰も年間12,000DM以上は稼がなくなるだろう。新税率の低さはむしろ勤労を促進するのであって，それに比べれば限界的税負担の飛躍は問題ではない。

○反対論Nr. 9「改革は国家の移転所得にも課税する」

課税所得となるのは勤労所得と財産所得だけであり，移転所得は課税対象とはならない。しかし，いずれにせよこれは改革案の固有の問題ではない。

○反対論Nr. 10「国家の手から誘導装置としての税法が奪われる」

必要最小限の援助は補助金によることが望ましい。補助金の方が透明で，合目的的かつ効率的であるし，毎年その正当性が予算作成時に検証されるからである。

7　なぜ改革構想はますます賛同者を見出しているのか

改革構想が1994年6月に初めて公表された時，多くの反応は懐疑的であり，夢物語と評価した。この構想はその後，1995年1月にさらに包括的に練り上げられた形で公表された。その過程で，この提案は徐々に賛同者を増やしていった。提案に関してn-tv（テレビ局）は，1995年に次のようなアンケート調査を行った。

「CDUの財政専門家ウルダルは，著しく簡素化された税制を提案しています。そのもっとも重要な内容は，基礎控除12,000DM，税率8％，18％，28％とわずか3段階です。代わりに多くの償却，租税還付可能性が劇的に削減されます。あなたはこのような構想に賛成ですか，反対ですか」(S.167)。

これに対する回答結果は図表5－3の通りである。またほぼ同一のアンケート調査が1996年4月にも繰り返された。その回答結果は図表5－4の通りである。総数では当初反対が賛成を上回っていたのに対して，時間の経過とととも

第5章　世紀末ドイツの税制改革論

図表5−3　税制改革案に対する世論調査結果（1995年2月）

区　分	基　準	数	賛成（％）	反対（％）	無回答（％）
総　計		932	41	44	15
内　訳	西部ドイツ	722	41	45	14
	東部ドイツ	210	42	42	16
支持政党	CDU/CSU	281	42	41	17
	SPD	263	43	45	12
	FDP	40	48	52	−
	Grüne/Bü'90	58	49	40	11
	PDS	36	46	41	13
性　別	男　性	455	53	38	9
	女　性	478	30	50	20
年　齢	18〜29	209	41	51	8
	30〜59	483	42	46	12
	60以上	241	39	36	25
学　歴	低	474	39	46	15
	中	254	45	38	17
	高	204	40	48	12

（出所）　Uldall, G.（1996e），S. 168.

にこれが逆転した。これは西部ドイツで明白である。しかし，東部ドイツでは逆に反対が増えている。政党支持者別ではCDU／CSU支持者の賛成が多く，しかもその傾向が時間の経過とともに強まっている。FDP支持者については，当初は反対が賛成をやや上回っていたが，のちには圧倒的に賛成が多くなっている。これと逆の傾向を示しているのがSPD及びPDS支持者であり，当初から反対が賛成を上回り，時とともにその傾向が強まっている。注目されるのはGrüne／Bündnis'90支持者で，一貫して賛成者が反対を上回っている。

　このような背景の中で，ヘッセン州，ノルトライン・ヴェストファーレン州，ハンブルク州のCDUがウルダル提案に準じた改革案を決定したほか，CDU系

図表5-4　税制改革案に対する世論調査結果（1996年4月）

区　分	基　準	数	賛成（％）	反対（％）	無回答（％）
総　計		915	44	40	16
内　訳	西部ドイツ	731	45	39	16
	東部ドイツ	184	38	46	16
支持政党	CDU/CSU	213	54	30	16
	SPD	171	42	50	8
	FDP	29	59	25	16
	Grüne/Bü'90	58	48	35	17
	PDS	26	33	50	17
性　別	男　性	432	57	36	7
	女　性	483	32	45	23
年　齢	18〜29	172	36	48	16
	39〜59	490	45	42	13
	60以上	253	47	32	21
学　歴	低	488	40	40	20
	中	267	45	45	10
	高	160	51	35	14
職　業	有	516	44	43	13
	無	399	43	37	20

（出所）　Uldall, G.（1996e），S. 169.

の労働組合やFDPのオットー・ソルムス（Otto Solms）も類似の構想を発表するなど，各種団体及び個人レベルでウルダル提案の影響が浸透していった。

第2節　ウルダル提案に対する同時代の評価

1　ドイツ経済研究所による評価

　一般に経営者寄り (arbeitsgebernah) と見られ，政治的にはCDUに近いケルンのドイツ経済研究所 (Institut der deutschen Wirtschaft e. V. Köln, 略称IW) は，ウルダル提案を高く評価し，ウルダル・モデルによる増減収効果を計算している。ウルダル自身も自著においてこの研究に大きく依拠していることは既に見たとおりである。しかし，IWはその計算結果を踏まえてウルダル・モデルの修正を提案している。その要点は以下の通りである。

　すなわち，1996年を基準にすれば3段階の新税率の導入は約1,225億DMの減収をもたらす。一方，各種優遇措置の廃止による課税ベースの拡大は765億DMの増収をもたらす。したがって，差し引き460億DMが純減収として残される。問題はこれをいかにして埋めるかである。これに対するIWの解答は次の通りである[23]。

　オプション1：ウルダル・モデルに税率35％のもう1つの税率段階を加える。これは，独身者で60,000DM，既婚者で12,000DMの課税所得から適用する。その結果，345億DMの増収が得られる。その結果，ウルダル提案による歳入不足が4分の1に縮小する。すなわち，115億DMの赤字しか残らない。

　オプション2：税制改革はウルダルが確信しているように，勤労意欲を高めることで経済成長への刺激を与える。そのおかげで国庫に追加的収入がもたらされる。その場合，一般的に国内総生産が名目で1％高まれば，国庫には約80億DMの追加的収入があると見積もられる。ウルダル・モデルのまま税率段階を追加しなければ6％近くの高成長を達成しなければならない。しかし，これは短期的には可能性が低いと思われるので，35％の最高税率を追加することが現実的である。その場合，残された歳入不足は1.4％の経済成長によって補填

---

23) Institut der deutschen Wirtschaft (1996) これはUldall提案に対するIWの研究の要約版である。

される。

　このように，ウルダル提案を基本的に支持しつつ，財源問題を解決するために補完的提案として35％の最高税率を追加するというのがIWの論理である。しかし，すでに見たように，ウルダルは「30％ラインを下回ることが心理学的に特に重要」という立場から，IWの提案を承知の上で，最高税率28％に固執している。しかし，ウルダル提案に財源面でかなり無理があることはIWによる指摘の通りであり，すでに見た「批判論1」に対するウルダルの反論はかなり苦しいものとなっている。

2　ドゥツィアドコフスキーによる評価

　税法学者ドゥツィアドコフスキー（Dieter Dziadkowski）は，ウルダル提案が与えた政治的衝撃を高く評価して，次のように述べている。

　「税法の不透明さについては今日ではもはやだれもが認めないわけにはいかないので，あとは議員の意思と筋の通った構想のみが必要となる。政治の分野で一石を投じたのは連邦議会議員グンナー・ウルダルであった。1995年初頭，彼はラジカルな提案をもって世に登場した。彼の構想の本質的要素は，所得税，法人税における税率の思い切った引き下げと，ほとんど把握不可能なほどの特別措置の廃止による課税ベースの同時的な拡大である。彼の提案に対する反響は大きかった。あらゆる党派の議員たちができる限りの補完的提案によって彼を超えようと努めている。

　議論の中心にあるのは，所得税における『古き良き』段階税率である。ウルダルは，『租税政策的理念』を新たに甦らせることに成功した」[24]。

　「バライス委員会によって出された提案が立ち消えになった後では―いわゆる最低生活費を超える―それ以上の改正が今世紀内に再び考えられようとは，だれも予想できなかった。経済的な緊要度は周知の通り，量的にはいくらか小さいながら今日と同じであった。しかしながら，グンナー・ウルダルによるひ

24）Dziadkowski, D. (1996b), S. 653.

と押しは，自動運動を展開させ，それは大幅な所得税引き下げの思想を速やかに普及させ，ついには財務相や連邦政府をも動かし，大規模な税制改革—とりわけ収益課税の領域におけるそれ—のための構想を展開させた」[25]。

このように，ドゥツィアドコフスキーは，ウルダル提案こそが1997年の財務相の税制改革提案「ペータースベルク租税提案」(Petersberger Steuervorschläge, 1997年1月22日) を生み出す政治的原動力となったと評価している。しかし，彼もウルダル提案の内容そのものについては全面的に同調しているわけではない。まず，課税ベースについては次のような問題を提起している。

「控除額に対して彼は，貯蓄控除の廃止のみで350億DM以上，被用者のための稼得費用概算控除の2,000DMから500DMへの引き下げによって600億DM以上を期待している。しかし，ここには問題があるように思われる。私見では，概算控除額が引き下げられる場合，追求されている簡素化効果はかなり削減される。昔の概算控除額564DMさえも下回る額となると，多くの被用者は再び個別的な稼得費用の承認を求めて争う気になるだろう」[26]。

すなわち，概算控除を大きく削減した結果，実額控除請求が急増し，制度運営上の複雑さが増す可能性があるというのである。

また彼は，IWのシミュレーション・モデルによって5年間の平均で毎年280〜320億DMと見込まれている減価償却抑制がもたらす課税ベース拡大効果についても，「モデルの仮定について将来どの程度その現実性を確認し得るかは，当面の景気状況では評価が難しい」[27]としている。

---

25) Dziadkowki, D. (1997), S. 1019-1020. 経済学者の立場からドイツの税制改革を研究しているStefan BachもUldall提案の政治的意義についてはDziadkowkiとほぼ同じ評価を下し，次のように述べている。「各党の財政政策家たちは，1994年にはまだよく考えられたバライス委員会の諸提案をすぐに握りつぶしてしまったのに，1996年夏からは企業課税・所得課税の抜本改革をめぐる激しい論争が沸き起こった。長引く低成長，増大する失業，特に国際化しつつある経済（「グローバル化」）を背景に脅威にさらされたドイツの産業立地に関する議論は，生産的所得への直接課税における抜本的構造改革への世論と政治的意思形成の受け入れ準備とを作り出した。…この議論は3段階の所得税率を提示したCDU議員であるGunner Uldallの提案によって決定的なきっかけを与えられた。…そのうちに多くの政党や団体が原則的にUldallの構想に賛成した。もちろんその税率構造に関しては，税率の数や高さ及び算入される所得は様々であった」(Bach, S. [1997], S. 296-297)。

26) Dziadkowski, D. (1996b), S. 658.

さらに，税率に関してもIWとは異なる分配論的見地から，ウルダル提案の修正を求めている。すなわち彼は，提案の簡明さを高く評価しながらも，次のようによりきめ細かな配慮を求めている。

　「にもかかわらず私は，わずか3ないし4段階からなる税率構想は大胆に過ぎると考える。第1段階の範囲（約12,000DMから20,000DM）には賛成できるが，中間の領域—20,000DMから30,000DMのいわゆる第2段階—は，無理な感じがする。場合によっては，30,000DMないし60,000DMを超える所得の納税義務者が早くも最高税率に捉えられ，最高所得者として括られてしまうことを避けるための諸段階をさらに作ることが考慮されるべきである」[28]。

　最高税率適用所得に関するドゥツィアドコフスキーの立場は，「将来の『最高税率』の高さにもよるが，当然これは100,000DM～120,000DMを下回る所得には適用されるべきではあるまい」[29]というものである。因みに，1995年の西部ドイツにおける平均所得は75,000DM弱とされているので[30]，平均をやや上回る所得階層から初めて最高税率の適用を可能とみなしていることになる。

　すなわち，彼は，現行の定式税率ではなく段階税率を選択することについては同意している半面，具体的な累進構造には異議を唱えていて，租税による再分配効果を強化する立場をとっている。しかし，これがどの程度になるかは具体的な税率構造を示さない限り不明である。IWの修正モデルが増収をもたらすのは，28％の税率を適用し始める所得については30,000DM（夫婦で60,000DM）超とウルダル・モデルを踏襲しながら，その上に60,000DM（同120,000DM）超からの35％を追加しているからである。あくまでも財源確保を目的とした最高税率の追加であるから，その適用所得も平均以下のところから始まっている。ドゥツィアドコフスキーにおいては租税の再分配効果を重視する以上，上記の通り最高税率適用の所得階層は高くなり，それだけ最高税率を適用する課税ベースが縮小するとすればそれに応じて税率は高く設定せざるを

---

27) Dziadkowski, D. (1996b), S.658.
28) Dziadkowski, D. (1996b), S.661.
29) Dziadkowski, D. (1996b), S.662.
30) Müller, K. (1996), S.293.

第5章 世紀末ドイツの税制改革論

得ない。再分配効果に配慮するに従いウルダル・モデルが提起したフラットで簡明な税率構造から遠ざかるというジレンマに直面することになる。

3 デーケによる評価

ウルダル提案をそれなりに評価しながら，その補完ないし修正を求める上記の論調に対して，納税者同盟（Bund der Steuerzahler）のカール・ハインツ・デーケ（Karl Heinz Däke）はウルダル提案を全面的に批判して，対案を掲げている。

まず第1に，最高税率を適用する所得について次のように言う。

「もちろん，新しい最高税率は既に年間所得30,000DMのところで適用されることが容易に見逃されがちである。これは，ウルダル提案の限界税率が独身者で2,500DM～35,000DM，既婚者で50,000DM～70,000DMという層の厚い中間所得領域においてこれまでと同じか，部分的にはそれ以上に高いという欠点を持っている」[31]。

というのも，ウルダル提案によれば，課税ベースは20％拡大することになっているので，課税所得は平均20％多くなるはずだからである。

「したがって，この平均的考えを前提にすれば，ウルダル提案の28％の最高税率は，現在の区分に従えば25,000DM／50,000DM（基本税率／二分二乗税率）の年間課税所得から適用され得る。これを平たく言えば，最高税率は独身者においては既に低所得領域において，そして既婚者においても平均所得領域以下から負担されることになるのである」[32]。それに対して，納税者同盟の最高税率35％は，年間所得100,000DM（既婚者で100,000DM）から適用される。「これは私には極めて重要だと思われる。なぜなら，もしも高所得者だけでなく多数の納税者が最高税率で支払う場合には累進税率の負担理念は失われてしまうからである」[33]。

---

31) Däke, K. H. (1996), S. 282-283.
32) Däke, K. H. (1996), S. 283.
33) Däke, K. H. (1996), S. 284.

この批判はドゥツィアドコフスキーの場合とほぼ同趣旨であり，35％という最高税率を明示している点がより具体的になっている。この最高税率はIWの提案と同じであるが，根拠づけが財源確保ではなく，公平の確保であるし，しかも適用開始所得も平均所得より高くなっている。しかし，その場合，必要な財源を調達できるのかという問題が残ることはドゥツィアドコフスキーの場合と同様である。

　第2にデーケは，段階税率の構想そのものにも異を唱えている。

　「私見では，段階税率における累進の飛躍の心理学的要因が軽視されている。納税者が段階の境界領域においてわずかばかりの所得増加で彼の（限界的）税負担が10％も高くなることを懸念せねばならない場合，これは勤労を動機付けるのではなく，むしろそれを阻害することは確実である」[34]。

　ウルダル提案が最低税率の低さを強調し，非課税の低所得からの「飛躍」が大きく緩和されることを重視するのに対して，デーケは，第2，第3段階の税率への飛躍の大きさにむしろ注目しているのである。因みに彼が提案する最低税率は15％と現行より低いが，ウルダル・モデルより高くなっている。

　第3に，こうした飛躍を必然化する「段階税率」のメリットとされる「分かり易さ」にも次のように疑問を投げかけている。

　「段階税率は特別に簡素であるという議論もまた，私にはあまり納得がいかない。現在論議されている税率モデルにおいては，各税率段階に対するわずか3～4段階の税率しか挙げられていないので，この税率は一見極めて簡素に見える。にもかかわらず『世間一般の人』がこの税率で直ちに自分の個人的租税債務を自ら計算することはできない」[35]。なぜなら，限界税率ごとに所得を分割して税率を適用する超過累進税制固有の計算方法や，総所得から控除額を除く課税所得の算出など，「世間一般の人」に可能かどうかは意見が分かれるところであろう。「したがって，ウルダル提案による税制改革の後には，だれでも自分の租税債務を直ちに電卓でみずから計算できるというのは一つの幻想に

---

34)　Däke, K. H.（1996），S. 283.
35)　Däke, K. H.（1996），S. 283.

過ぎない」[36]。

　第4に，税制を簡素化し，同時に税率引き下げの代替財源をも生み出す課税ベースの拡大にも問題があるという。

　「ウルダルが課税ベースにしようとしている3,000億DM以上という巨額の金額の中には，応能原則に従った公平な課税のために不可欠な規定が削除されるという大きな危険が潜んでいる。すなわち，稼得費用や事業支出の実際の金額が控除され続けなければならないだけではない。離婚した夫婦，児童保育，職業教育のための不可欠の支出，あるいは身体障害者における不可欠な支出は，応能原則に従う課税のために考慮されなければならない。貯蓄控除の削減もまた資本収益の課税における貨幣減価が考慮されていない限りでは，同様に支持しがたく思われる」[37]。

　応能原則に対応した各種の所得控除について，ウルダルは，仮にそれに正当な理由があるとしても，そうした特別措置は租税制度の枠外に排除し，むしろ補助金によって対応すべきことを提案しているのに対して，デーケは従来通り税制の中で配慮すべきことを求めているのである。

　以上の通り，納税者同盟の代表者の主張は，随所に鋭い指摘を含みつつも，全体として現状維持的で保守的な方向を向いている。とりわけ税制の簡素化を求める議論が専門家の間で大勢を占めつつあった時期に，課税ベース問題に関して例外・特別措置の必要性を主張していることが重要である。デーケの議論は，抜本的税制改革提案が現実の政治過程で直面せざるを得ない既得権の壁の存在を明示しているという意味において十分に注目に値するのである。

おわりに

　すでに見たウルダル提案に対する同時代の評価は，多くがその積極的意義を認めつつも，いくつかの基本的問題点をそれぞれの視点から明らかにしている。

---

36) Däke, K. H. (1996), S. 283.
37) Däke, K. H. (1996), S. 283.

そのポイントは，財源，垂直的公平，課税ベースという3つの側面にかかわっている。すなわち，ウルダルは，税制の簡素化，透明化と税率引き下げを一体的に追求し，各種の例外・特別措置の廃止と低い段階税率を提案した。低い段階税率の採用こそが勤労意欲を刺激するばかりか，例外・特別措置の「価値」を低下させ，それらの廃止に対する抵抗を弱める一方で，まさにそのことによる課税ベースの拡大が，税率引き下げがもたらす減収を穴埋めする代替財源を提供するというのである。加えて，税制改革による経済成長の促進もまた代替財源を追加するものと期待されている。

ところが，ウルダル・モデルにおいては最高税率28％にこだわる結果，一定の税収を確保するためにはかなり低い所得階層からの最高税率の適用を余儀なくされ，垂直的公平の軽視という批判を招くことになる。しかも，そのような犠牲を払ってもなおかなり巨額の減収が残り，課税ベースの拡大だけでは十分には補填しきれない。そこで，収入中立を保つためには税制改革が極めて高い成長促進効果を発揮せねばならないが，そうした期待は90年代のドイツ経済においてはほとんど非現実的である。こうして，複雑化した税制の簡素化を目指す例外・特別措置廃止の呼び水となるはずの大幅な税率引き下げは，「垂直的公平の後退」，「財源不足」という新たな問題に直面する。

「公平」問題に関しては，すでに理論的な批判は紹介したが，ウルダル・モデルを適用したシミュレーション分析によれば，改革の結果，低所得層と高所得層の税負担配分は明らかに低下するが，中所得層を含む広範な層において負担の増加が生じている（図表5－5）。低所得層においては確かに最低税率25.9％から8％への引き下げが大きく影響し，高所得層においても最高税率の大幅引き下げが強く効果を発揮している。しかし，それ以外の層ではかなり早い段階から最高税率を適用された上に，勤労所得控除の大幅引き下げ，通勤費概算控除の廃止などの影響で，その所得上の地位の割には税負担が重くなっている。要するに，ウルダル・モデルに従った改革の効果は，一部低所得層と高所得層に有利に，広範な中所得層に不利に働くものとなっている。

このような効果が明らかになるにつれて，改革提案は不利益を被る幅広い階

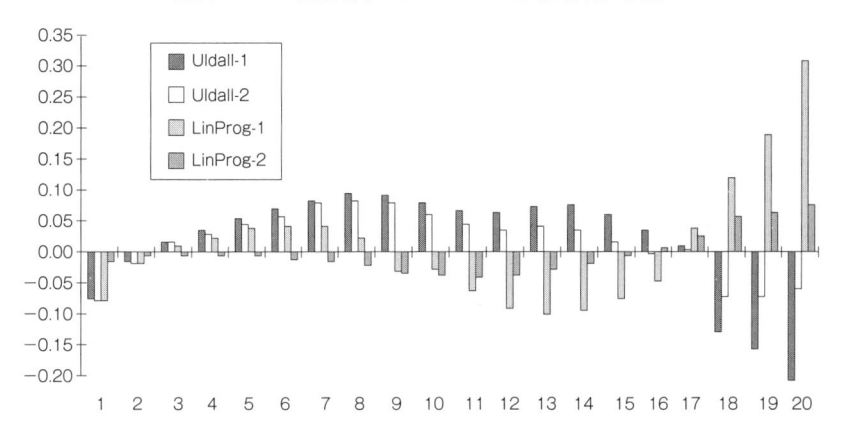

図表5-5　各種改革モデルにおける負担係数の変化

(注) 1) 負担係数 = $\dfrac{\text{各グループ税収の対総税収比率}}{\text{各グループ所得の対総所得比率}}$

2) それぞれのモデルの構造は下表のとおりである。

	基礎控除(DM)	課税ベース	税率(%)	最高税率適用所得(DM)
Uldall-1	12,000	包括的	8, 18, 28	30,000超
Uldall-2	12,000	包括的	8, 18, 28, 35	120,000超
LinProg-1	12,000	包括的	10~45	120,000超
LinProg-2	12,000	1996年並み	20~50	120,000超

(出所)　Müller, K. (1996), S.293.

層からの強い抵抗に遭遇する。その上，マクロ的には利益を受ける階層においてさえ，ミクロ的には従来の例外・特例措置の利用程度に応じて改革の効果は一様ではなく，それに応じて納税者の反応も異なってくる。思い切った税率引き下げによって例外・特別措置の「価値」が低下することに加えて，それらの措置の一律廃止により「証明負担の逆転」が生じるので改革が実現されるというのは，実は，実現された改革の結果から見た議論である。これは，改革の実現に至るまでの現状からの転換局面において失われる既得権の重さを軽視した観念論に近い。

　ウルダルのドイツ所得税・法人税改革論は，一見明快な構成により人を惹き

つける力を持っている。実際，制度の複雑化と不透明化を背景に不正の横行や経済行動のゆがみが嘆かれて久しいドイツ税制の改革に向けて世論を大きく動かす力を発揮した。しかし，ひとたび納税者が現状変革への期待と陶酔から覚醒し，改革案の現実的利害を具体的に計算し始めるとき，多くの納税者は幻滅を覚え，改革の動きは失速する。

　ウルダル提案が動力を与えたといわれるペータースベルク租税提案は，90年代最後の「大」税制改革の試みであったが，連邦議会は与党優勢，連邦参議院は野党優勢という当時の議会情勢の下で，法案成立に向けた調停の試みが繰り返されたにもかかわらずついに実を結ぶことなく廃案に追い込まれた。挫折した「大」税制改革は21世紀の課題として残されたのである。

【参考文献】

Bach, Stefan (1997), Steuerreform in Deutschland, in : Deutsches Institut für Wirtschaftsforschung (Hrsg.), *Vierteljahrshefte zur Wirtschaftsforschung, Heft 3-4/1997 (Schwerpunkt Steuerreform)*, Berlin 1998.

Bareis, Peter (1995), Die notwendige Reform der Einkommensteuer 1996—Thesen der Einkommensteuer-Kommission im Vergleich mit den Tarifvorschläge des BMF und des Finanzministeriums NRW, *Deutsches Steuerrecht (DStR)* 5/95.

Bareis, Peter (1996), Die Diskussion um einem "Stufentarif"bei der Einkommensteuer, *DStR* 38/96.

Bundesministerium der Finanzen (Hrsg.) (1995), *Thesen der Einkommensteuer-Kommission zur Steuerfreistellung des Existenzminimums ab 1996 und zur Reform der Einkommensteuer*, Bonn 1995.

Bundesministerium der Finanzen (Hrsg.) (1997), Bericht zur steuerlichen Berücksichtigung von Vorsorgeaufwendungen, *Schriftenreihe des Bundesministerium der Finanzen*, Heft 62, Bonn 1997.

Butzer, Hermann (1999), *Freiheitsrechtliche Grenzen der Steuer-und-Sozialabgabenlast. Der Halbteilungsgrundsatz des Bundesverfassungsgerichts im Spannungsfeld von Globalisierung, Freiheitsrechten und Sozialstaatlichkeit*, Berlin 1999.

Däke, Karl Heinz (1996), Ein Vorschlag für einen neuen Einkommensteuertarif, *Wirtschaftsdienst* 6/1996.

Dziadkowski, Dieter (1996a), 50 Jahre "demokratischer"Einkommensteuertarif in Deutschland, *Betriebsberater (BB)* 23/1996. 中村良広（訳）(2003)「ディー

第5章 世紀末ドイツの税制改革論

ター・ドゥツィアドコフスキー：ドイツにおける『民主的』所得税率表の50年」
『北九州市立大学商経論集』第39巻第2号
Dziadkowski, Dieter (1996b), Zur geplanten Einkommensteuerreform "1999 + x", *Finanz-Rundschau (FR)* 19/1996.
Dziadkowski, Dieter (1997), Zur Tarifdiskussion im Rahmen der geplanten "Jahrhundertreform", *BB* 20/1997.
Dziadkowski, Dieter (1999), Zur Berücksichtigung des Familienstandes bei der Einkommensteuer. 50 Jahre nach Verkündigung des Grundgesezes, *Deutsche Steuer Zeitung (DSt)* 8/1999.
Institut der deutschen Wirtschaft (1996), Einkommen-und Körperschaftsteuer. Radikal-Reform soll helfen, *Informationdienst des Instituts der deutschen Wirtschaft*, Jg. 22/4. Juli 1996.
Kießling, Heinz/Pelikan, Horst/Jäger, Birgit (1995), *Körperschaftsteuer*, 14. Aufl., Achim 1995.
Kirchhof, Paul, *Der Einfluß des Verfassungsrechts auf die Entwicklung des Steuerrechts, Eröffnungsrede auf dem Deutschen Steuerberatertag 1994 in Dresden.*
Lang, Joachim (1996), Vom Steuerchaos zu einem Steuersystem rechtlicher und wirtschaftlicher Vernunft, in : Baron, Stefan/Handschuch, Konrad (Hrsg.) (1996), *Wege aus dem Steuerchaos. Aktuelle Stand der steuerpolitischen Diskussion in Deutschland*, Stuttgart 1996.
Michaelis, G. E. (1996), Eine umfassende Steuervereinfachung duldet keinen Aufschub, in : *Handelsblatt*, 30.7.1996
Müller, Klaus (1996), Reformvorschläge zur Einkommensbesteuerung und ihre Folgen für die Verteilung, *Wirtschaftsdiens* 6/1996.
Münster, Rainer Zielke, Vorteile der Schütt-aus-Holzurück-Politik im Jahre 1999, *BB* 31/1994.
Plückelbaum, Rudolf / Wendt, Wilhelm/Niemer, Gerhrd/Schlierekämper, Klaus-Peter (1999), *Einkommensteuer*, 19. Aufl., Achim 1999.
Ranft, Eckhard / Lange, Helga (1996), *Lohnsteuer*, 12. Aufl., Achim bei Bremen 1996.
Rosen, Manfred (1996), Argument für ein konsumbasiertes Einkommensteuersystems, in : Baron, Stefan/Handschuh, Konrad (Hrsg.) (1996), *Wege aus dem Steuerchaos. Aktuelle Stand der steuerpolitischen Diskussion in Deutschland*, Stuttgart 1996.
Sächverständigenrat zur Begutachtung der gesamtwirtschaftlichen Entwicklung (1983), *Jahresgutachten* 1983/84. BT-Drs. 10/669.
Sachverständigenrat zur Begutachtung der gesamtwirtschaftlichen Entwicklung (1995), *Jahresgutachten* 1995/96, BT-Drs. 13/3016.

Uldall, Gunnar (1996a), Modell der radikalen Reform der Einkommensteuer, in : Baron, Stefan/Handschuh, Konrad (Hrsg.) (1996), *Wege aus dem Steuerchaos. Akutelle Stand der steuerpolitischen Diskussion in Deutschland*, Stuttgart 1996.

Uldall, Gunnar (1996b), Vorschlag für eine verreinfachte Einkommen-und Körperschaftsteuer (Interview), *Steuerberatung (Stbg)* 1/1996.

Uldall, Gunnar (1996c), Ein Stufensystem für Deutschland, *Wirtschaftsdienst* 6/1996.

Uldall, Gunnar (1996d), Erwägungen zur Vorschlägen Gunnar Uldalls zur Verbreitung der Einkommensteuer-Bemessungsgrundlage. Erwiderung zu dem Aufsatz von RA Pro. Dr. Günter Felix in Stbg 10/1996 S. 433ff., *Stbg* 12/1996.

Uldall, Gunnar (1996e), *Die Steuerwende : Eine neue Einkommensteuer—einfach und gerecht*, München 1996.

第6章　新世紀ドイツの税制改革
―「税制改革2000」をめぐって―

はじめに

　1993年における域内市場の発足,1999年における通貨統合と欧州統合の一層の深化は欧州の現在を規定する基本的潮流となっている。域内におけるヒト・モノ・カネの自由な移動の保障はヨーロッパ地域における経済活動の活発化を促すものであるが,同時にそれは国境を越えた企業間競争と資本の移動を激化させている。

　欧州統合が大きく進展する中で,ドイツ経済は国内的には1990年代を通じて経済的停滞と大量失業に直面した。とりわけ失業問題は深刻で,1996年には失業率は10%を超え,失業者数も翌97年には年間平均で400万人の大台を超えた。こうした難局の打開のためにはなによりも国内における投資・消費需要の拡大による景気回復が求められる。しかし,大量失業をもたらした経済停滞の要因は単純ではなく,政策的対応の可能性は限られている。緊急に求められる雇用機会の創出を決定づける国内における投資の拡大のためには,欧州における企業立地をめぐる各国間競争に勝利すべく産業立地条件の改善が不可欠である。立地条件の一要因をなす税制は,その中でも政策的に操作可能な装置[1]として政府による積極的な対応が期待されている。

---

1) 後述の「ブリュール勧告」も,産業立地条件への政府による影響可能性の限界を自覚しつつ,税制が果たし得る役割に触れて次のように述べている。「委員会は,欧州的もしくは世界的に比較を行う立地選定に際して投資家にとって重要で合理的な決定要因は,とりわけ賃金費用,言語,租税・関税ならびに政治的・経済的安定性であるという考え方を基本としている。様々な立地点における原料費および投資財の費用に対しては政治的にはほとんど影響を及ぼし得ないし,基本

キリスト教民主同盟／キリスト教社会同盟（CDU／CSU）政権時代の1997年，大幅な税負担の軽減と税制の簡素化を目指したペータースベルク租税提案（Petersberger Steuervorschläge）は連邦議会を通過しながらも連邦参議院において野党優勢の諸州の抵抗に遭って挫折した。1998年10月末，新たに政権の座に就いたシュレーダー（Gerhard Schröder, SPD）を首班とする社会民主党（SPD）および同盟'90／緑の党（Bündnis '90/Grüne）から成る連立政権（赤・緑連合）は，ラフォンテーヌ（Oskar Lafontaine）財務相の下で，1999年からの所得税減税に加えて環境税の強化を含む税制改革に着手した。ラフォンテーヌ財務相の下で1998年12月16日に招集された企業税制改革委員会は，1999年4月30日，SPD内における権力闘争に敗れたラフォンテーヌの後を襲ったアイヒェル（Hans Eichel）財務相に対して特色ある提案（「ブリュール勧告」）を行った。この提案を大幅に採り入れた政府の「税率引下げおよび企業課税改革に関する法案」（「税制改革2000」と略称）は，2000年2月に閣議決定後，5月8日に与党優勢の連邦議会を通過した後，一定の修正を経て7月14日には野党優勢の連邦参議院をも通過し，ついに長年懸案の「大」税制改革が実現することとなった。
　ドイツでは日本とは異なり企業の80％以上に対して所得税が適用される。逆に言えば企業数において法人税が適用される生粋の大企業の割合は限られ，そのため企業税制改革において所得税改革が果たす役割は大きい。本章では21世紀初頭においてその後のドイツ所得税改革の基本的方向を打ち出した「税制改革2000」に焦点を合わせて，その特質を明らかにする[2]。

第1節 「税制改革2000」の概要

　「税率引下げおよび企業課税改革に関する法案」は，税制改革によりドイツ経済の国際競争力を高め，国内における投資と雇用を生み出すことを目指して

的に同じ高さであるのに対して，租税負担は国家が決定し得る量であり，投資の利回りと成果とを決定する一要因である」(Bundesministerium der Finanzen (Hrsg.) (1999a), S. 32.)。
2) 「税制改革2000」に触れた邦語文献として半谷 (2000) (2001)，加藤 (2003) がある。

いる。この法案について議会による修正以前の政府原案を財務省のパンフレット「税制改革2000」[3]に即してまとめれば以下のようになる。

図表6－1　税制改革2000の3段階

	企　業　課　税	所　得　税
第1段階 (2001年)	法人税率の一律25％への引き下げ （従来は留保利益40％，配当利益30％） インピュテーション方式から所得半額算入方式への転換 人的会社に対するオプション権ないし営業税の所得税への概算的算入	2002年の第3段階の2001年への繰り上げ ・最低税率22.9％の19.9％への引き下げ ・課税最低限13,499DMの14,093DMへの引き上げ ・最高税率51.0％の48.5％への引き下げ
第2段階 (2003年)		最低税率17％ 最高税率47％ 課税最低限14,525DM
第3段階 (2005年)		最低税率15％ 最高税率45％ 課税最低限15,011DM

（出所）　Bundesministerium der Finanzen (2000a).

① 租税負担がすべての企業に対して大幅に引き下げられる。
② 特に中産的企業の負担が緩和される。
③ 改革は投資への刺激を作り出す。
④ 企業の自己資本的基礎が強化される。
⑤ 税法が簡素化される。
⑥ 家族と被用者が大幅に負担軽減され，それによって個人消費が高められる。
⑦ 「税制改革2000」は長期的なものであり，企業の長期計画の基礎となる。

「税制改革2000」は3段階に分けて順次実施に移される。第1段階は2001年で，企業課税の根本的な改革が実施される。2003年と2005年には第2・第3段

---

3) Bundesministerium der Finanzen (2000a).

階が続き，所得税の一層の軽減が実施される。その概略は図表6-1に示されている。特に重要な措置は次のとおりである。

① 法人税率は2001年から25％に引き下げられる。
② 法人税の完全インピュテーション方式（Vollanrechnungsverfahren）が廃止され，所得半額算入方式（Halbeinkünfteverfahren）[4]に変更される。
③ 人的企業[5]には資本会社として課税される選択権が認められる（オプション権）。
④ オプション権を行使しない人的企業に対しては，所得税計算において営業税負担が概算で算入され，近似的に控除される。
⑤ 所得税が大幅に引き下げられる。すなわち，2001年に最低税率が19.9％（税率引下げ開始以前の1998年：25.9％），最高税率が48.5％（同：53％）に引き下げられ，課税最低限が14,000DM強（同：12,300DM）まで引き上げられる。
⑥ 所得税減税は2003年および2005年にも継続され，最終的には2005年において最低税率15％，最高税率45％，課税最低限15,000DM強となる。
⑦ 減税による減収に対する代替財源は，主として減価償却の抑制による増収に求められるが，その主要な内容は次のとおりである[6]。
　・動産に関する加速度償却率が30％から20％に引き下げられる。
　・事業用建物のための定率償却率が4％から3％に引き下げられる。
　・中小企業のための特別償却，積立償却が廃止される。

---

[4] 「所得半額算入方式」とは，配当所得の半額を課税所得に算入するもので，配当半額課税もしくは配当半額控除のことである。
[5] 中産的企業と大企業との区分に関してドイツ財務省は次のように解説している。「ドイツでは際立った中産的企業文化（Mittelstandskultur）が存在する。全企業の84％が人的企業（Personenunternehmen）として営まれている。そのうちさらにおよそ86％が個人企業（Einzelunternehmen）で，残りが人的会社（Personengesellschaft）である。したがって，ドイツにおける企業風景は中小企業によって特徴づけられている。その際に，中産的企業としてまとめられるのは，従業者数が500名を超えず，その年間売上高が100万DM以下（小企業）ないし1億DM以下（中堅企業）の企業である」。「すなわち，中産的企業だけで被用者総数の68％，見習者（Auszubildende）総数の80％が雇用されている。中小企業は全企業の総生産の53％を担い，全体経済的投資の46％の割合を占めている」（Bundesministerium [2000g], S.16-17）。
[6] DIW (2000), S.140.

・動産的投資財に関する税制上の償却期間が大幅に延長される。

・社員外部金融[7]に関する規制が強化される。

　上記の諸措置のうち所得半額算入方式は，従来のインピュテーション方式の複雑さを解消し，企業課税および配当課税の改善を進めるものである。新たなシステムによれば2001年以降，企業利益は配当分および留保分ともに統一的に25％の税率で課税される。株主への配当利益は個人所得税において半額のみが課税所得に算入される。株主にとっての負担額は従来のシステムと大して変わらないことになる。

　このほかに注目すべき措置として，資本会社の他の資本会社に対する持分（持株）に関して次のような改正が行われる[8]。

① 企業内部における多重課税を回避するために，資本会社の受取配当は非課税とされる。これは国の内外いずれからの配当にも適用される。

② 資本会社の他の資本会社に対する持株の売却益が今後は非課税とされる。この利得が更に個人に配当された場合のみ，株主のところで所得半額算入方式に従って所得税が課税される。これも①と同様に二重課税を排除するために必要な措置であるが，このことによって従来存在した持株の売却に対する租税上の障害が除去される。その結果，資本市場は活性化し，経済はより柔軟なものになる[9]。

---

[7] 社員外部金融（Gesellschafterfremdfinanzierung）とは，インピュテーションによる法人税負担の調整が不可能な所得税納税義務を制限された自然人，法人，納税義務のない社員（Gesellschafter）によって構成される法人が，社員の法人税負担が払い戻されることなく残ることを回避するため，このような社員からは増資ではなく借入れなどによって資金を調達する方式である。その場合，支払利息は経費として法人所得から控除され法人税負担を免れ，利息を受け取った社員はそれに対する所得税のみ部分的に負担するかもしくは免除される。インピュテーション方式から所得半額算入方式に変わったとしても，新方式は二重課税調整を否定するものではなく，概算的調整を意図するものであるから，もともと所得税納税義務がないかもしくは制限された株主にとっては法人税負担調整の機会がないことに変わりはなく，同様の租税回避行動へのインセンティヴが残る（Vgl. Kießling, Heinz/Pelikan, Horst/Jäger, Birgit[1995], S. 191-192）。

[8] DIW（2000），S. 140.

[9] 資本会社の持分（株式）譲渡益非課税について，財務省は次のように解説している。「完全インピュテーション方式から所得半額算入方式への首尾一貫した制度転換のいま一つの帰結は，資本会社の他の資本会社に対する株式譲渡に際して獲得する利益の非課税である。経済的に考えれば，譲渡益は譲渡された資本会社の積立金の価値を表現している。この積立金はいわゆる公示積

これらの改革の結果，改革開始以前の1998年に比較して総額約750億DMの負担軽減となる。2001年から2005年の期間だけでも負担軽減額は440億DM以上に上り，このうち230億DM以上が私的家計に，140億DMが中産的企業に帰属するものと見込まれる。

　中・低所得層にとっては特に最低税率の引下げ（26％弱→15％）と課税最低限引き上げ（12,300DM→約15,000DM）とが大きな負担軽減効果を持っている。平均的所得の独身者1人当り2,400DM，子供2人の家族で4,000DMの負担軽減となる。

　また，中小企業に対する負担軽減も大きく，「税制改革2000」によって140億DM，1999年減税分も含めれば約200億DMの負担が軽減される。

　通常資本会社の形態を取る大企業も，2001年から2005年までに約70億DMの負担が軽減される。企業利益に対する負担軽減のおかげで内外からの投資環境が改善され，雇用機会が拡大するものと期待される。法人税に平均的営業税負担および連帯付加税をも加えた負担率は，配当性向にもよるが5.7％から21.7％だけ負担軽減される。その結果，最高負担率は改革前には国際的に最も高いクラスに位置していたのが，2001年以降にはほぼ中位に位置することになる[9]（図表6-2）。

　ドイツの全企業の約85％を占める人的企業は，職場としても職業教育の場としても重要であるだけにその負担軽減が求められる。そこで，人的企業に対し

立金と秘密積立金とから構成されている。公示積立金は，新制度においては留保された—したがって蓄積された—利益として既に25％の法人税を課されている。それゆえ，この利益の別の資本会社への『移転』は，制度上はもう一度課税されてはならない。秘密積立金においてはそうした租税上の事前負担はない。それは当該の経済財（例えば土地）の後の譲渡に際して，認められた貸借対照表比率（Bilanzsatz）を超える売却価額が得られた場合にはじめて25％の法人税を負担する。したがって，株式譲渡に際してすでに課税することは，制度的にも経済的にも秘密積立金に対する不適切な二重負担を引き起こすのである」（Bundesministerium der Finanzen [2000g], S. 13-14）。

　この構想は準備段階ではほとんど論議されることもなく，1999年12月21日，唐突に「税制改革2000」の概要とともに発表されたため，関係業界は提案の真意を疑い財務省に問い合わせたといわれる。財務省が本気であることが確認されるとともにアリアンツ（ドイツ最大の保険会社）やドイチェ・バンクなど，多くの株式を保有し，巨額の非課税譲渡益が期待される企業の株価が急騰した（Süddeutsche Zeitung 24. 25. 26/12/1999）。

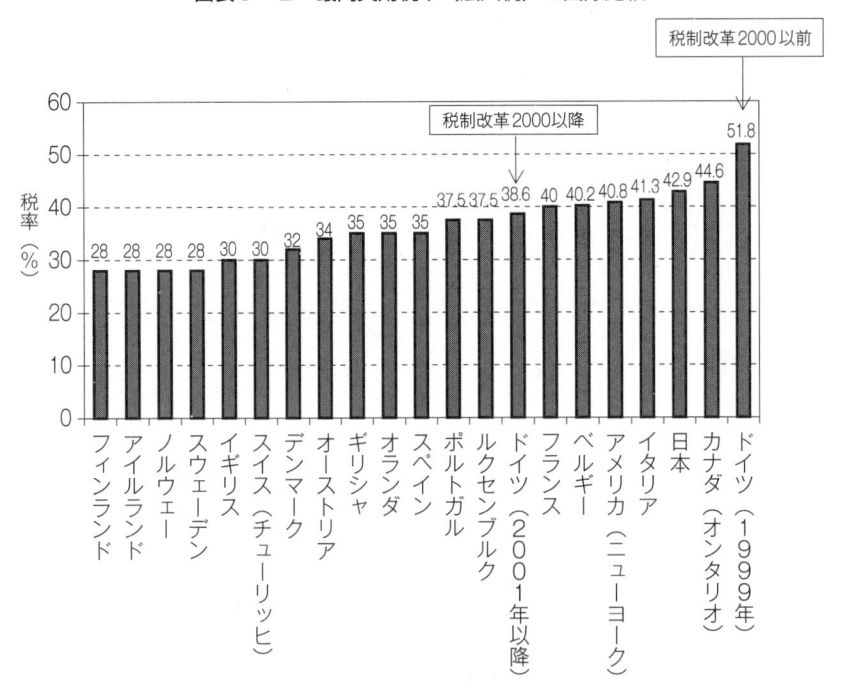

図表6−2 最高実効税率（法人税）の国際比較

税制改革2000以前 → ドイツ（1999年）51.8
税制改革2000以降 → ドイツ（2001年以降）38.6

国	税率(%)
フィンランド	28
アイルランド	28
ノルウェー	28
スウェーデン	28
イギリス	30
デンマーク	30
スイス（チューリッヒ）	32
オーストリア	34
ギリシャ	35
オランダ	35
スペイン	35
ポルトガル	37.5
ルクセンブルク	37.5
ドイツ（2001年以降）	38.6
フランス	40
ベルギー	40.2
アメリカ（ニューヨーク）	40.8
イタリア	41.3
日本	42.9
カナダ（オンタリオ）	44.6
ドイツ（1999年）	51.8

（注）営業税等の地方税を含むほか，ドイツは連帯付加税をも含む。
（出所）Bundesministerium der Finanzen（2000a），S.11.

てはそれぞれに適合した軽減策が用意されている。

　第1に，従来から既に存在している営業税の経費としての控除に加えて，将来は企業の所得税額から営業税が概算的に税額控除される。これによって大抵の場合，企業は完全に営業税負担を免除される。概算的営業税算入による負担軽減は，特に新諸州（旧東ドイツ地域）のように現実の営業税率が低い市町村に立地している企業にとっては現実の営業税を上回る負担軽減効果があるので有利である。このように，企業は営業税の経費算入と税額控除とによって，二重の負担軽減を，すなわち所得税軽減と実質的営業税免除とを許されることになる。

　第2に，企業が法人税オプションを選択した場合，その企業は資本会社と同

163

様に一律に25％の税率で課税される。これは農林業や自営業からの収入にも適用される。このオプションを選択した場合，企業はあらゆる面で資本会社として課税される。したがって，上記のような他の資本会社の株式保有についても同様である。法人税オプションは，その利益の多くの部分を長期的に留保する企業にとって有利である。しかし，これは中小企業にとってもまた有利であり得る。なぜなら，適切な事業主報酬や適格年金積立も認められるからである。これによって企業家は早期に自己の老後準備をなし得るのである。もっともその半面，相続税負担が高まるなどのマイナス面も併せて考慮に入れる必要がある。

第3に，その利益が営業税の納付義務を免除される48,000DM未満である零細企業も「税制改革2000」から利益を受ける。なぜなら，所得税における最低税率の引き下げと課税最低限の引き上げが大幅な負担軽減をもたらすからである。一方，最高税率をこれ以上引き下げてもそれは最高所得層のみを利するだけである。

なお，図表6－3によれば，人的会社（既婚）のほとんどは法人税オプショ

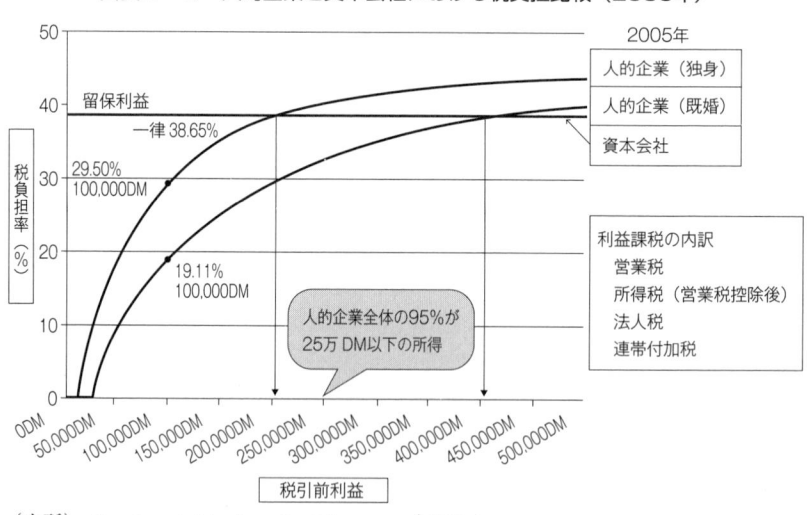

図表6－3　人的企業と資本会社における税負担比較（2005年）

(出所)　Bundesministerium der Finanzen (2000a).

ンを利用するまでもなく資本会社以下の税負担となることが明らかである。また，そもそも人的企業の78％が年間所得10万DM以下の所得階層に属しているので，独身の人的企業についてもそのほとんどが所得税による方が税負担は軽くなる。

第2節　税制改革案をめぐる評価

　提案された税制改革案は，それが現実の制度として実現されるためには，それ自体として体系的合理性を備えておくべきことはいうまでもないが，政治過程を通過して法律として成立するためには，与野党間における調整を経た一定の修正を考慮せざるを得ない。したがって，政府による改革案の問題点や実現可能性を見極めるためには各方面からの評価に目配りしておく必要がある。以下では提案当事者の説明を踏まえた上で，反対党の財政専門家および今日のドイツにおいて一定の影響力を持つ財政問題に関する「有識者」による評価を要約しておこう。

1　財務相による説明

　「税制改革2000」の提案当事者として，財務相ハンス・アイヒェル（Hans Eichel）はその概要と意義を以下のように説明している[10]。

(1) 改革の目標と効果

　まず，ドイツにおける現下の重要問題は高い失業率であるが，その克服のためには経済の活性化と成長の促進が求められる。ドイツ企業は，高い税率のために獲得した利益の一部しか手元に残らず報われるところが少ないと久しく不満をかこってきた。政府は既にこれに対処して1999年税制改革法において法人税率を45％から40％に引き下げた。政府としては企業の投資活動を更に活発化

---

10)　Eichel, H.（2000）.

させることを企図しており，そのためには企業に対する税率が更に引き下げられなければならない。

外国の投資家にとっては立地点における税負担が決定的に重要であるにもかかわらず，複雑なドイツの税法の故に企業にとっての正確な税負担の算定が困難である。彼らは深く分析することによるコストを嫌い，むしろ簡単に読み取り得る税率を基準にする。したがって，表面上高いドイツの税率は投資阻害的に作用している。このような状況にあるドイツの立地条件改善のためにも税率の引下げが必要である。

以上の状況に対応して，資本会社に対する税率は配当分，留保分一律に25％に引き下げられる。ドイツ企業の80％以上は法人形態を採らない人的企業であるが，このために所得税率を法人税なみの水準に引き下げるとすれば巨額の減収が発生し，財政再建などおぼつかなくなる。そこで，これに代わる解決策が人的企業に対する法人税方式の選択権の承認である。また，この方式を選択しない人的企業に対しては，従来通り営業税を経費として控除することに加えて，営業税の一部を概算的な形で所得税額から控除することが認められる。こうして営業税は，その平均的税率に準じて所得税の犠牲において負担が除去される。

中小企業は今日でも既に利益の25％以下の税負担しか負っていないし，しばしば営業税の納付義務すらない。これらの企業は法人税方式の選択からも営業税の税額控除からも利益を被らないが，所得税の最低税率引き下げと課税最低限の引き上げとによって負担軽減の恩恵を享受する。そのために，政府としては当初2002年の第3段階からと予定していた所得税負担軽減計画の実施を2001年に前倒しした。これは企業のみならず労働者の負担をも軽減し，ひいては消費需要の拡大をもたらすことによって，供給面に加えて需要面でも経済成長に貢献する。それに対して最高税率を一層引き下げたところで，それはこうした中小企業にも法人税が適用される資本会社にも何の役にも立たない。

ところで，今日の資本会社の株主に対する配当利益に関しては，完全インピュテーション方式が適用されている。これは閉鎖的国民経済においては適切であるが，国際的には有効ではない。すなわち，ドイツ企業における外国の株

主は企業によって既にドイツ税務当局に支払われた法人税を株主の本国において算入させることができない。そのため外国の株主はドイツの株主に比べて不利である。経済のグローバル化が進み，多くの外国人がドイツ企業の株式を保有する状況の下でこの規定はドイツにとってマイナスである。これについてはヨーロッパのパートナーから夙に不満が寄せられてきた。そこで，この完全インピュテーション方式は，実務的に容易な所得半額算入方式に変更される。企業レベルでの利益に対する25％の負担は最終的なものとして残され，そのうえで企業利益に対する過重な課税を回避するために，株主レベルにおいて配当利益の2分の1のみが個人所得税の課税対象とされる。このいわゆる「所得半額算入方式」は，企業における自己資本に対する複雑な帰属計算を不要にし，税法を著しく簡素化で「EU適合的」(EU‒tauglich)にする。

なお，利益を配当した場合，企業レベルにおける25％の最終的課税に加えて，株主レベルにおける所得半額算入方式に従った課税が追加される。その結果，税負担を軽減するために法人に所得を留保するインセンティヴが作用する。これは結果的に企業の自己資本を強化するため，投資が他人資本に依存せず，より容易かつ安価に行われることになる。零細企業の多数に上る倒産の最も重要な原因の一つが自己資本的基礎の弱さにある。新税制はこの弱点を改善する効果を持っている。

2001年における減税総額は350億DMに上る。投資刺激，需要拡大および自己資本基礎の拡大に加えてこの負担軽減が動力となり，経済成長の加速化が期待される。こうして減税による減収分は，持続的な歳出抑制と減税政策に基づく経済成長がもたらす増収とによって補填される。

(2) 批判に対する反批判

批判者が提出している代替案の決定的な難点は，それが財源的に不可能であることと，完全インピュテーション方式の欠陥を除去しようとしないことにある。完全インピュテーション方式は，前政権の蔵相テオ・ヴァイゲル（Theo Waigel）の下でもそれを欧州適合的（europatauglich）に改善することが検討さ

れたがその解決策は見出されなかったし，今日でもそうであって廃止するほかはない。所得半額算入方式への転換の意味を批判者は良く理解していない。資本会社間の株式売却益の非課税は驚きをもって迎えられたが，これは実は所得半額算入方式の論理的帰結である。なぜなら，この方式において利益は2箇所のみで，すなわちそれが発生する企業および株主のところでのみ課税されるに過ぎない。したがって，企業間における利益の移転はすべて非課税となるのである。

また，しばしば批判者によって見逃されているのであるが，配当利益に対して留保利益を重課する従来の法人税率は非中立的である。経営者の立場からは，配当をした方が引き去られる企業の税負担が小さくなるし，さらに株主の立場としても税額控除が与えられる。

自然人に比較して企業に対する税率がより低いことは国際的に普通のことであって，それはフランスでも，北欧でも，アメリカでも批判を受けている訳ではない。留保利益を優遇することが高い成長率につながることはこれらの国々ではとっくに証明済みである。

(3) 公平な税制改革

改革が資源配分的観点からのみ評価されることには懸念を覚える。もともと連立政権は分配の公平の向上を実現することをも期待されている。したがって，垂直的公平をも重視すべきであるので所得税の最高税率45％は適切である。最高税率を35％，最高税率適用所得を約6万DMにすれば，追加的に約280億DMの減収となる。最高税率を中所得にではなく，さらに高い所得から適用しようとすれば減収額は一層大きくなるであろう。

こうした蔵相Eichelの説明については次の4点を注目すべき論点として挙げておきたい。

① 外国資本の誘致においては対外的に最も簡明な税率の引き下げが重要であるとしている。ドイツの実質的税負担については，従来から表面税率だ

けでなく課税ベースが重要であり，この側面も併せて考慮すれば決して過重負担とは言えないと指摘されてきたが，重要なのは実質的税負担よりむしろ表面税率の引き下げであるという判断が思い切った税率引き下げを前面に打ち出した税制改革の論拠となっているのである。
② 完全インピュテーション方式から所得半額算入方式への転換が，制度の簡素化と外国資本導入の見地から説明されている。特に，EU域内における資本移動の活発化に対応した「EU適合的」「欧州適合的」税制という観点からこの制度転換が根拠づけられていることが注目される。
③ 法人税率に関して留保分と配当分とを一律にして，結果的に内部留保を優遇する措置について，企業の資金調達の観点から根拠付けが行われている。この制度によって自己金融が進み，企業の自己資本的基礎が強化され，経営の安定化が期待されるというのである。
④ 最高税率については45％までの引き下げを限度としている。この根拠には財源問題もあるが，垂直的公平の実現も連立政権の目標の一つであるとしている点に，効率（経済成長）と公平の2つの目標を同時に追求しようとする政権の基本姿勢が表れている。

2 野党CDU／CSUによる批判

野党CDU／CSUの立場から，フリートリッヒ・メルツ（Friedrich Merz, CDU）とクルト・ファルトハウザー（Kurt Falthauser, CSU）は以下のように政府案を批判し，対案を掲げている[11]。

(1) 政府案への基本的立場

経済過程のグローバル化の中で，ドイツは国際的租税引き下げ競争の真っ只中に置かれている。税制の早急な改善が喫緊の課題である。経済の活力を阻害し，個人の創意を制限する高税率を大幅に引き下げねばならない。税率引き下

---

11) Falthauser, Kurt ／ Merz, Friedrich（2000）．

げは高い国家比率の引き下げにも寄与することになる。

　CDU／CSUは，低税率と広い課税ベースを備えた簡素にして透明かつ公平な税制を実現することを目標に掲げており，ドイツ税制の根本的な問題を更に拡大するがごとき改革に与することはできない。ペータースベルク租税提案の妨害によって減税と経済成長のための貴重な3年間が失われた。いま連立政権は2005年までの小出しの減税を提案しているが，これは緊急に必要な負担軽減のための貴重な時間を浪費するものである。

(2) 連立政権の税制改革の欠陥

　2005年の最終段階に425億DMに達するという純減税は過小である。しかも，この額の中には既に発効している1999／2000／2002年減税法の第3の負担軽減段階が算入されている。この減税法では，市民に対していわゆる環境税制改革によって徴収された税額が返却されるに過ぎないのである。

　必要なのは，すべての所得段階における大幅な負担軽減である。最高税率の45％への引き下げでは不十分である。最高税率の引き下げが高所得層のみを利するという見解は誤りである。そうではなく，それよって税率カーブがフラット化し，すべての納税者の負担が軽減されるからである。

　まさにこの点で政府の税制改革は基本的な欠陥を孕んでいる。既に約98,000DMという中所得階層から最高税率が適用される。しかも，完全な減税の実施は2005年の第3段階からである。したがって，政府案は臆病に過ぎ，結局のところつぎはぎ細工に過ぎない。

(3) より良い代案

　追求されるべき現代の税制改革は以下のような原則に従うものでなくてはならない。

　①　支払能力原則の強調

　②　万人に対する大幅な純負担軽減

　③　線型累進的所得税率

④　あらゆる所得種類の平等な取扱い
⑤　法形態に適合した課税

(4) 万人に対する純減税
　税制改革の優先目標は万人に対する大幅な純減税でなければならない。すなわち，国際的に活動する法人，中産的人的企業，被用者および自由業者のすべてがこの対象である。純減税額としては約500億DMを提案する。また，税率構造としては従来からの線型累進的税率が維持されるべきである。累進税率は公平な課税の要請を満たすものである。所得階層全般にわたる減税によって，2000年の負担を基準にして平均的税負担の約25％が軽減される。

(5) すべての所得種類の平等な取扱い
　現代的所得課税は総合所得税を原則としている。したがって，「良い」所得と「悪い」所得といった区別はありえない。企業内に残る所得のみを優遇しようという思想は公平な課税についての誤った理解に基づくものである。
　現行法において資本会社には権利能力があり，したがって，独自の租税主体として取り扱われる。資本会社の法人税と社員（Gesellschafter）の所得税による二重課税は現行の定評あるインピュテーション方式によって回避される。それに対して，人的会社は租税主体ではない。所得税の納税義務があるのは，会社の背後に存在し，配当の如何に係わらず利益の割り当てを受ける社員である。

(6) 包括的な収益課税改革
　CDU／CSUの税制改革構想による総額500億DMの減税は，財源的に一挙に実現され得るものではなく，段階的に進められる。
　・第1段階：2001年以降（335億DM減税）
　・第2段階：2003年以降（さらに170億DM減税）
　・追加的に：2003年以降，課税最低限引き上げ（2005年に15,389DM）

i 所　得　税

第1段階における所得税改革
- 最低税率引き下げ（22.9%→18%）

  課税最低限引き上げ（13,499DM→14,093DM）
- 最高税率引き下げ（51%→42%）
- 最高税率適用開始所得：108,000DM／216,000DM

第2段階における所得税改革
- 最低税率引き下げ（18%→15%）

  課税最低限引き上げ（14,093DM→14,579DM）
- 最高税率引き下げ（42%→35%）
- 最高税率適用開始所得：110,106DM／220,212DM（税率カーブの一層のフラット化）

最低税率の引き下げは，失業者に対して就業への明確な刺激を与える。また，35％の最高税率とこの税率の適用開始所得がもたらす税率カーブのフラット化は，特に中所得層を負担軽減する。

ii 法人税および営業収益税

2001年に法人税率引き下げ（留保分：40%→30%，配当分：30%→25%）

営業収益税改正
- 2001年の第1段階における営業税測定基準値の引き下げによる20％の負担軽減。これによる最高税率の5％から4％への引き下げ。
- 市町村売上税参与の引き上げもしくは営業税納付金の引き下げによる市町村の減収補填。
- 市町村の自己責任的租税政策の中心的要素としての営業収益税維持。

資本会社および人的会社の総負担率は，所得税率と法人税率の大幅引き下げ並びに営業税測定基準値の引き下げによって39％以下に引き下げられる。これによってドイツは租税負担において国際的に競争力あるものとなる。

野党を代表する上記の所論において特に注目されるのは以下の5点である。

① 与党案に比べて一層速やかでかつ大規模な減税を主張している。ただし，通貨統合の条件として健全財政の維持が求められる以上，減税の代替財源を同時に提案すべきであるが，この点について明確な言及はない。
② 最高税率の大幅な引き下げが必ずしも最高所得層のみを利するのではなく，税率カーブのフラット化を通じて中所得層の負担をも軽減すると主張している。これは税制の専門家サイドでは常識化しているが，政府を代表して最高税率の一層の引き下げを公平論の見地から拒絶するEichelの見解とは好対照をなしている。
③ 総合所得税の見地から，資本会社の内部留保優遇を不公平であると批判している。したがって，法人税率は引き下げながらも内部留保と配当の間の税率格差は残すべきだということになる。
④ 資本会社と人的会社の法的差異を再確認し，それぞれに対する税法上の扱いの区別を求めている。また，これとの関連で現行のインピュテーション方式を支持している。
⑤ 企業の税負担軽減の一環として，営業（収益）税の減税に言及している。市町村に対する代替財源は保障するものの，市町村の最も重要な独立税に対する連邦の「干渉」を容認するもので，この点で当面，所得税の犠牲において営業税に手をつけずに済ませた政府案とは区別される。所得税の大規模な減税を実施する以上，さらに営業税の負担を所得税の減税によって吸収する余地がなかったともいえるが，この選択は地方自治の評価にも係わる重要な分かれ目である。

3 ペフェコーフェンによる評価

ドイツにおける代表的な財政専門家であり，毎年政府に対して経済状況に関する鑑定意見書を提出するいわゆる「五賢人」(Fünf Weise)[12]の一員でもある

---

12) いわゆる「五賢人」ないし「五賢人委員会」，正式名称「マクロ経済動向鑑定のための専門家委員会」(Sachverständigenrat zur Begutachtung der gesamtwirtschaftlichen Entwicklung) は，それぞれの時代のドイツを代表する5名のエコノミストによって構成され，その年次鑑定書が毎年11月頃に政府に提出される。その内容は広く注目され，ドイツの政策形成にも大きな影響力を

ロルフ・ペフェコーフェン（Rolf Peffekoven）は，与野党の税制改革構想を比較して次のように論じている[13]。

まず，税制改革たるもの次の3つの原則を満たさなければならない。

① 国際競争におけるドイツの立地条件を改善し，投資と勤労意欲を促進するためには所得税，法人税の税率が大幅に引き下げられるべきである。

② 租税優遇は廃止され，課税ベースが拡大されるべきで，公平課税の観点からも全ての所得が課税されるべきである。

③ 経済の活性化のために企業部門，家計部門の双方において純減税が行われるべきである。

これらの基準に照らした時，政府および野党の税制改革案は相互にそれほど大きく隔たっている訳ではない。もちろん所得税の最高税率は政府案では45％，野党案では35％と異なるし，法人税率でも政府案は一律25％，野党案では配当分25％，留保分30％と異なっている。さらに，政府案ではインピュテーション方式が廃止され，いわゆる欧州適合的な所得半額算入方式に変更されるのに対して野党案では維持される。

一方，租税優遇廃止に関しては与野党いずれも不徹底であり，それはたとえば夜間・日曜・休日手当に対する非課税の継続に示されている。

純減税額はいずれにおいても大きく，その代替財源として双方とも税制改革に基づく経済成長がもたらす「自己財源調達効果」（Selbstfinanzierungseffkt）に期待している。驚いたことにSPDは，コール前政権期に野党として当時の政府の税制改革案に関連して自己財源調達効果の承認を断固拒否し，それをいかがわしい財源調達手段と非難したにもかかわらず，今やこの効果に信頼を寄せている。しかしながら，たとえ期待どおりにいったとしても，この効果は全額がしかも短期的に発現する訳ではないので，その限りにおいて債務増加ないし経費削減が必要である。

もっている。この委員会の組織や役割に関する邦語文献としては，大蔵省大臣官房調査企画課（1995）がある。

13) Peffekoven, Rolf (2000).

いずれにせよ，与野党の改革案がかなり接近していることは，連邦議会ばかりか連邦参議院においても政府案が基本的に承認され，改革案が成立する可能性が高いことを示唆している。とはいえ，双方の改革構想において以下に述べるような依然埋め難い溝があり，合意を極めて難しくしていることも否定し得ない。

すなわち，野党CDU／CSUは明確に総合所得税の構想に従っている。その延長線上でインピュテーション方式による二重課税回避の措置が取られ，かつまた利益処分における租税に規定された撹乱を回避するために，法人税における留保分の税率と所得税最高税率の一致ないし可及的接近が図られる[14]。したがって，総合所得税の構想に照らせば，野党案が所得税・法人税改革の正しい道筋を示している。

それに対して政府案は，総合所得税の構想を放棄している。このことは留保所得を優遇することにより中産的企業の自己資本的基礎を強化するとともに，投資資金を確保し，ひいては雇用拡大をも促進するというEichel蔵相の言う政府案の「核心」(Kernstück)に端的に表現されている。しかし，この構想は多くの点で誤っている。すなわち，留保所得に比べて不利に扱われている配当所得は，実は再投資され得るし，実際経験的にもそうである。その半面，留保所得はさしあたり企業における貯蓄となるに過ぎず，その後，自動的に実物投資に充当され雇用を創出するとは限らない。すなわち，留保利益は外国への金融的投資や借入返済もしくは自社株の購入などにも使用されるかもしれないから

---

[14] これはやや説明を要する。インピュテーション方式による二重課税回避は，直接的には擬制説的法人観によるというべきである。しかし，そのことは法人形態を通じる所得と個人事業による所得とを個人レベルにおいて無差別かつ同等に課税するという意味において総合課税の原則にかなっている。また，留保利益への適用税率が所得税最高税率に一致すべきであるという主張の前提には，株主の所得が概して所得税最高税率適用階層にあるとの仮定がある。その場合，もし留保所得への適用税率が個人所得税の最高税率以下であれば配当所得との税額の差は最終的配当の時点まで延期されることになり，その間の金利分が差益として発生し，それだけ内部留保による課税延期が可能な法人事業が個人事業に比べて優遇されることになる。留保所得分により高い税率を適用する現行制度はこの歪みを調整する効果を持つが，25％の一律の法人税率を提案する政府案は結果的に法人形態を通じる所得を優遇することになり，すべての所得の同等な取扱いという総合課税の原則を逸脱している。

である。要するに，連邦政府の税制改革計画の「核心」は経済学的誤謬に基づいている。

その上，これによって資本市場を経由する資金調達に比べて自己金融が促進される。しかし，このことは，もともと初期段階では利益を挙げ得ない新設企業には無縁であり，こうした企業が生み出す雇用創出を支援することにはならない。それどころか，自己金融の優遇のために資本市場への資金供給が抑制されることにより，新設企業が外部金融によって必要な資金を調達する道を閉ざされることになりかねない。すなわち，税制改革は資本市場およびそれによる投資の効率的誘導にはマイナスの効果を持つのである。

政府案は法人税改革に関するものであるが，ドイツ企業の80％以上は資本会社ではなく個人企業ないし人的会社の形態を取るため，さしあたりこの改革の外にある。そこで，これら対象外の企業にも改革された法人税制を適用し得るオプションが準備されており，それらのうち約30％がこの方式を選択するものと政府は予測している。しかし，これは過大評価である。なぜなら，法人税方式を選択した場合，たとえば相続税の控除が適用されなくなるなどのマイナスをも伴うため，実際にこの方式を選択するのはごく僅かの大企業に限られると見込まれるからである。

法人税方式を選択しない企業の場合，標準的税率における営業税を所得税額から控除することが認められている。しかし，これに対しては技術的・経済的・法的問題が提起される。人税としての所得税と物税としての営業税が追求する目的は異なり，相互に相殺することは不適当である。しかも，この軽減措置を利用し得るのは営業税を支払う企業に限定され，営業収益48,000DM以下の非課税企業はこの恩恵に浴さない。所得税額からの控除による営業税負担の軽減は，応益原理的な負担感を希薄化させる一方で，高い税収の偏在や景気感応性といったこの税の欠陥は除去し得ない。したがって，営業税の所得税への算入ではなく，その廃止が適切である。

ともあれ，法形態中立的な税制の構築という目標は政府案においては達成されていない。そればかりか，企業群は税法の適用方式に従って，法人税が適用

される資本会社ならびに一部の個人企業や人的会社，所得税から営業税が控除される個人企業および人的会社，そして元来所得税から控除されるべき営業税を負担しない個人企業および人的会社という３つの層に分解する。こうして，ドイツ税制は，今にもまして一層複雑かつ非体系的になるのである。

　政府の構想は，租税上の平等な取扱い（水平的公平）の原則に多くの点で抵触している。すなわち，留保利益が配当利益に比べて軽課されている，賃金所得あるいは自由業収入からの貯蓄は資本会社の貯蓄に比べて重課されている，支払われた営業税が一部では完全に，一部では部分的にのみ所得税額から控除されている，といった問題がそれである。これらは連邦憲法裁判所で違憲判決を受ける恐れがあり，そうした懸念は租税政策への不信感につながり，景気と労働市場の動向にマイナスの影響を及ぼすかもしれない。

　これらの諸問題に鑑みて，留保利益を一方的に促進する構想は放棄されるべきである。それに代えて，政治家は総合所得税システムを基準とする合意を追求すべきである。その内容は次のとおりである。すなわち，所得税率を大幅に引き下げ，最高税率は40％以下とし，できるだけ法人の留保所得に対する税率と一致させるべきである。配当所得に関してはインピュテーション方式を維持すべきである。この方式によって清算されない外国の株主の負担は，配当分に対する法人税率の引き下げ（例えば25％）によって軽減されるであろう。

　最後に，企業税制改革は包括的なものであるべきで，その中において営業税による特別の負担の除去が盛り込まれねばならない。しかしまた，この営業税の廃止のためには，それに代わる地域的生産活動との関連や課税自主権（例えば税率決定権）を確保するような代替財源を保障しなければならず，新たな次元での論議が必要である。

以上の議論においては特に次の４点が重要である。
① 　与野党の改革案の細目においてはかなり大きな隔たりがあるものの，大規模な税制改革と言う点では一致しており，その限りで両者の合意が成立し，与党優勢の連邦議会のみならず，野党の一定の支持が必要な連邦議会

においても承認される可能性があると判断している。
② 総合所得税を基本とする改革構想を立てるべきことを強調し，これに反する資本会社の内部留保優遇を批判している。しかも，こうした租税原則を超えて，経済学的観点からも内部留保優遇が所期の効果をもたらし得るものではないことをかなり説得的に論じている。
③ 個人企業，人的会社のための法人税オプションを認める企業税制に関しては，実効性に薄く，しかも税制を複雑化させるものとして批判している。税制の簡素化が叫ばれて久しいドイツにおいてはオーソドックスな批評といえる。
④ 企業負担軽減の体系的徹底のための課題として，営業税の廃止に言及している。上記の野党提案では営業税の減税に止まっていたが，Peffekovenはさらに進んでその廃止を主張しているのである。1998年の営業税改革（営業資本税廃止）にあたって，「営業税保障」が基本法に盛り込まれて以来，聖域化されるかとも見られた営業税について代替的地方税源の必要性は認めながらも，早くも営業税廃止を正面から俎上に上げたことの意義は大きい。

第3節　政府案の修正と法案成立

1　連邦議会による政府案の修正

前述の「税制改革2000」は「税率引き下げと企業課税改革に関する法案」（減税法）の形で連邦議会に提出された。連邦議会財政委員会では政府案は基本的に承認されたが，次のような点で一定の修正および補足が行われた[15]。

・給付法（Leistungsgesetz）に対する所得半額算入方式の好ましからざる影響を防止するための規定

---

15) Deutscher Bundestag (2000a), S. 3-4.

・企業譲渡および廃業に際しての非課税額の60,000DMから100,000DMへの引き上げ
・資本会社に対する持分譲渡益課税に関する1％に引き下げられた参与限度と並ぶ5,000DMの最低限度額の導入
・立法資料としての税率段階の漸次的廃止および所得税率表（基本税率表及び分割税率表）の廃止
・所得半額算入方式における配当の非課税部分に関する累進制限の廃止
・営業税算入の事業収入に係る所得部分への制限
・委員会で行われた法案の修正への営業税納付金の対応
・資本会社による資本会社に対する持分譲渡益非課税の2001年からの開始

などが主たるものである。

2　野党の対案

一方，野党各党は対案を提出して抵抗した。ここでは最大野党であるCDU／CSU（キリスト教民主同盟／キリスト教社会同盟）による連邦議会財政委員会における対案を紹介しておこう。

その改革案は，2001年，2003年の2段階に分けて実施される。それぞれの内容は以下の通りである[16]。

〈2001年〉
・法人税率引き下げ（留保分40％→30％，配当分30％→25％）
・営業税測定基準値の20％引き下げによる営業税減税
・一定の条件下における企業譲渡もしくは廃業に際しての2分の1税率の再導入
・資本会社に対する持分譲渡益に関する60％の非課税再投資積立金の導入
・人的企業における経済財の租税中立的移転の再導入
・課税最低限の14,093DM／28,186DM（独身者／既婚者）への引き上げ

---

16) Deutscher Bundestag（2000a），S. 4－5.

- 最低税率18％，最高税率42％への引き下げ
- 投資に関する動産的経済財の加速度減価償却率の最高30％から最高20％への引き下げ
- 企業資産中の建築物に関する定率償却の4％から3％への引き下げ
- 個人資産中の住宅の加速度償却廃止
- 社員外部金融に関する規制の強化
- 1,500DMへと減額された被用者概算控除に加えて15Km以上に対する50ペニッヒ／Kmの通勤費概算控除（Entfernungspauschale）の導入

〈2003年〉
- 最低税率15％，最高税率35％への引き下げ。最高税率適用開始所得は110,000DM／220,000DM（独身者／既婚者）
- 課税最低限の14,579DM／29,158DM（独身者／既婚者）への引き上げ
- 2003年1月1日からの25％の源泉利子税の導入

上記の提案では次の点が注目される。
① 企業譲渡ないし廃業に伴う事業資産譲渡益は多くの場合企業家の老後資金となる。これについて税負担の軽減を提案している。これは連邦参議院における調整過程で採用されることになる。
② 資本会社による資本会社に対する持株の譲渡益について，政府案が完全非課税であるのに対して，60％の非課税枠に止めている。
③ 所得税最高税率の引き下げ幅が与党案より10％大きく，かつまた最高税率適用開始所得も高い。

このCDU／CSU提案は，同党のほかにFDP（自由民主党）の賛成を得たが，与党およびPDS（民主社会主義党）の反対によって否決された。

3　連邦参議院における政府案の修正

2000年5月18日，政府案は上述のような財政委員会における一定の修正の後，与党多数の連邦議会をひとまず通過した。しかしながら，諸州の代表から成る

第6章　新世紀ドイツの税制改革

連邦参議院では総数69票中，与党の票は26票と過半数に満たず，妥協の成立のためには一定の修正が不可避であった。そこで，6月11日に両院の調停委員会（Vermittelungsausschuss）が招集され，政府与党およびSPD支配の諸州は大要次のような提案を行った[17]。

① 2005年以降，所得税最高税率を43％とする（原案では45％）。
② 最高税率適用開始所得を102,000DMとする（原案では43％が適用される所得は92,000DM）。
③ 人的企業のための法人税選択権を廃止する。

以上の措置による追加的純減税額は49億DMである。各措置による増減収額は図表6－4の通りである。減収要因としては所得税最高税率の引き下げ（116億DM）が，増収要因としては人的企業の法人税オプションの廃止（76億DM）が最大であることが分かる。

その他の内容を簡単に見ておくと，営業税の所得税への算入に当たって標準

図表6－4　調停案の財政的影響（2005年度の増減収額）

（単位：10億DM）

人的企業のための法人税オプションの廃止	7.6
営業税概算控除の係数2から1.8へ	0.7
資本会社による譲渡益非課税に関する参与限度の10％から1％への引き下げ	0.2
小　　　　　計	8.5
所得税最高税率102,000DMから43％へ	－11.6
第7g条の維持	－0.3
「共同企業家免除」	－0.8
税率引き下げおよびオプション権廃止のその他の法的諸措置への跳ね返り	－0.7
小　　　　　計	－13.4
合　　　　　計	－4.9

（注）Deutscher Bundestag（2000b），S.4.

---

17) Deutscher Bundestag（2000b）．

的測定額基準値2は過大と見られ，これを1.8に落とすことにより7億DMの増収が期待される（控除対象となる標準税率は400％から380％に下がる）。また，減収要因としては，新投資のための貯蓄償却の可能性維持（3億DM），人的企業の組織替えの容易化（8億DM）などがある。

なお，資本会社による他の資本会社の持株に関する譲渡益非課税は維持されるが，予期せざる操作を防止するために，持株を少なくとも1年間保有した場合に限り非課税を適用するなどの制限を設けたほか，過渡期の濫用を避けるために新規定は2002年の査定期間から適用することとした。これは連邦議会の財政委員会で修正を受ける前の政府原案に戻ったことになる。また，従来からある個人の株式譲渡益非課税に関する参与限度は10％から1％へと引下げられ，これも政府原案通りとなった。

この調停案は，7月4日，政府与党およびSPD支配州多数の調停委員会を通過し，7月6日には連邦議会を通過した。政府はこれを「理性の提案」と呼び，野党が党派的反対に固執するのではなく，「理性の同盟」に参加するよう呼びかけた。しかし，野党はこれを「真ならざる調停案」と批判し，野党優勢の連邦参議院を通過し得るかどうかはなお極めて微妙であった。

しかしながら，夏休み前の土壇場での政治折衝の結果，大方の予想を覆してSPDと野党とが連立する5州（ラインラント・プファルツ，ベルリン，ブレーメン，ブランデンブルク，メクレンブルク・フォアポンメルン）のうちラインラント・プファルツ（FDPと連立）が中産的企業に対する追加減税を積極的に評価して減税法案賛成を表明した後，他の4州も挙って法案賛成に回り，7月14日，減税法案は成立した。この背景には野党CDU／CDSの支持基盤であるはずの経済界自体が，政府の税制改革案をなお不十分としながらも基本的に歓迎の姿勢を示したこと，そして，5州に対する連邦政府の利益誘導を含む説得工作が奏功したことなどがある[18]。最後の折衝過程では連邦議会を通過した調停案にさらに一定の修正を加えることが条件とされ，そのための補完法（「減税法の補完

---

18) 7月14日の連邦参議院における「税制改革2000」の承認の数日前，ドイツの新聞は減税法案をめぐる当時の情勢を伝えている（Schröder muss gut Wetter machen, in: Die Welt 10／7／2000）。

に関する法律」)が制定され(2000年12月1日成立),減税法とともに2001年1月1日に発効することとなった。その要点は次の2つである[19]。

① 所得税の最高税率を2005年からさらに1%引き下げ,42%とする。
② 引退する企業家に対して,彼が55歳に達しているかもしくは永続的に就業不能である場合,生涯に1回に限り企業譲渡および廃業に係る2分の1の税率を2001年から再導入する。これは上記のようにCDU／CSUの修正案に含まれていた提案であり,特に中産的企業家にとって大きな負担軽減措置となる。

それによれば,経済界からは例えばダイムラー社の社長やドイチェ・バンクの頭取が,CDUは税制改革を挫折させるべきではないとの意向を表明したという。
　また,連邦の与野党が連立政権を構成する諸州は,通常,対立法案に関しては連邦参議院では保留の態度をとるものであるが,税制改革法案においては連立諸州を賛成に引き込むために,連邦政府による説得工作が行われた。その際焦点の一つとなったのは,2005年からの再編に向けて検討が急がれていた州間財政調整の内容であった。とりわけ都市州であるベルリン,ブレーメン(いずれもCDUと連立)は,現行の人口補正(135％)の見直しによって大きな打撃を受ける可能性がある。港湾の所在州の特別な負担に対する配慮も存続が危ぶまれる。SPDとの連立州のうちではブレーメンおよびメクレンブルク・フォア・ポンメルン(PDSと連立)がこの影響を受ける。さらに,ベルリンにしろブランデンブルク(CDUと連立)にしろ,貧困州として交付金を受領する立場にあるので,制度見直しの結果,調整水準が引き下げられれば受領額が削減される。もともと現行の州間財政調整は2004年末までの期限きであり,2005年には再編が予定されていたが,バイエルン,バーデン・ヴュルテンベルク,ヘッセンの3州は現行制度を強く批判して連邦憲法裁判所に提訴し,1999年11月11日には現行制度の早急な見直しを求める判決が出た(この判決とその意義については,拙稿(2000b),ヴォルフガング・レンチュ(2000)参照)。
　CDUないしCSU支配の富裕州によるこの訴訟は,貧困州のCDUとしては容認しがたいものであり,CDU内部に亀裂が走ったといわれる。連邦政府はこの弱点を突く作戦に出た。すなわち,連邦政府(財務相Eichel)が都市州や港湾所在州の既得権を維持することを提示したとされ,これについてCDU党首Angela Merkelは,Eichelが「いかがわしい贈り物」で諸州を買収しようとしていると批判した。また,減税法案可決後の報道も興味深い(Vogel und Stoiber sehen Bundesrat missbraucht, in:Die Welt 15/7/2000)。すなわち,野党は,連邦政府が連邦参議院をないがしろにして各州との個別交渉よって話をつけたことを批判した。その際,各州に対しては次のような報酬が与えられたという。まず,ベルリンに対しては,連邦が追加的に年間7,500万DMの治安維持費を投入する。さらに,連邦はこの地区の再開発と整備のために2,500万DMを負担し,オリンピック・スタジアムの再開発をも引き受ける。また,ブレーメンは,州間財政調整の再編後も同州が「行為能力ある」州であり続けるようにするという約束を得た。ブランデンブルクもラウジッツにおけるポーランド方面の交通インフラを「正常に拡充する」(Eichel)との約束を得た。メクレンブルク・フォア・ポンメルンに対しては,一定の補助額を要件とするルブミンにおけるガス発電所への補助が認められ,ドイツ鉄道についてロストック―ベルリン間の鉄道網の拡充促進に連邦政府が尽力することになった。

19) Bundesministerium der Finanzen (2000h).

これらの追加的減税措置の結果，図表6-5の通り2005年時点における負担軽減額は65億DM余となり，調停案における純減税額よりむしろ大規模であり，最終段階における政治的妥協のためのコストがここに表現されている。
　このようにして成立した「税制改革2000」（減税法および減税補完法）の影響を数量的にまとめたものが図表6-5及び図表6-6である。完成年度における純減税総額は625億DM弱であるが，これを2000年の全政府レベルの総税収見積り額9,115億DMと比較すれば，その約7％に相当する。これに1999年以降の減税分をも加えれば純減税規模は934億DM，同比率で10.2％となる。
　共同税で結ばれた政府間の「税制改革2000」による減税額の配分については，連邦と州では連邦の方がやや大きく，市町村は連邦の3割となっている。減税に基づく経済成長がもたらす「自己財源調達効果」は不確かなものであるから，いずれにせよ各政府レベルにおける歳出削減努力が求められることになる。

図表6-5　減税補完法の財政的影響（減収額）

（単位：100万DM）

年　　度	2001	2002	2003	2004	2005	2006
連　　邦	480	679	956	960	2,965	3,081
州	425	599	846	850	2,640	2,746
市　町　村	150	212	298	300	930	968
合　　計	1,055	1,490	2,100	2,110	6,535	6,795

（注）　Bundesministerium der Finanzen（20001），S.2.

図表6-6　「税制改革2000」（減税補完法を含む）の財政的影響（減収額）

（単位：100万DM）

年　　度	完成年度	2001	2002	2003	2004	2005
連　　邦	28,826	21,729	10,298	15,020	12,882	30,094
州	24,841	19,200	8,698	12,528	10,497	25,778
市　町　村	8,789	4,461	114	1,792	1,671	6,888
合　　計	62,465	45,390	19,210	29,340	25,050	62,760

（出所）　Bundesministerium der Finanzen（2000h），S.27.

図表6－7　「税制改革2000」の財政的影響の社会経済的配分（増減収額）

(単位：10億DM)

措置内容	完成年度	内訳 民間家計	内訳 中産的企業	内訳 大企業
企業税制改革	－10.6	1.1	－8.6	－3.1
所得税率改革	－51.9	－33.8	－14.5	－3.6
合　　計	62.5	－32.6	－23.1	－6.8

（出所）　Bundesministerium der Finanzen（2000h）,S.59.

　また，この減税が異なる経済主体に与える影響についてみると，民間家計への配分が半ばを超え，消費拡大による国内市場拡大への期待が大きいことが窺われる。また，企業レベルでは所得税改革，企業課税改革ともに中産的企業への影響が大きく，大企業への配分は最も少なくなっている。

第4節　「税制改革2000」の前段階

1　所得税減税

　「税制改革2000」の提案に至る前段として，既に投資・雇用振興のための減税政策が実施に移された[20]。1999年減税法（1998年12月19日），1999／2000／2002年減税法（1999年3月24日）は，連立政権の税制改革構想を端緒的に実施するものであった。この減税は被用者と家族および中小企業の負担軽減を主要な目的とし，かつ財源上の可能性に配慮して1999年，2000年，2002年の3段階に分けて実施することとされた。

　第1段階では，1999年1月1日から被用者と家族の負担軽減に向けた措置が実施された。そこでは所得税の最低税率が25.9％から23.9％に引き下げられた。さらに，第1子および第2子に対する児童手当[21]が月額220DMから250DMへと引き上げられた。

---

20)　Bundesministerium der Finanzen（1999b）,S.64-66,Ders.（2000g）,S.3-6.
21)　基本法に基づいて社会扶助法が認める児童の最低生活費は非課税とされる。1995年までは児童

さらに企業減税も実施された。1999年に事業所得に対する所得税最高税率が47％から45％へ引き下げられ，法人税率においても留保利益分が45％から40％へ引き下げられた。配当分に対する税率は30％のままである。

第2段階の2000年には課税最低限が約13,000DM／26,000DM（未婚／既婚）から約13,500DM／27,000DM（同）に引き上げられ，所得税の最低税率が23.9％から22.9％へと引き下げられた。最高税率もまた53％から51％へと引き下げられた。

また，事業所得に対する所得税最高税率は45％から43％へと引き下げられた。

第3段階の2002年には課税最低限は14,000DM／28,000DMへ引き上げられ，最低税率は19.9％へ，最高税率は48.5％へと変更される[22]。

これらの措置の結果，子供2人の平均的所得を有する家族の租税負担は1999年に1,200DM，2000年に1,700DM，2002年に2,500DMの減税となる。これらの減税による国内需要の拡大，景気の振興と雇用の拡大が期待されている。

こうした先行する減税に「税制改革2000」の減税分をも合算した純減税額は，1998年を基準に取れば完成年度において934億DMに上り，その社会的配分状況は図表6-8の通りである。

の扶養者に対して児童金庫から児童手当が支給されるほか，税額算定においても児童控除が認められていた。1996年1月以降，この二重システムは廃止され，主として租税優遇としての児童手当を増額してこれに一本化する方向が取られた。この児童手当は所得の高低とは無関係に支給される。1998年においては児童手当は第1・2子について月額300DM，第3子以上は月額350DMである。二重システムの廃止以降も児童控除の可能性は残され，同年度における控除額は1人当たり年額6,912DMである。児童手当による負担軽減額が児童控除のそれを上回る限りで児童手当が適用されるが，児童控除による負担軽減額が児童手当を上回る場合には，所得税の査定において税務当局がその差額を調整する。例えば，1998年時点においては所得税の最高税率は53％であるから，最高税率適用所得者に児童控除を適用すれば負担軽減額は児童1人当たり年額3,663DM（6,912DM×0.53）となり，第2子まではこちらの方が児童手当（年額：300DM×12＝3,600DM）より有利であるので，この場合には児童控除が適用される（Lange, Ranft, (1996), S.661-662, Bundesministerium der Finanzen (1998), S.73-74）。

22) ただしこの第3段階は，「税制改革2000」によって，2001年からの繰上げ実施となった。

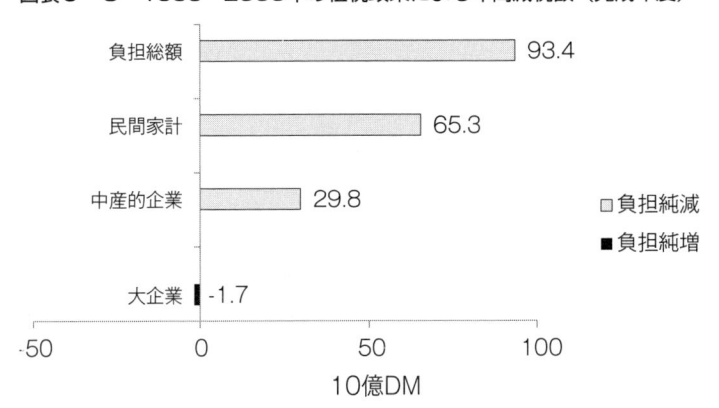

図表6-8　1999-2005年の租税政策による年間減税額（完成年度）

負担総額	93.4
民間家計	65.3
中産的企業	29.8
大企業	-1.7

□負担純減　■負担純増

10億DM

（出所）　Bundesministerium der Finanzen（2000d）．

2　環境税改革の開始

このほか，緑の党が参加する連立政権に特徴的な政策として，環境税改革開始法（1999年3月24日成立，同年4月1日発効）に基づいて電気税が導入されるとともに既存の鉱油税が引き上げられた。これらの税は，希少なエネルギー消費の削減および環境保護を直接の目的としている。その具体的内容は以下の通りである[23]。

第1段階（1999年4月1日）
・鉱油税引き上げ
　－動力用燃料：6ペニッヒ／リッター
　－暖房用石油：4ペニッヒ／リッター
　－暖房用天然ガス：0.32ペニッヒ／キロワット時
　－暖房用液化ガス：25DM／1,000キログラム
・電気税導入
　－標準税率：2ペニッヒ／キロワット時

23）　Bundesministerium der Finanzen（2000g），S. 25-32．

第2～第5段階（それぞれ2000年，2001年，2002年，2003年の1月1日）
・毎年の引き上げ
　－動力用燃料に対する鉱油税：6ペニッヒ／リッター
　－電気税：0.5ペニッヒ／キロワット時

ただし，この環境税改革はEU全体として歩調を合わせたものではないため，国際競争上特に影響が大きいと思われる経済部門，すなわち製造業および農林業については標準税率の20％の軽減税率が適用されることになっている。また，省エネ的なコジェネに対する鉱油税免除や風力，太陽熱，地熱などを利用した環境適合的な電力に対する電気税の免除などの措置が組み合わせられている。

環境税からの税収見込みは図表6－9の通りである。この収入は公的年金の保険料引き下げないし安定化のために充当されることとなっている。それによる保険料の引き下げは1999年で0.6％，2004年では1.8％と見込まれている。ちなみに2000年1月1日の保険料率は19.3％である。

図表6－9　連邦の環境税収見積もり

（単位：10億DM）

	1999	2000	2001	2002	2003	2004
環境税改革開始法 （第1段階）	8.4	12.3	12.3	12.3	12.3	12.3
環境税改革継続法 （第2～5段階）	－	5.1	10.0	15.2	20.5	21.2
合　　　計	8.4	17.4	22.3	27.5	32.8	33.5

(注)1．本税の実際の動向についての見積もりはない。したがって，これは2000年の金額を延長したものである。
　　2．農業用ディーゼルの軽減が考慮されている。
(出所)　Bundesministerium der Finanzen（2000 g），S. 30.

「税制改革2000」は，以上のような連立政権によって応急的に実施に移された政策のうち，特に企業税制改革を包括的改革構想（ブリュール勧告）に基づいて一層広範かつ徹底的に推し進めるとともに，被用者の負担軽減を通じて国内市場の拡大を目指すものである。

第6章 新世紀ドイツの税制改革

第5節 「税制改革2000」に先行する改革構想

「税制改革2000年」を90年代におけるドイツ税制改革の流れの中で位置づけてみると，従来の流れの継承といえる面とともに，理念的「転換」ともいえる面をも含んでいる。ドイツの政治においては1982年にシュミット首相（SPD）に対する不信任案可決後，CDUのコール（Helmut Kohl）が政権の座に就いて以来，1998年10月に至るまで16年間にわたってCDU/CSUおよびFDP（自由民主党）の連立政権が続いてきた。その中で税制改革のあるべき方向に関する論議もそれなりの連続性を保ってきた。一言にすればそれは，86年のアメリカにおける第2次レーガン税制改革以来の税率引き下げ，課税ベース拡大，中立的税制の実現という構想である。社会民主党・緑の党の連立政権によってこれまでの流れとは異なる改革方向が提起されたとすれば，それこそ異なる政策の登場として政権交代を意味あるものとしたといえる。結論を先取りすれば，新政権による税制改革構想は，従来の改革構想と一面では連続性を持ちつつも，他面では「転換」ともいえる側面も含んでいる。以下では，前政権時代における主要な改革の潮流を整理して，新政権の改革構想と対比してみたい。

1 バライス委員会報告

1992年9月25日，連邦憲法裁判所は当時の所得税の課税最低限に関して違憲判決を下した。その内容は概略以下のようなものであった。

「年間5,616DMの所得では何人といえども生活することはできない。したがって，国家はそれに対して所得税を要求してはならない。所得税法は5,616DMの最低生活費しか認めていないので，その限りでは違憲である。あらゆる社会的扶助の受給者がそれ以上を受け取っている。今後，社会扶助法上の最低生活費は課税されてはならない。」[24]

---

24) Bareis, Peter (1995), S.157.

この判決により連邦財務省は所得税制度の改正を迫られ，1993年11月11日，そのための委員会を招集した。この委員会は座長を務めたバライス（Peter Bareis：当時Hohenheim大学教授）の名にちなんでバライス委員会と呼ばれた。この委員会は1年間の検討の後，1994年11月にその結論をいわゆる「テーゼ」として時の財務相Theo Waigelに提出した。
　「テーゼ」は10項目から構成され，その基本的論点は次の通りであった[25]。
　① 非課税額の水準
　　社会扶助法を基準にして，それよりかなり高い13,000DMの非課税額を提案する。これは非課税額を頻繁に引き上げることなく，数年間維持し得るものとするためである。
　② 児童扶養控除と児童手当
　　18歳までの児童を持つ扶養義務者は，所得税の査定において1996年に6,600DM，1997年以降6,900DMの児童控除を認められる。18歳を超え25歳までの児童が職業教育期間にある場合には年間児童教育控除9,900DMが認められる。月々与えられる児童手当は1996年に月額170DM，1997年以降では月額200DM，第3子に対しては月額215DM，第4子以降に対しては月額305DMである。児童手当の額と所得税査定時における児童控除による軽減額とは清算される。
　③ 所得税率1996年
　　線型的累進税率が維持され，最低税率22％，最高税率53％である。非課税限度額は13,013DM，最高税率適用開始所得は120,041DMである。二分二乗法は維持される。1995年に比較しての減収額は387億DMである。
　④ 所得税法からの誘導的規範の除去
　　税法から誘導的規範をできるだけ除去することとし，やむを得ない優遇は補助金に切り替え，制度をできるだけ透明なものとする。したがって，優遇的減価償却，住宅建設助成，農林業のための特別優遇，労働者財産形

---

25) Bundesministerium der Finanzen（Hrsg.）（1995）．

成促進などは廃止される。

⑤ すべての所得種類の平等な取扱い

家賃，地代および資本投下それ自体からの収入は，農林業収入，事業収入，自営業収入と同じく営利収入として取扱われる。歴史的経緯により異なってきた所得種類ごとの取扱いを統一する。

⑥ 非課税，租税軽減の廃止

最低生活費非課税のような社会的根拠を持つものを除き，応能原則に基づかない非課税や租税軽減を廃止する。これは税法の簡素化とともに課税ベースの拡大に役立つ。

⑦ 特別支出，臨時負担の再編

公的年金保険料控除の制限や元本選択権なき任意年金保険料控除の制限を廃止する。中期的には疾病保険，傷害保険，自己賠償責任保険，損害保険などの保険料も上限なしに控除を認める。教会税は，教会および宗教のための助成費用と同等とみなし，寄付と同様に最高限度額の範囲内で認める，など。

⑧ 個人的動機による経費の控除可能性

個人的動機による経費は所得税の課税ベース算定に際して限定的にのみ控除される。たとえば，通勤費概算控除は1日1km当り0.2DMが承認される。個人的生活にかかわる経費は収入種類とは無関係に類型化される。すなわち，住居の仕事部屋は年間最大2,000DM控除可能，自動車の控除可能な費用は10万DMに制限，など。

⑨ 財　　　源

テーゼ3による96年所得税率は初年度に387億DMの減収をもたらす。課税ベース拡大による増収額は339億DMである。残る約50億DMの純減税額は財務省が可能とみなした150億DMの範囲内にある。

⑩ 中・長期的目標

所得税負担は中・長期的に大幅に引き下げられるべきである。その場合，連帯付加税の廃止と最高税率の引き下げが特に重要である。

社会扶助法と税法の調和の根本的改善が必要である。特に，所得税における社会的扶助受給者の所得の取扱いを改善し，勤労阻害的にならないようにする必要がある。

また，利子課税の改善が必要である。利子所得に対する例えば30％の資本収益税の導入，資本的資産収入に対する概算的稼得費用の同時的引き上げを伴う貯蓄免税点の大幅引き下げ，など。

このようにバライス委員会の「テーゼ」は，連邦憲法裁判所の違憲判決に対応した当面の課税最低限引き上げに留まらず，純減税をもたらす税率引き下げや税制簡素化による課税ベース拡大による代替財源調達を含む包括的な内容を持っていた。この「テーゼ」は専門家の間では評価が高かったにもかかわらず，まさにその包括性と体系性の故に当面の政策としてはほとんど無視されるという運命を辿った。

2　グンナー・ウルダルの改革提案

バライス委員会報告が不発に終わり，包括的所得税改革がまたもや見送られるかに見えたとき，CDUの連邦議会議員であるウルダル（Gunnar Uldall）によって大胆な改革構想が提起された。その構想は次第に浸透し，影響力を高め，ついには与党による抜本的な税制改革提案にまで行き着くことになった。ウルダル提案の要点は次のとおりである[26]。

① 課税最低限を12,000DMに引き上げる。その上で，税率を大幅に引き下げるとともに，税率カーブを従来の線型的累進税率から，3段階（8％, 18％, 28％）の超過累進税率に転換する。税率の大幅な引き下げは勤労意欲を刺激し，平明な3段階の税率は納税者自身による税額計算を容易にする。

② 法人税率を現行の配当分30％，留保分45％から，一律に所得税の最高税率と同じ28％に引き下げる。

---

[26] Uldall, Gunnar (2000). ウルダル提案の詳細と若干の検討については，第5章参照。

③ 「租税による制御」(Steuern durch Steuern) の原理を最終的に放棄し，僅かな例外を除いてすべての租税優遇を廃止する。最小限必要な助成措置は明示的な補助金に切り替える。このことはドイツの税制を透明化し，低い税率とともにドイツの立地を国際的に魅力あるものとするとともに，課税ベース拡大により減税に対する代替財源の大部分を提供する。

④ 改革に伴う減収額は1,225億DM（うち所得税1,150億DM，法人税75億DM），課税ベース拡大による増収額は765億DMであり，残る不足分460億DMは税制改革がもたらす経済成長に基づく追加的税収によって補填し得る。

ウルダルは，自らの改革案の特徴が例外的優遇措置の一般的廃止にあることを強調し，それと対比したバライス委員会報告の欠点について次のように述べている。

「なぜこれらの卓越した諸提案（バライス委員会の「テーゼ」…中村）が，政治的にはかくも僅かしか実現されなかったのか。さしあたり，例えば時間の制約という不利な事情が挙げられる。しかし，バライス委員会が優遇を個別的にのみで，一般的に削減しなかったということもまた確認されねばならない。そうなると，なぜ一方の規定は削除されながらも，もう一方は維持されるのかという説明が必要になるのが政治というものである」[27]。

それに対して，「『租税による制御』という原理が放棄され，すべての例外が削除されたなら，もはや立法者はなぜ何かを削除するのかを説明する必要はなく，利益団体の方がなぜ自分の優遇だけが法律の中に入れられねばならないのかを説明しなくてはならない。したがって，証明の負担が逆になるのである」[28]。さらに，税率の大幅な引き下げが優遇措置の「価値」を低下させることもその廃止を容易にするという。

3段階からなる低税率の所得税，低い単一税率の法人税，例外措置＝優遇措置の一般的廃止というウルダル提案は単純で分かり易く，広く世間の関心を集め，税制改革実現への政治的取り組みを促す動力となった。その役割をドイツ

---

27) Uldall G. (2000), S. 32-33.
28) Uldall G. (2000), S. 33.

の税法学者ドゥツィアドコフキイ（Dziadkowski）は次のように評価している。

「バライス委員会によって出された提案が立ち消えになった後では―いわゆる最低生活費を超える―それ以上の改正が今世紀中に再び考えられようとは，誰も予想できなかった。経済的な緊要度は周知のとおり量的にはいくらか小さいにしても，今日と同じであった。しかしながら，グンナー・ウルダルによるひと押しは，自立運動を展開させ，それは大幅な所得税引下げの思想を速やかに普及させ，ついには大蔵大臣や連邦政府をも動かし，大規模な税制改革―とりわけ収益課税の領域におけるそれ―のための構想を展開させた。」[29]

次に見るペータースベルク租税提案がそれである。

3 ペータースベルク租税提案

ペータースベルク租税提案は例年提案される税制改正案とは異なり，1998年および1999年を目途に戦後税制の根本的再編を企図している。ここではこの税制改革構想の内容を連邦大蔵省の説明に即してごく簡単にまとめておこう[30]。

(1) 税　　率

・最低税率引き下げ（25.9%→10%）
・所得税（非事業所得）最高税率引き下げ（53%→39%）
・事業所得に対する最高税率および留保利益に対する法人税率を35%に（従来は47%ないし45%）
・法人税における配当分に係る税率引き下げ（35%→25%）
・1986年から1990年までの税制改革の本質的成果たる線型累進的税率の維持
・最低税率（15%）は13,000～18,000DM（既婚者は26,000～36,000DM）の所得階層に適用（この範囲では比例税率）

これらの改革において最低所得階層の負担軽減率（約40%）が最大であるが，全体として所得税，給与所得税，法人税負担は平均10%だけ軽減される。

---

29) Dziadkowski, D. (1997), S.1019.
30) Bundesministerium der Finanzen (Hrsg.) (1997), S.85 ff.

(2) 減　税　額

減税額は820億DMで，その内訳は次のとおりである。
- 所得税：約690億DM
- 法人税および配当に対する資本収益税：約105億DM
- 所得税・法人税引き下げによる連帯付加税への間接的影響：約20億DM
- 源泉利子税：5億DM

(3) 財　源

租税優遇および特別措置の包括的な廃止によって課税ベースが拡大される。低い新税率によればそれらがもたらす増収額は380億DMである。減税額820億DMとの差額は440億DMであるが，うち300億DMを純減税分とし，残額140億DMを間接税によって補塡する。

(4) 成長と雇用への寄与

最低税率から最高税率に至るまでの税率引き下げは，経済のすべての部門に大きな成長促進効果を与える。

求職者にとっては，従来は低所得層においてさえ最低税率と社会保障負担の合計は45％に上ったが，爾後これは35％となり，就業意欲を高めることになる。

ドイツの立地条件にとって国際的に見て事業収入に対する高い所得税・法人税負担は決定的な障害であった。配当分に対する25％の新税率は，従来外国における租税オアシスの区分の基準であった30％すら下回り，将来は十分国際競争に耐え得るものとなる。これは国内投資を促進するとともに外国からの投資を誘引するものである。

(5) 大幅な純減税がもたらす経済活力

300億DMの純減税は企業並びに被用者に大きな負担軽減をもたらす。税制上の特別措置の廃止によって影響を受ける納税者ですら，その大部分が負担軽減されることになる。

1999年の300億DMの純減税および1998年からの連帯付加税75億DMの負担軽減は，需要と民間投資を高め，持続的成長をもたらし，失業を減少させる。モデル計算によれば，実質成長率は中期的に0.5％，実質投資増加率は1.5％だけ高まる。合衆国やその他の諸外国の事例が示すように，税制改革に伴う減収は経済成長の促進によって償われる。

(6) **租税簡素化**

　改革の目的の一つは市民，企業および行政を余計な煩わしさと租税による誤った誘導から解放することにある。そのためにとりわけ経済的に根拠のない償却可能性が除去され，例えば譲渡所得に対する特別税率などが廃止される。

　多くの節税モデルは限界税率50％以上の所得税納税義務者にとって魅力的であったが，税率の大幅な引き下げの後にはこれらのモデルは過去のものとなる。

　租税の簡素化は同時にまた，公平な課税にも大きく寄与するものである。

(7) **課税ベースの拡大**

　委員会の作業の多くの部分が課税ベースの大幅な拡大のために費やされた。その場合に第1に問題であったのは減税財源の捻出ではなく，所得税法の質的改善に向けた真の簡素化であった。国家による誘導的介入の削減が目指されたのである。

　このようなペータースベルク租税提案の改革方向は，バライス委員会報告およびウルダル提案と基本的に一致している。所得税，法人税の税率引き下げと，各種特例措置の廃止による税制の簡素化，そしてそれらがもたらす課税ベース拡大による増収効果への期待などがそれである。しかし，この提案には一定の独自性も含まれている。まず，なによりもその減税規模の大きさであり，課税ベース拡大の後に残る純減税額はウルダル提案の純減税額460億DMには及ばないものの，300億DMに上る。これが経済成長への刺激効果を期待するものであることは言うまでもないが，いま一つの重要な役割は各種特例措置の廃止に基づく課税ベース拡大によって税負担の増大に直面する納税者の抵抗を緩

和することでもあった[31]。それとともに注目されるのは，減税額のうち140億DMについては「間接税」で補塡するとして，事実上，売上税（付加価値税）の増税が示唆されていることである。

ペータースベルク租税提案は1998年税制改革法案および1999年税制改革法案に採り入れられた。1998年改革では主として企業税制改革が，1999年改革では残されたその他の改革が目指された。2つの税制改革法案は連邦議会に上程され，財政委員会の審議を経て一定の修正が施された[32]。しかし，そこでの修正は税率をはじめとする基本的な点ではなく，課税ベースの拡大にかかわるものであった。

最終的審議の後に連立政権（CDU／CSUおよびFDP）が発表した数字によれば，1999年の減税総額は約880億DM，課税ベース拡大に向けた72の措置がもたらす増収額は約430億DM，「直接税から間接税へのシフト」による増収額は150億DM，差し引き300億DMの純減税となると見積もられた。

この提案について野党第1党の社会民主党（SPD）は，改革がもたらす減税を財政的に堅実でない（unsolide）とし，また，「直接税から間接税へのシフト」が具体化されていないことをも批判した。SPDはこれが付加価値税の増税のことであるとの言質を取ろうとしたのである。さらに，供給サイドの措置によって経済活力と雇用を高めようとする政策を批判し，経済的中心問題は国内市場の狭隘性にあるのであって，消費性向の高い広範な中・低所得階層の購買力の強化によってそれを拡大すべきであるとした。そして，政府の改革構想は課税最低限の引き上げや家族給付調整の改善のような家族関連の負担軽減を欠いているため，社会的な歪みを持っているとした。

SPDの対案は，収入中立的税制改革であり，消費性向の高い被用者，家族の

---

31)「他方，これ（300億DMの純減税…中村）は，租税上の特別優遇の廃止に基づく収入中立的税制改革の場合には税率があまり大きくは引き下げられず，多くの納税者において差し引き追加負担が発生するために必要でもあった。多くの納税者に追加負担をもたらすような税制改革であれば，最初から納税義務者に抵抗なく受け入れられることはなかったであろう」(Beichelt, Bernd (1998), S.365.)。
32) 以下の叙述はBeichelt, Bernd (1998), S.366-368による。

純減税による国内市場の拡大，企業課税改革による投資活動強化，賃金付随費用の引き下げによる企業の投資能力の強化であった。また，日曜・休日・夜間手当に対する課税，賃金代替給付（付加給付）の半額課税，動産的経済財の加速度償却率引き下げなどによる課税ベースの拡大にも反対した。

緑の党（Grüne），民主社会主義党（PDS）などもSPDとほぼ同一歩調を取り，法案は与党が多数を占める連邦議会は通過したものの，野党優勢の連邦参議院の承認を得ることには失敗し，ついに廃案となった。こうして，16年間続いたCDU／CSUおよびFDPの連立政権時代末期に提起され，「1919年のエルツベルガーの財政改革以来の広範囲に及ぶ税制改革計画」[33]とまで称された税制改革構想は最終的に挫折した。「大」税制改革は攻守所を変えて，社会民主党および同盟90／緑の党から成る連立政権によって提起されることとなったのである。

おわりに

「税制改革2000年」が示す改革構想は，ペフェコーフェンも言うように野党の主張と重なり合う部分が多く，それだけに特に大幅減税という点において妥協の可能性を含むものであった。しかも，連邦参議院における調停過程でさらに野党案へ歩み寄りが行われた。ここでは成立した減税法について，先行する改革構想を念頭に置きながらその特徴を整理しておこう。

① 国際的租税競争を意識しつつ大規模な純減税を予定している。そのために所得税率を段階的に引き下げるとともに，法人税率を配当分，留保分ともに一律25％に引き下げた。加えて，法人税が適用されない人的企業については市町村税たる営業税負担の実質的軽減を目指して，所得税からの概算的税額控除を導入した。

② 法人税率の引き下げに当たっては，従来のスプリット・レートを廃止す

---

33) これは1999年税制改革法に関する財政委員会の公聴会におけるStefan Homburg教授の表現である（Beichelt, Bernd (1998), S. 364）。

ることによって自己金融の促進と，それを原資とする実物投資による雇用拡大を企図している。
③　国際化の進展に対応して1977以来行われたインピュテーション方式を廃止し，配当半額課税方式に変更し，制度の簡素化とともに外国資本の導入促進を狙っている。
④　資本会社による他の資本会社に対する持分（持株）の譲渡益を非課税とし，持株構成の合理化，企業組織の再編の容易化を企図している。
⑤　課税ベース拡大により減税の代替財源の一部を調達しているが，このための特別措置の廃止等はもっぱら企業部門を対象にした。

こうして見ると，「新しい中道」を掲げるシュレーダーが率いる連立政権の税制改革は，一面では経済振興のための企業減税を掲げた大幅減税や課税ベース拡大による代替財源確保については前政権時代の改革構想と共通しており，それゆえにこそ曲折は経ながらも連邦参議院における法案の承認も可能であった。しかし，その半面で，やはりSPD首班内閣ならではの特色をも含んでいることにも気づく。なによりも特徴的なのは，内部留保の意識的優遇である。この問題についての批判は既に紹介したので繰り返さない。重要なのは，市場の資源配分機能を信奉し，中立的税制を目指した前政権時代の改革構想とは異なり，税制を通じて意識的に市場に影響を及ぼし得るという思想がここに表現されていることである。

また，所得税の最高税率については政府案45％，野党案35％と大幅な隔たりがあり，当初はその間をとって40％程度に落ち着くかという観測もあったが，政府は小刻みに妥協案を出した結果42％で決着した。ここにも租税負担の「公平」についての思想の差異が反映されている。

さらに，課税ベース拡大に際しては被用者の負担となる日曜・夜間・休日手当への課税は見送られる一方，減価償却の制限を中心に企業部門に重点化するなどSPDの支持基盤への配慮が行われた。

ところで，図表6－10を見るとドイツ税制改革において関心の的となっている企業課税からの収入は，近年になると税収総額の中では意外なまでに小さな

図表6－10　連邦・州・市町村税収の推移　　　　（単位：百万DM，％）

	1991年		1995年		1996年		1997年		1998年		1999年	
	実額	割合	実額	割合	実額	割合	実額	割合	実額	割合	実額	割合
共同税（小計）	478,477	72.3	579,177	71.1	555,017	69.4	554,695	69.6	590,446	70.9	628,926	71.0
給与所得税	214,175	32.4	282,701	34.7	251,278	31.4	248,672	31.2	258,276	31.0	261,708	29.5
査定所得税	41,533	6.3	13,997	1.7	11,616	1.5	5,763	0.7	11,116	1.3	21,293	2.4
対収益非査定所得税	11,381	1.7	16,914	2.1	13,345	1.7	14,694	1.8	22,749	2.7	22,117	2.5
源泉利子税	-	-	12,807	1.6	12,111	1.5	11,398	1.4	11,891	1.4	11,823	1.3
法人税	31,716	4.8	18,136	2.2	29,458	3.7	33,267	4.2	36,200	4.3	43,731	4.9
売上税（付加価値税）	98,798	14.9	198,496	24.4	200,382	25.0	199,934	25.1	203,684	24.5	218,272	24.6
輸入売上税	80,874	12.2	36,126	4.4	36,827	4.6	40,967	5.1	46,530	5.6	49,982	5.6
連邦税（小計）	93,678	14.2	134,067	16.5	137,867	17.2	135,265	17.0	130,513	15.7	141,280	15.9
鉱油税	47,266	7.1	64,888	8.0	68,251	8.5	66,008	8.3	66,677	8.0	71,278	8.0
電気税	-	-	-	-	-	-	-	-	-	-	3,551	0.4
たばこ税	19,591	3.0	20,595	2.5	20,698	2.6	21,155	2.7	21,652	2.6	22,795	2.6
コーヒー税	2,151	0.3	2,186	0.3	2,236	0.3	2,244	0.3	2,103	0.3	2,163	0.2
砂糖税	180	0.0	-	-	-	-	-	-	-	-	-	-
シャンペン税	1,051	0.2	1,083	0.1	1,064	0.1	1,095	0.1	1,096	0.1	1,134	0.1
火酒税	5,648	0.9	4,837	0.6	5,085	0.6	4,662	0.6	4,426	0.5	4,367	0.5
資本流通税	767	0.1	-	-	-	-	-	-	-	-	-	-
保険税	5,862	0.9	14,104	1.7	14,348	1.8	14,128	1.8	13,951	1.7	13,917	1.6
手形税	328	0.0	-	-	-	-	-	-	-	-	-	-
補充公課/連帯付加税	10,488	1.6	26,268	3.2	26,091	3.3	25,891	3.2	20,558	2.5	22,045	2.5
その他の連邦税	346	0.1	106	0.0	94	0.0	82	0.0	50	0.0	30	0.0
州税（小計）	29,113	4.4	36,602	4.5	38,540	4.8	34,683	4.4	37,300	4.5	38,264	4.3
財産税	6,729	1.0	7,855	1.0	9,035	1.1	1,757	0.2	1,062	0.1	1,050	0.1
自動車税	11,011	1.7	13,806	1.7	13,743	1.7	14,418	1.8	15,171	1.8	13,767	1.6
ビール税	1,647	0.2	1,779	0.2	1,719	0.2	1,699	0.2	1,662	0.2	1,655	0.2
その他の州税	9,726	1.5	13,162	1.6	14,043	1.8	16,809	2.1	19,405	2.3	21,792	2.5
市町村税（小計）	52,381	7.9	57,323	7.0	62,014	7.8	65,613	8.2	68,278	8.2	71,426	8.1
営業税EおよびK	41,279	6.2	42,152	5.2	45,859	5.7	48,601	6.1	50,509	6.1	52,924	6.0
不動産税A	547	0.1	614	0.1	625	0.1	643	0.1	639	0.1	641	0.1
不動産税B	9,374	1.4	13,131	1.6	14,071	1.8	14,860	1.9	15,598	1.9	16,249	1.8
その他の市町村税	1,181	0.2	1,426	0.2	1,459	0.2	1,509	0.2	1,532	0.2	1,612	0.2
関税	8,307	1.3	7,118	0.9	6,592	0.8	6,899	0.9	6,486	0.8	6,231	0.7
租税収入合計	661,956	100	814,284	100	800,027	100	797,153	100.0	833,013	100.0	886,125	100.0

（出所）　Bundesministerium der Finanzen (2000m), S.257-261.

比重しか持たないことに気づかされる。すなわち，連邦・州および市町村の共同税において最大の比重を占めるのは給与所得税であり，次いで売上税である。企業課税に当たる法人税および査定所得税は1998年において合計5.6％を占めるに過ぎない。むしろ企業課税としては，市町村の営業税の方が6.1％と高い比重を持っている。ところが，この部分に関しては，1998年に基本法によって「営業税保障」が与えられたことから，基本法を再度改正しない限り当面連邦としては手をつけることができない[34]。だからこそ，「税制改革2000」においては人的企業の営業税負担を所得税からの控除によって除去するという苦肉の策を講じざるを得なかったのである。

とはいえ，所得税からの控除は全国平均による概算的税率によるものであるから，自治体間における税率格差が大きいだけに，平均以上の税率を負担する地域の企業の不満は解消されない。今後一層の企業負担軽減が提起されるとすれば，所得税・法人税にとどまることなく営業税の見直しが提起されることは必至である。その際には，グローバル化の中で，市町村の固有の課税権がどこまで保障されるべきかが正面から問われることになろう。

大規模な減税を核心とする「税制改革2000」は，2001年1月に発効した。すでに2000年からユーロ安による輸出増大に税制改革の心理的効果も加わって，ドイツ経済の回復が進み失業も減少傾向にあるが，その半面で原油価格高騰が景気に及ぼす悪影響が懸念されている。2000年末以降のアメリカ景気の減速が及ぼす影響もあって，2000年の景気回復は一時的現象とする見方も出始めている。税制改革に期待された「自己財源調達効果」は多くの不確定要因を抱えているのである。2006年における公債発行額ゼロを目標とする連邦の財政健全化計画を実現するためには，一層の歳出削減努力が求められる。大規模減税は共

---

34) 1998年施行の営業税改革において，従来企業サイドから「収益無関連な」税として不評であった営業資本税が廃止された。この際に代替財源として共同税である売上税への市町村参与（2.2％）が導入されたほか，基本法第28条第2項の3において「自治の保障は財政的自己責任の基礎をも含んでいる。この基礎には，市町村が所管する経済力関連の，税率決定権のある税源も属している」と規定され，以後これが営業税を連邦の干渉から防衛する「営業税保障」として機能している（中村［1999］参照）。

同税たる所得税・法人税を中心にするものである以上,それが州・市町村財政に及ぼす影響も大きく,全ての政府レベルにおける抑制的財政運営が求められよう。

　1999年に通貨統合にまで到達した欧州統合の進展の中で,ドイツではマーストリヒト基準を充足すべく財政健全化努力が続けられてきた。「税制改革2000」はこの成果の上に,欧州におけるドイツの立地条件改善を目指すものであった。こうして実現された税制改革が要請する一層の歳出抑制は,全体として経済・社会に対する政府の比重の低下をもたらすことになる。その結果,ドイツ型福祉国家としての「社会国家」もまた変容を迫られる。既に進行中の年金制度の改革,論議が始まった失業保険の改革など,市場重視型の「改革」は世界的潮流といえる。「税制改革2000」はそのひとつの明確な節目であり,さらに次の局面への跳躍台でもある。

【参考文献】

Bareis, Peter (1995), Die notwendige Reform der Einkommensteuer 1996—Thesen der Einkommensteuer - Kommission im Vergleich mit den Tarifvorschlägen des BMF und des Finanzministeriums NRW, *DStR* 1995.

Beichelt, Bernd (1998), Aus der Arbeit des Steuergesetzgebers von Mitte 1997 bis zum Ende der 13. Legisalturperiode des Deutschen Bundestages, *Steuer und Wirtschaft* 4/1998.

Bundesministerium der Finanzen (Hrsg.) (1995), Thesen der Einkommensteuer-Kommission zur Steuerfreistellung des Existenzminimums ab 1996 und zur Reform der Einkommensteuer, *Schriftenreihe des Bundesministeriums der Finanzen*, Heft 55, Bonn 1995.

Bundesministerium der Finanzen (Hrsg.) (1997), Reform der Einkommensteuer-Vorschläge der Steuerreform - Kommission vom 22. Januar 1997."Petersberger Steuervorschläge", *Schriftenreihe des Bundesministerium der Finanzen*, Heft 61, Bonn 1997.

Bundesministerium der Finanzen (Hrsg.) (1998), *Unsere Steuern vom A − Z*, Ausgabe 1998, Bonn 1998.

Bundesministerium der Finanzen (Hrsg.) (1999a), Brühler Empfehlungen zur Reform der Unternehmensbesteuerung, *Schriftenreihe des Budesministerium der Finanzen*, Heft 66, Bonn 1999.

Bundesministerium der Finanzen (1999b), *Finanzbericht* 2000, Bonn 1999.

第6章 新世紀ドイツの税制改革

Bundesministerium der Finanzen (2000a), *Die Steuerreform : Steuern senken, Wachstum stärken, Arbeitsplätze schaffen*, Veröffentlicht im März 2000.
Bundesministerium der Finanzen (2000b), *Steuerreform 2000*, 23.März 2000.
Bundesministerium der Finanzen (2000c), *Die Steuerreform 2000*, Veröffentlicht im Augst 2000.
Bundesministerium der Finanzen (2000d), *Steuerreform 2000. Grafische Darstellungen und internationale Vergleich*.
Bundesministerium der Finanzen (2000e), *Steuerreform 2000 – jetzt ! Mittelstand und Arbeitnehmer um weiter 5 Milliarden entlastet*.
Bundesministerium der Finanzen (2000f), *Die Steurreform 2000 im Überblick*.
Bundesministerium der Finanzen (2000g), *Steuerpolitik der Bundesregierung*.
Bundesministerium der Finanzen (2000h), *Steuersenkungsgesetz einschließlich der Entschließung des Bundesrates vom 14. Juli 2000 (Steuersenkungsergänzungsgesetz). Auswirkungen auf die öffentlichen Haushalte und einzelne Steuerpflichtige*.
Bundesministerium der Finanzen (2000i), *Steuerpolitik der Bundesregierung ist gezielte Familienförderung*.
Bundesministerium der Finanzen (2000j), *Steuerreform 2000 ist gezielte Mittelstandsförderung*.
Bundesministerium der Finanzen (2000k), *Unsere Steuerpolitik—Zwischenbilanz und Zukunft*.
Bundesministerium der Finanzen (2000l), *Gesetz der Bundesregierung. Entwurf eines Gesetz zur Ergänzung des Steuersenkungsgesetzes*.
Bundesministerium der Finanzen (2000m), *Finanzbericht* 2001, Bonn 2000.
Deutscher Bundestag (2000a), Beschlussempfehlung und Bericht des Finanzausschuss, *Drucksache* 14/3366.
Deutscher Bundestag (2000b), Beschlussempfehlung des Vermittlungsausschuss, *Drucksache* 14/3760.
DIW (2000), Unternehmenssteuerreform—Einstieg in die duale Einkommensteuer ? *DIW–Wochenbericht* 11/2000.
Dziadkowski, Dieter (1997), Zur Tarifdiskussion im Rahmen der geplanten "Jahrhundertreform", BB 1997.
Eichel, Hans (2000), Mehr Beschäftigung durch Investitonen, *Wirtschaftsdienst* 2/2000.
Falthauser, Kurt/Merz, Friedrich (2000), Das Steuerreformkonzept von CDU und CSD, *Wirtschaftsdienst* 2/2000.
Kießling, Heinz/Pelikan, Horst/Jäger, Birgit (1995), *Körperschaftsteuer*, Achim 1995.
Lange, Ranft (1996), *Lohnsteuer*, 12 Aufl., Achim 1996.

Peffekoven, Rolf (2000), Nach wie vor : Konzeptionelle Unterschiede bei den Pläne für eine Steuerreform, *Wirtschaftsdienst* 2/2000.
Süddeutsche Zeitung 24. 25. 26/12/1999.
Süddeutsche Zeitung 10/7/2000(http://www.welt.de).
Süddeutsche Zeitung 2/8/2000, a.a.O.
Tipke, Klaus / Lang, Joachim (1998), *Steuerrecht*, 16. völlig überarbeitete Auflage, Köln 1998.
Uldall, Gunnar (2000), *Die Steuerwende : Eine neue Einkommensteuer—einfach und gerecht*, München 1996.
ヴォルフガング・レンチュ（伊東弘文訳）(2000)「ドイツ連邦共和国における連邦国家の現代化，財政調整及び連邦憲法裁判所」『地方財政』2000年3月号
大蔵省大臣官房調査企画課（1995）「ドイツ経済専門家委員会について」『調査月報』第84巻第1号
加藤榮一（2003）「財政システム—統一の負担とグローバル化の圧力」，戸原四郎・加藤榮一・工藤　章編『ドイツ経済—統一後の10年』有斐閣，所収
中村良広（1999）「ドイツ市町村売上税参与の導入と地方自治」『自治総研』1999年12号
中村良広（2000a）「〈研究ノート〉ドイツにおける税制改革論の現段階—グンナー・ウルダルの改革提案を中心に—」『北九州大学商経論集』第35巻第3・4号
中村良広（2000b）「ドイツにおける州間財政調整再編への始動—連邦憲法裁判所判決（1999.11.11）とその意義—」『自治総研』2000年10月号
半谷俊彦（2000）「ドイツにおける所得・法人税統合方式の変更について—ブリュール勧告を中心に」『和光経済』第33巻第1号
半谷俊彦（2001）「利潤課税負担の日独比較—ドイツ2000年税制改革の検討」『和光経済』第33巻第2・3号

終章　所得税改革の展望

第1節　日本の所得税の現段階

　所得税の財源調達力の低下が問題になって久しい。福祉国家の財源としての所得税への期待の一方で，80年代後半以降租税の「中立性」が重視される中で包括的所得税のモデルへの批判が強まっている。70年代後半以降の「支出税ルネサンス」にもかかわらずその実行可能性が低いことから，支出税そのものを目指す税制改革は提起されなかったが，年金課税や資本所得課税において支出税的発想に裏付けられた所得税の部分的変更が進められた。こうした流れの結果，日本の包括的所得税は労働所得税もしくは前納勘定方式の支出税へ接近したが，利子率や税率，資産価値の長期的固定化という非現実的想定のため支出税の理念と現実の乖離は拡大し，包括的所得税への批判の鋭さとは裏腹に税制の実態は欠陥が多く不公平なものとなった[1]。

　60年代末以降欧州の共通税制として採用され，国際的に普及してきた付加価値税は，所得税や支出税の欠陥を免れるように見えるが，半面で逆進性問題という固有の欠陥を有している。たとえ税それ自体として不公平であろうと，その支出において公平な再分配を果たせばよいという見解もあるが，納税者の心理はそれほど合理的ではなく，やはり税はそれ自体として公平であることを主張しなくてはならない。特に政府活動（＝歳出）への信認が低いほどその傾向が強くなる。その意味で所得税はなお有力な税であり，それ自体の公平性のみ

1）　宮島（1986）は，80年代初頭のわが国の所得税について，「その是非が問われ，抜本的改革が強く要請されているのは，包括的総合所得税ではなく，実は分類所得税であり，その極端なケースの労働所得税なのです」と特徴づけている（201頁）。

ならず他の税の不公平性をも打ち消し，租税体系全体としての公平性を維持する機能が期待されている。わが国では近年の消費税増税に関連して，低所得者対策として給付付き税額控除の構想が浮上した。さらに，最高税率引き上げによる再分配機能の向上も同じ脈絡で主張されている。

民主党政権から自公政権への転換後，短期間で策定された「平成25年度税制改正の大綱」は，課税所得4,000万円超の高所得層に対する最高税率を5％引き上げ45％とすることを提案している（2015年分所得税から適用）。与党の「平成25年度税制改正大綱」は，これについて「平成26年4月からの消費税率の引き上げ」への配慮をその一因としているが，2014年4月に始まり2段階で実施される消費税率引き上げによる増収は13.5兆円程度（軽減税率を考慮しない場合）と見積もられているのに対して，最高税率引き上げによる増収見込み額は590億円と桁違いに少額である。自公政権は逆進性対策としての給付付き税額控除には否定的で，消費税における軽減税率の導入を主張している。したがって，当面の日本の消費税増税における所得税の役割は極めて限定的である。

80年代末における日本の抜本的税制改革は，消費税を導入する一方で所得税，法人税の大幅な減税を実施し，減税額が新税による増税額を上回る「減税先行」の改革となった。所得税の大きな欠陥とされてきた株式譲渡所得課税は原則課税となったものの，低率の源泉分離ないし申告分離課税にとどまった。利子課税についても20％の源泉分離課税とされた。これらの金融所得については総合課税化が理想とされながらも納税者番号制の不在がその最大のネックとされた。

今日では納税者番号制は「共通番号制」として給付面もカバーするより広範な仕組みとして導入が決定したが，今や金融所得の総合課税化はその目標から外されている。むしろ各種の金融所得を一括りに分離課税する「金融所得課税の一体化」の手段に機能転換させられている。この延長上には北欧流の二元的所得税が控えているが，そこまで進むかどうかは不透明である。

今後消費税率の引き上げが繰り返されるとすれば，租税構造全体としての垂直的公平を保つため所得税への期待が高まる。しかし，現在すでにそうである

ように金融所得に累進税率を適用しない仕組みの下では，所得税の再分配効果そのものに大きな限界がある。従来，所得税の累進構造に対しては中立性に反するものとして効率の観点から批判が加えられた。この場合の「中立性」とは労働供給に関するものであった。しかし，これに加えて今日発生している問題，とりわけ最高所得層に係る「中立性」の問題は移動性の高い資本所得の問題である。国際的に80年代後半に中立性への配慮からフラット化された所得税は，グローバル化の進展の中でその伝統的な特性とされた応能課税の範囲が労働所得に限定される方向にある。

第2節　所得税の国際動向とその含意

　90年代以降のこの20年間，国際的に見て所得税の地位はいかなる状況にあるのか。持田（2012）は福祉国家の歳入基盤について示唆に富む考察を行っている。本節では，そこで示された視角を念頭に置きつつ図表終-1を手掛かりに所得税に焦点を絞って考察する。
　はじめにOECD統計では「税収」に社会保険料を含んだものと除外したものが掲げられているが，ここでは社会保険料を含んだものを使用する。年金や医療等について国によって保険方式を採る場合と税方式を採る場合とがあり，社会保険料と租税とがしばしば代替的だからである。
　まず，OECD平均から見ると，総税収では負担率は若干上がっているものの，ほぼ横ばいといってよい。グローバル化の中での活発な租税競争は租税負担率の低下をもたらすかに思えるが，実際には「底辺への競争」は起こらなかった[2]。国内的に根強い財政需要が，租税負担率の低下を許さなかったからである[3]。

2）　持田（2012），18頁。
3）　スタインモ（2009）は，国際的租税競争の重要性を認めながらも，租税負担率の低下が起こらなかった理由として，①国ごとの反応の違い，②高齢化，③政府に対する信頼の問題を挙げている。

租税負担の内訳をみると個人所得税の負担率の低下（△1.9％）が目立っている半面で，社会保険料の負担率の上昇（1.5％）が大きい。また，財・サービス税の負担率も若干の上昇（0.6％）をみせている。

　租税負担を国別にみると，米国の負担率はもともと平均値を大きく下回っているが，2010年には20年前に比べてさらに低下している（△2.6％）。税種別では法人税，財産税の負担率がわずかに上昇しているほかはすべて低下しており，中でも基幹税である個人所得税の負担率の大幅な低下（△2.0％）が目立っている。2001年，2002年におけるブッシュ減税，2008年のリーマンショック後の税収減によってこの事態はもたらされた。

　一方，かつて租税負担率が最も低かった韓国では，1997年に誕生した金大中政権による「福祉国家の超高速拡大」と言われた社会保障システムの整備と盧武鉉政権によるその継承発展の結果，社会保険料が急上昇している。しかし，総税収の負担率はようやくアメリカ並みであり，特に個人所得税の負担率の低さが際立っている。それに対して財・サービス税はほぼ拮抗する一般消費税及び個別消費税を合わせて諸税の中で最も高い負担率を維持している。

　イギリスの租税負担率は若干低下しているが，法人税，個人所得税，財・サービス税のいずれも不況の影響で負担率が低下する中で，財産税の負担増が目立っている。しかし，財産税については実は90年が異常値であって，これは90～92年度の短期間における人頭税（名称：コミュニティ・チャージ）導入による地方財産税（レイト）の廃止の影響を反映している。注目すべきは社会保険料がその負担率を高めていることである。

　ドイツの租税負担率は全体としては高まっているが，これは社会保険料と2007年の付加価値税率引き上げ（3％）による財・サービス税の負担率上昇によるもので，法人税，個人所得税，財産税はいずれも負担率が低下している。注目されるのは個人所得税で，付加価値税率引き上げと同時にこの税の最高税率も引き上げられた（42％→45％）にもかかわらず，不況の影響と減税政策とによって2010年の負担率は低下している。

　フランスの租税負担率は西欧では際立って高いが，その内訳において個人所

終章　所得税改革の展望

図表終―1　税収とその変化（対GDP比）

(単位：%)

国　名	年次	総税収入	法人税	個人所得税	社会保険料	財産税	財・サービス税
イギリス	1990	35.5	3.5	10.4	6.0	2.9	11.0
	2010	34.9	3.1	10.0	6.6	4.2	10.7
アメリカ	1990	27.4	2.4	10.1	6.9	3.1	4.8
	2010	24.8	2.7	8.1	6.4	3.2	4.5
フランス	1990	42.0	2.2	4.5	18.5	2.7	11.9
	2010	42.9	2.1	7.3	16.6	3.7	10.7
ドイツ	1990	34.8	1.7	9.6	13.0	1.2	9.3
	2010	36.1	1.5	8.8	14.1	0.8	10.6
デンマーク	1990	46.5	1.7	24.8	0.9	1.9	15.4
	2010	47.6	2.7	24.3	1.0	1.9	15.2
スウェーデン	1990	52.3	1.6	20.1	14.2	1.8	13.0
	2010	45.5	3.5	12.7	11.4	1.1	13.9
日本	1990	28.6	6.4	7.9	7.6	2.7	3.9
	2010	27.6	3.2	5.1	11.4	2.7	5.2
韓国	1990	19.5	2.5	3.9	2.0	2.3	8.6
	2010	25.1	3.5	3.6	5.7	2.9	8.5
OECD平均	1990	33.0	2.6	10.3	7.6	1.8	10.4
	2010	33.8	2.9	8.4	9.1	1.8	11.0

（注）　OECD平均はウエイトづけをしない単純平均である。
（出所）　OECD（2012）．

得税の負担率が明確に高まる（2.8%）半面で，社会保険料の負担率は低下する（△1.9%）という対照的な動きを見せている。これは1991年に一般社会税が導入されて社会保険料の一部に代替することになったからである。一般社会税は，一部の例外を除くすべての所得を課税対象としていることから所得税より課税ベースが広く，しかも所得水準によらず定率で課税される。当初は税率1.2%で導入されたが，その後段階的に税率が引き上げられ，現在では給与所得等について7.5%，金融所得については8.2%という税率が適用されている。所得税と合わせて個人所得課税を構成しているが，近年の個人所得課税の増加はもっ

ぱらこの一般社会税の引き上げによるものである[4]。普通税としての所得税ではなく，目的税としての一般社会税の増税が進んでいることはこの税の租税抵抗が相対的に小さいことをうかがわせて示唆的である。

　北欧福祉国家の代表とみなされてきたスウェーデンであるが，その税負担率はこの20年間に大きく低下した（△6.8％）。中でも所得税の減税は劇的で，二元的所得税を導入した1991年の抜本的税制改革において税率も大幅に引き下げられ，所得税の減収をもたらした。しかも，これに併せて社会保険料の負担も明確に低下した（△2.8％）。一方，北欧諸国でもデンマークの租税負担率は若干高まり，いまやスウェーデンを上回るに至った。デンマークは医療・年金において税方式を採る国として代表的で，その財源として個人所得税の負担が最大である。しかし，個人所得税と社会保険料の合計で見た場合，2010年のスウェーデンの負担率24.1％，デンマークの負担率25.3％と両者にほとんど差がなくなっている。フランスの事例でみられた租税と社会保険料の代替関係が，ここでは国を越えて現れている。ただ，社会保険料は国ごとの制度の差はあるが多かれ少なかれ企業負担を伴うのに対して，個人所得税であれば企業負担が解除されることに注意が必要である。

　日本の租税負担率は全体として若干の上昇にとどまるが，税種ごとの動きには大きな差が認められる。まず，所得税，法人税の負担率は長期の経済停滞や累次の減税によっていずれも低下した。対照的に社会保険料の負担率は高齢化に伴う年金・医療保険料の引き上げ，2000年度における介護保険の導入とその後の保険料引き上げによって大きく上昇した。また，財・サービス税の負担率についても97年の消費税率引き上げのために上昇した。

　こうした租税負担の現状とその変化に関する持田（2012）の解釈を個人所得税に限定してまとめれば次のようになる[5]。

4）　フランスにおける一般社会税の導入の背景，制度の概要については小多（2007）で簡明に紹介されている。
5）　持田（2012），19-20頁。

終章　所得税改革の展望

① グローバル化の進展に伴い，移動性の高い資本所得に累進的総合所得税を賦課することが困難になり，資本所得の非課税化，あるいは分離課税化が進んだ。そうした潮流を代表するのが北欧諸国の二元的所得税であり，アメリカにおける貯蓄非課税型所得税（USA税）である。
② アメリカの税制はRベースの法人税[6]と資本所得控除型の所得税を組み合わせるものとなっている。これについて，「福祉国家論的な観点からいうと，基軸国としての優位性を維持するため，付加価値税なきアメリカ福祉国家においては，所得税の枠内で実質的に消費課税を強化しようとしていると評価できる」[7]。
③ 「第二次大戦後に世界中に広まったヘイグ＝サイモンズ流の包括的所得税によって公平な税制を構築し，福祉国家の財政需要を満たすという理念そのものはあきらかに動揺し，後退を余儀なくされている」[8]。

上記の指摘自体はそれぞれに重要である。特に，①及び③は事実としてその通りであろう。しかし，②の解釈はいささか不明瞭である。「基軸国家としての優位性を維持するために」「消費課税を強化しようとしている」とその論理を単純化すれば，直ちに，グローバル化の中で基軸国であり続けるためには税制を消費課税にシフトせざるを得ないのかという疑問がわいてくる。図表終－1でOECD平均値を見る限り，この20年間における財・サービス税の負担上昇は僅か（0.6％）であり，目立っているのは社会保険料の上昇（1.5％）である。所得課税の負担率低下は明らかであるが，それが消費課税の引き上げによって代替されているわけではない。社会保険料をも含む「租税負担」を示すOECD統計のメリットは，こうしたことに気づかせてくれる点にある。こうした国際的動向の中で，なぜアメリカがことさらに消費ベースの所得税に向かわなくてはならないのか十分に説明されているとは言えないのである。

---

[6] Rベースも含む資金ベース法人税は，ミード報告が支出税体系下の法人税構想として提唱したものであるが，「消費」支出への課税という支出税を法人に課する根拠は薄弱であると宮島（1986）は指摘している（83-84頁）。
[7] 持田（2012），20頁。
[8] 持田（2012），20頁。

第3節　これからの所得税

　それにしても、かつて「租税の女王」といわれた所得税が大きな岐路に立たされていることは間違いない。中国、インドといった新興国の急成長とは別に、成熟段階に達した福祉国家は財政の持続可能性とともに経済活力を保障する租税システムの構築に苦闘している。その過程で包括的所得税構想もグローバル化と低成長経済という現実への対応を迫られている。移動性の高い資本所得への課税が租税競争の焦点となることは避けられない。

　理念的モデルとしての包括的所得税が困難になっていることは間違いないが、各国の現実の動きとしては所得税の支出税化や付加価値税のウエイトの高まりが単線的に進んでいるわけではない。北欧を中心に二元的所得税が大きな流れとなっている。実は日本の所得税も、1950年代半ばに早くもシャウプ税制の本質的部分が崩壊した後は分類所得税であり、80年代末の抜本的税制改革によって株式譲渡益課税、少額貯蓄非課税の原則廃止が実現されたのちもそれらについては低率の分離課税であり続けた。このような日本の仕組みは包括的所得税というよりむしろ二元的所得税に近いということで、OECDの研究では「半二元的所得税」（semi-dual income tax）に分類されている[9]。

　わが国の所得税における最近の目立った動きは、金融所得課税の一体化の定着である。民主党政権への交代期も含めて維持されたこの方向は、「マイナンバー」（共通番号制）の実現と特定口座に対する軽減税率（10％）から2014年からの本則税率（20％）への復帰とともにさらに進むことになろう。金融所得に最適課税論の観点から土地譲渡所得や不動産所得をも一括りにして定率課税を

---

9)　諸富編著（2009）の第2章シンポジウムにおける鶴田満彦報告「所得課税の国際比較」は、OECD（2006），Fundamental Reform of Personal Income Taxに依拠しながら、所得税制の国際動向を紹介している。そこでは北欧諸国のほかオーストリア、フランス、イタリア、オランダなどが日本とともにsemi-dual income taxの国に分類される一方で、イギリス、アメリカなどアングロサクソン系の国々をはじめドイツ、ルクセンブルク、スペインなどがsemi-comprehensive income taxの国とされているという。

終章　所得税改革の展望

適用する二元的所得税に進むかどうかは不確定である。とはいえ，不動産所得は総合課税の対象であるが，土地譲渡所得は分離課税であり，金融所得とのグルーピングにおいて必要な調整は税率のみである。

このように見てみると2000年代初めに金融所得の総合課税化を放棄した後は，そこを橋頭堡に二元的所得税まで前進を続けるかどうか，semi-dualからdualに到達するかどうかが今や問題の焦点であり，金融所得の総合課税化が再度提起される動きはほとんどなくなっている。

金融所得や不動産譲渡所得が低率の分離課税とされている以上，所得税の再分配効果に大きな限界があることは既にみた通りである。さらに税収についても理念的な包括的所得税に比べれば，分離課税の税率の低さに応じて失われる。

福祉国家を支えるべき所得税は，理念的包括的所得税としてその再分配効果及び財源調達効果において最も優れている。しかし，「大きな政府」と市場との折り合いをつける最適課税の要請と，グローバル化時代における金融所得の国外逃避の防止という観点から，包括的所得税の実現は極めて困難になっている。上記のOECDの研究時点では「半包括的所得税」(semi-comprehensive income tax)に分類されたドイツにおいても2009年1月には利子，配当，株式譲渡益に一括した分離課税（税率27.375%）が実施されることになり，これ以降はドイツもsemi-dualの国に移行したとみなされよう。

所得税は付加価値税に比べ，生計費非課税や累進課税によって応能原則を実現し得るという大きな利点をもっている。しかし，痛税感が大きいことが一面では納税者意識を高める契機とはなるものの，半面では大きな租税抵抗につながり，高度経済成長が過去のものとなった今日では増収は主として「増税」によらざるを得ないだけに大きな困難を伴う。福祉国家の財源は今や個人所得税，社会保険料，財・サービス税（とくに付加価値税）をその基幹部分としている。イギリスで話題となったように「大きな社会」により政府規模を抑える試みも進んでいるが[10]，すでに制度として定着した福祉国家を賄う財源としての

10）イギリスのキャメロン首相のボランティア団体，地域社会等による福祉支援に期待する「大きな社会」運動に対しては，政府の責任放棄である，単なる歳出抑制策であるという批判が浴びせ

租税負担の一層の高まりは避けられない。その過程で個人所得税が現在の地位を維持し得るかどうかは,「勤労所得」を生み出す納税者大衆の福祉国家に対する「積極的な」支持が持続するかどうかにかかっている。

【参考文献】

小多章裕(2007)「ドイツ,フランスにおける税制改革の動向」『ファイナンス』2007年6月号

スヴェン・スタインモ(2009)「現代国家の変容と租税政策―グローバル化,高齢化及び政府への信頼をめぐって―」(アンドリュー・デウィット,池上岳彦編訳),神野直彦・池上岳彦編著『租税の財政社会学』税務経理協会,所収

宮島　洋(1986)『租税論の展開と日本の税制』日本評論社

持田信樹(2012)「福祉国家の歳入基盤」『税研』No. 166

諸富　徹編著(2009)『グローバル時代の税制改革』ミネルヴァ書房

German Council of Economic Experts/Max Planck Institute for Intellectual Property, Competition and Tax Law/Center for European Economic Research (2008), *Dual Income Tax. A Proposal for Reforming Corporate and Personal Income Tax in Germany*, Heidelberg.

Ishkanian, Armine/Szreter, Simoin (ed.) (2012), *Big Society Debate : A New Agenda for Social Welfare ?*, Cheltenham.

OECD (2012), *Revenue Statistics 1965-2011*.

られた。しかし,この動きはアメリカ的な「福祉国家」モデルとも対比しながらその意義について研究する必要がある。Ishkanian, Armine/Szreter, Simoin (ed.) (2012) がこの問題をめぐる最近の議論を興味深く伝えている。

索　引

〈ア〉

アイヒェル(Eichel, Hans) -------- 158, 165
青木訴訟 ------------------------------ 33
青色申告者 ---------------------------- 41
新しい中道 --------------------------- 199

〈イ〉

域内市場 -------------------------- 111, 157
池畑訴訟 ------------------------------ 33
一般社会税 --------------------------- 209
一般消費税 ---------------------------- 14
一般消費税構想 ------------------------ 10

〈ウ〉

ウルダル(Uldall, Gunnar) ---------- 111, 192

〈エ〉

営業税 ------------------------ 163, 178, 181
営業税保障 ----------------------- 178, 201
エスピン・アンデルセン
　(Esping-Andersen, Gøsta) -------- 13
N分N乗方式 ---------------------- 18, 20, 24
エルツベルガーの財政改革 -------- 115, 198

〈オ〉

欧州統合 -------------------------- 111, 157
応能原則 --------------------------- 96, 106

〈カ〉

課税最低限 ------------------------- 30, 98
課税単位 --------------------------- 15, 17

〈カ〉(続)

家事労働 ------------------------------ 38
家族単位課税 -------------------------- 15
隠れた増税 --------------------------- 117
合算非分割課税 ------------------------ 18
合算分割課税 -------------------------- 18
環境税改革 --------------------------- 187
完全インピュテーション方式 ---------- 167

〈キ〉

基礎控除 ------------------------------ 30
基礎的な人的控除 ---------------------- 28
規模の経済 ---------------------------- 20
犠牲説 ------------------------------- 131
帰属所得 --------------------------- 20, 23
給付付き税額控除 ------------- 63, 74, 105
給与所得控除 ------------------ 10, 30, 46
教会税 --------------------------- 122, 134
共通番号制度 -------------------------- 58
均等割 -------------------------------- 95
勤務必要経費 -------------------------- 51
金融所得課税 -------------------------- 81
金融所得課税の一体化 ------------ 60, 206
勤労所得控除 -------------------------- 46

〈ク〉

グリーンカード制度 -------------------- 59
車の両輪 --------------------------- 81, 89

〈ケ〉

軽減税率 ------------------------------- 4
経済安定成長法 ----------------------- 116
減税政策 --------------------------- 9, 10

215

〈コ〉

五賢人 ---------------------- 122, 132, 137, 173
個人住民税 ------------------------------- 89
個人単位課税 ----------------------------- 15
固定資産税 ------------------------------- 88
子ども手当 ------------------------ 36, 45, 93
個別消費税 ------------------------------- 14
高校授業料実質無償化 ----------------- 37, 90
公的医療保険 ------------------------------ 9
公的年金等控除 --------------------------- 11
高福祉・高負担 ---------------------------- 3
国民負担 ---------------------------------- 7

〈サ〉

財源調達機能 --------------------- 10, 35, 81
財政の持続可能性 ------------------------- 10
最低生活費 ------------------------------- 30
最適課税論 ------------------------------- 60
サラリーマン税金訴訟 --------------------- 50
産業立地確保法 ----------------------- 125, 140
三位一体の改革 ------------------------ 5, 89

〈シ〉

事業専従者控除 --------------------------- 41
自己財源調達効果 --------------- 136, 174, 184
資本会社 ------------------------------- 160
シャウプ勧告 ----------------------------- 32
社会的扶助 ------------------------------ 129
社会保険料控除 --------------------------- 30
社会保障・税一体改革 --------------------- 71
社会保障・税番号大綱 --------------------- 57
住宅ローン減税 -------------------------- 105
シュレーダー (Schröder, Gerhard)
　　　　　　　　　　　　　　　 158, 199
所得税減税 ------------------------------ 186

所得税最高税率引き上げ ------------------- 80
所得半額算入方式 ---------------- 160, 161, 167
所得分割 ------------------------------ 16, 23
所得割 ---------------------------------- 100
条件国家整備説 --------------------------- 13
消費税逆進性対策 ---------------------- 72, 76
消費税の転嫁不足 -------------------------- 4
小税制改革 ------------------------------ 117
証明負担の逆転 ---------------------- 141, 153
白色申告者 ------------------------------- 41
人的企業 ---------------------------- 160, 162
森林環境税 ------------------------------ 100

〈セ〉

世帯単位課税 ------------------------- 15, 17
税務行政 --------------------------------- 47
生活扶助基準 ----------------------------- 31
生計同一の妻 ----------------------------- 97
制限税率 -------------------------------- 100
生計費非課税 ----------------------------- 31
税源移譲 ------------------------------ 5, 103
税制改革2000 --------------------------- 157
成年扶養控除 ----------------------------- 36
税方式 ------------------------------------ 7
折半原則 -------------------------------- 124
線型的累進税率 --------------------- 123, 131
前年所得課税 ---------------------------- 105

〈ソ〉

租税カオス -------------------------- 111, 120
租税回避 --------------------------------- 16
租税政策的二重戦略 ---------------------- 115
租税ジャングル -------------------------- 111
租税による制御 --------------------- 115, 193
租税の自然増収の歳出化 -------------------- 9
租税優遇 -------------------------------- 133

216

索　引

総合課税 ―――――――――――― 60
損益通算 ―――――――――――― 10, 61

〈タ〉

大税制改革 ――――――――― 111, 117
タックス・ミックス ――――――― 5
脱税方法 ―――――――――――― 121
段階税率 ――――――――― 114, 131, 150

〈チ〉

地域コミュニティ税 ――――――― 102
地方消費税 ――――――――――― 88
地方分権一括法 ―――――――― 100
地方法人二税 ――――――――― 88
中型政府 ―――――――――――― 3
中福祉・中負担 ―――――――― 3
中福祉・低負担 ―――――――― 3
貯蓄から投資へ ―――――――― 60
超過課税 ―――――――――――― 100

〈ツ〉

通貨統合 ―――――――――――― 157
通勤費概算控除 ―――――――― 121, 180

〈テ〉

デーケ(Däke, Karl Heinz) ――― 149
テーゼ ――――――――――――― 190
定額給付金 ――――――――――― 63
定式税率 ―――――――――――― 118
底辺への競争 ――――――――― 207

〈ト〉

ドイツ経済研究所(IW) ――― 129, 145
ドイツ工業連盟 ―――――――― 133, 136
ドイツ税務労働組合 ―――――― 121
ドイツ統一 ――――――――――― 111

ドゥツィアドコフスキー
　(Dziadkowski, Dieter) ――― 118, 146
投機利得 ―――――――――――― 135
特定支出控除 ――――――――― 50
トレーニング指導者概算控除 ――― 130

〈ナ〉

名寄せ ――――――――――――― 61
内助の功 ―――――――――― 17, 24, 42

〈ニ〉

二元的所得税 ―――――――― 60, 206, 212
二分二乗方式 ――――――――― 17
日曜・夜間労働 ―――――――― 134

〈ネ〉

年少扶養控除 ――――――――― 93

〈ノ〉

納税者同盟 ――――――――――― 149
納税者番号制度 ―――――――― 58, 62

〈ハ〉

配偶者控除 ―――――――――― 11, 37
配当・回収政策 ―――――――― 128
バライス委員会 ―――――― 112, 119, 189
番号制度 ―――――――――――― 57, 70
半二元的所得税 ―――――――― 212
半包括的所得税 ―――――――― 213

〈ヒ〉

貧困の罠 ―――――――――――― 107

〈フ〉

ファルトハウザー
　(Kurt, Falthauser) ――――― 169

217

負担分任 ------------------------------------ 95
扶養控除 ------------------------------------ 35
福祉国家体制 -------------------------------- 12
福祉国家の歳入基盤 ------------------------- 207
複数税率 ------------------------------------ 72
ブラケット・クリープ ------------------------- 9
フラット化 --------------------------------- 105
フラット税 --------------------------------- 122
ブリュール勧告 ----------------------------- 158
分離課税 ------------------------------------ 60

〈ヘ〉

ペータースベルク租税提案 --- 147, 170, 194
ペフェコーフェン
　(Peffekoven, Rolf) -------------------- 173

〈ホ〉

補助金 ------------------------------------- 133
法人税オプション --------------------- 163, 181
法定調書 ------------------------------------ 65

〈マ〉

マイナンバー -------------------------------- 58
マッチング ---------------------------------- 61

〈ミ〉

ミーケル
　(Miquel, Johannes von) --------- 114, 117

〈メ〉

名目税率 ----------------------------------- 126
メルツ (Merz, Friedrich) ------------------ 169

〈ヨ〉

横浜みどり税 ------------------------------- 102

〈ラ〉

ラフォンテーヌ
　(Lafontaine, Oskar) -------------------- 158

〈リ〉

リースター年金 ------------------------------ 13

〈レ〉

連帯付加税 --------------------------------- 122
連邦憲法裁判所
　---------------- 33, 112, 119, 124, 138, 189

〈ロ〉

労働力の商品化 -------------------------- 12, 22
労働力の脱商品化 ---------------------------- 13
老年者控除 ---------------------------------- 11
論点整理 -------------------------------- 10, 35

218

著者紹介

中村　良広（なかむら　よしひろ）
1949年　福岡県生まれ
1977年　九州大学大学院経済学研究科博士課程単位取得退学
2005年　鹿児島大学，北九州市立大学を経て熊本学園大学経済学部教授
著　書　『ドイツ統一と東欧変革』（共著），ミネルヴァ書房，1992年
　　　　『ドイツ州間財政調整の改革─「水平的財政調整」の射程』地方自治総合研究所，2004年
　　　　『財政学─転換期の日本財政（第2版）』（共著），東洋経済新報社，2007年
　　　　『よくわかる社会保障と税制改革』（共著），イマジン出版，2012年

著者との契約により検印省略

平成25年9月20日　初版第1刷発行

所得税改革
―日本とドイツ―

著　者　中　村　良　広
発行者　大　坪　嘉　春
印刷所　税経印刷株式会社
製本所　牧製本印刷株式会社

発　行　所　〒161-0033　東京都新宿区下落合2丁目5番13号
株式会社　税務経理協会
振替　00190-2-187408
FAX　(03)3565-3391
電話　(03)3953-3301（編集部）
　　　(03)3953-3325（営業部）
URL　http://www.zeikei.co.jp/
乱丁・落丁の場合は，お取替えいたします。

© 中村良広 2013　　　　　　　　　　　　　Printed in Japan

本書を無断で複写複製（コピー）することは，著作権法上の例外を除き，禁じられています。
本書をコピーされる場合は，事前に日本複製権センター（JRRC）の許諾を受けてください。
JRRC〈http://www.jrrc.or.jp　eメール：info@jrrc.or.jp　電話：03-3401-2382〉

ISBN978-4-419-06013-8　C3033